欲望

無邊無際
終將成雲如夢

天堂也好，地獄也罷，一切

U0087356

「即使這世界上有好幾億人口，你還是你自己。」

足、隨緣、捨得，星雲大師的圓融處世哲學

博百年的佛教文化博大精深，不論是禪人禪事或禪思禪語，　　　　　　　　張聖惟，
是一句偈也能運用在生活當中，為我們帶來無盡的益處。

受生活的每一天，感受生命的每一瞬間，跟著本書活出禪的意境！

目 錄

目錄

第三章　人世多坎坷，有捨有得圓融處世

目錄

第六章　交友講隨緣，成功離不開好人緣

目錄

前言

古人云：「讀經傳則根底厚，看史鑑則事理通。」流傳了百年的佛教文化博大精深，不管是禪人禪事，還是禪思禪語，哪怕是一句偈也能在生活中運用，為我們帶來無盡的益處。若是我們能夠在生活中活出禪的意境，我們的精神生活則會更充實、物質生活將更加高雅、人際關係會更加和諧、道德生活會更加圓滿、情感生活會更加純潔。

星雲大師是禪門臨濟宗第 48 代傳人，12 歲於棲霞寺出家，歷經數十年的修行，悟出許多人生道理。1967 年，星雲大師在臺創建佛光山，推廣「人間佛教」，修行「以文化弘揚佛法，以教育培養人才，以慈善福利社會，以共修淨化人心」為宗旨。先後在世界各地創建 200 餘所道場，並創辦美術館、圖書館、出版社、書局、學校、育幼院、醫院等機構。

星雲大師讓佛教走向人間化、生活化、現代化、社會化、大眾化、藝文化、事業化、制度化，乃至國際化，使佛教成為世界了解中華文化的窗口，並為促進兩岸交流方面所作的巨大貢獻。

星雲大師的人生感悟，對於我們每個人而言，都是一種生命的財富，就像一盞照亮前途的明燈，為我們照亮未來；就像是一味開胸順氣丸，為我們解開生活中的種種煩惱。生活中無處不需要智慧，我們只有擁有智慧，才能到達成功的彼岸，才能實現自己的理想。

幾十年的時間裡，星雲大師著有《迷悟之間》、《滿手的好事》、《另類的財富》、《吃茶去》、《星雲禪話》、《捨得》、《寬心》等幾十本著作，每一本都是大師生命感悟凝聚的精華。本書在參悟大師一生感悟的基礎上，將大師的人生感悟滲透到生活中的每一個細節中，以生動貼切、具有代表性的故事，有條理分析和講述了用智慧開啟美麗人生、與人交往要

前言

　　熱情謙和、低調做人的遠見卓識、懂得選擇與放棄才能成就智慧人生、寬容和樂觀使你的生活更加精彩、如何邁向事業成功的彼岸、做人做事要務實、勇敢跨越處世的心理盲點、如何克服阻礙自我發展中的不足等人生中會遇到的種種問題。

　　希望能夠透過本書向大師表示深深敬意的同時，也能夠為讀者開啟一扇智慧之門，成為讀者的良師益友。

第一章

幸福的生活來自於心的平和

富足來自於知足

星雲大師認為「人生一世，草木一秋。萬事萬物，知足常樂」。一顆知足的心，是真正的喜悅、真正的寧靜、真正的幸福。生活中有許多令人幸福的東西，但我們卻變得越來越不幸福。究其原因，就是沒有一顆知足的心。

八仙中的張果老，每天都要遊走一趟民間尋訪度化。這天，他來到一個村子中，在村口看見一對年老的夫婦在賣水果。借著買水果，張果老和老夫婦聊了起來。

「你們的日子過得怎麼樣啊？」張果老問。老夫婦嘆口氣，回答：「很貧困。」

「那你們有什麼願望嗎？」張果老接著問。老夫婦想了想，回答：「如果能夠開一家酒館，日子就好過了。」

這個願望對張果老而言很簡單，於是他告訴老夫婦：「在這個村子的後山上，有一塊大石頭，遠遠看去，像是一隻猴子蹲在那裡。在這個石頭旁邊，有三個泉眼，因為無人理會，泉眼已經被塵土覆蓋。只要你們把塵土清理出來，泉眼就能夠流出有酒香味的水來。」說完，張果老又給了老夫婦一個葫蘆，並囑咐他們要用這個葫蘆來裝水。

第二天，天剛亮，夫婦二人就爬上了山，找到了張果老所說的那塊石頭，然後清理了石頭旁的泉眼，果真就有酒香味的水流出來，老夫婦大喜過望，立刻把葫蘆中裝滿水帶回村子賣。太陽下山的時候，一整個葫蘆的酒也賣完了。就這樣，他們每天都上山裝酒回來賣，日子越過越好。

一年後，張果老再次來到這個村子，看到了以賣酒為生的老夫婦。張果老問道：「你們現在的生活怎麼樣啊？」老夫婦回答：「日子嘛，勉強過

得，就是沒有酒槽，要是有酒槽就可以餵豬了，這樣就更好了。」

張果老聽後，一邊搖頭一邊說：「天高不算高，人心比天高。清水當酒賣，還嫌沒有槽。」說完就離去了。第二天，老夫婦再次上山，發現泉眼已經枯竭，再也不會湧出酒水了。

不知足的人，永遠無法體會到富足的感覺。佛陀曾說：「知足之人，雖臥地上，尤為安樂。不知足者，雖處天堂，亦不稱意。不知足者，雖富而貧。知足之人，雖貧而富。」在大千世界中，身為一個普通人，不可能沒有任何欲望，有欲望就會不知足，這關鍵在於用什麼態度去對待。

一天，朱慈目居士去拜訪佛光法師，見到佛光法師後，朱慈目居士便說：「大師，我虔誠拜佛 20 餘年，最近卻感覺自己在持佛號的時候和往常有所不同，卻參悟不出其中的緣由，希望大師能夠指點一二。」

佛光法師聽後，問道：「你感覺什麼地方不一樣呢？」

「過去我能夠感覺到心中有佛性，即便不會表述出來，但是心中的佛聲仍舊綿綿不絕。就算是在不持佛號的時候，佛聲也不會消失。」朱慈目居士回答道。

「這說明你念佛已經達到了一定的境界，是一件好事啊！」佛光法師高興說。

「但是現在卻感覺不到了，佛聲消失了，這讓我十分困惑。似乎我的真心消失了，每當想到此，內心就會極度恐慌和不安。」朱慈目居士沮喪回答。

這讓佛光法師十分疑惑：「真心怎麼會不見呢？」

朱慈目居士表情痛苦說：「我也不知道。我現在只想找回與佛之間那種心心相印的感覺。但是不管我使用什麼方法都找不回來，這實在讓我太痛苦了。法師，您能告訴我怎樣才能找回來嗎？」

佛光法師聽後，笑著說：「真心就在你的身上。」

「可我為什麼感覺不到呢？」朱慈目居士不解問道。

「因為你的貪念太多了，你總是妄想得到一些東西，所以真心就離開了你。」佛光法師說：「正如永嘉大師所言：『君不見，絕學無為閑道人，不除妄想不求真，無明實性即佛性，幻化空身即法身，法身覺了無一物。本源自性天真佛。』」

朱慈目居士聽後，若有所思，似乎悟出了其中的道理。

知足，是在認為自己能做到的能力範圍內循序漸進，不把過多不可能實現的目標強加在自己身上。誠然，人不能沒有追求，也不能失去堅持實現理想的信念。但是，需要適可而止，如果任何事情都要不惜任何代價，甚至是不擇手段去實現，那生活就會變得十分苦累，內心無法感覺到幸福。

做一個知足的人，就算看到一草一木，也像看到了風光美景，感到滿足和快樂。做一個知足的人，在平凡清淡中，過著安詳而有意義的生活，沒有患得之心，真切體會富足。

生活中少說些話，多做些事

孔子云：「真正的君子，是要少說空話，多做實在的事情。」生活中有很多人，都是說起來滔滔不絕，真正該付出行動的時候卻退縮了。

山腳下，住著兩個和尚，一個很富，一個則很窮。富和尚總是對窮和尚說：「我準備買一艘船，然後到南海去雲遊。」然而這話說了很多次，富和尚也沒有出發。

後來有很長一段時間裡，富和尚都沒有看見窮和尚，富和尚一度認為

窮和尚餓死在了化緣的路上。然而兩年之後，窮和尚忽然出現在富和尚面前，身形比以前更加消瘦，但是卻神采奕奕。富和尚驚喜問道：「這兩年來你去了哪裡。」窮和尚笑著回答：「我去了南海。」

「什麼？」富和尚簡直不敢相信自己的耳朵，「你居然去了南海？這麼多年來，我一直想要買一隻船到南海，都沒有去成。你是怎麼去的？」

窮和尚說：「我帶著一個水瓶，帶著化緣的缽，就這樣走著去了。」

我們是否也經常犯這樣的錯呢？很久以前就決定的事情，說了很多遍，卻遲遲不肯動手去做。理想再怎麼高遠，如果不付諸於行動，也不過是南柯一夢的空想。南懷瑾大師曾說：「要把實際行動擺在言論的面前，不要光吹牛不做。」因此，他總是做的比說的多，是人們眼中真正的君子。

在生活中少說話多做事，也就是要我們注重行動。只有付出行動才是一切的開始，才是到達目標的唯一途徑。有人曾說：「雖然行動不一定能帶來令人滿意的結果，但不採取行動就絕無滿意的結果可言。」

一個青年過著十分落魄的生活，他連做夢都希望自己能夠一夜暴富，從而結束這種生活。於是他天天到神的面前祈禱：「神啊，請您賜予我中大獎吧！」然而十多天多去了，他也沒有中大獎。但他依舊每天到教堂中重複著同樣的話語，一連一個月過去了，他苦惱對神說：「神啊，您沒有聽到我的祈求嗎？為什麼不理睬我呢？哪怕一次也好，讓我中個大獎，我保證會好好服從您。」這一次，神忍不住說話了：「我沒有無視你的禱告，但至少你也應該去買一張彩券來。」

俗話說：「心動不如行動。」太多人將一件事想了又想，卻遲遲不動手去做。把希望放在今天，卻把行動留在了明天。夢想著成功，卻沒有付諸行動。還有的人是因為沉溺於太多的準備和計畫，導致行動拖延。凡事

三思而後行是做事謹慎的表現，值得推崇。但準備和計劃也要適可而止，否則只會浪費時間。一旦有什麼想法，就應立刻去行動。

一位將領率領著千軍萬馬準備攻破城門，占領城池。卻沒想到城門鑄造得很堅固，無論他們如何撞擊都無法將大門撞開。忽然將領靈機一動，命人將大船上的兩支船桅中較大的一支立刻送來。站在一旁的軍械師則認為較短桅杆的比較適用，並且運送起來也比較容易。

於是他在將領耳邊滔滔不絕訴說短桅杆的好處，可是此刻的將領正在為攻城之事煩心，根本無心理會他的進言。可是這個軍械師卻一點也沒有感到將領的煩躁，依舊坐在馬背上闡述自己的理由，終於惹怒了將領，立即命人將這個軍械師拖到一邊打死了。

軍械師沒說錯，攻城門的話，短桅杆確實比長桅杆更適用。但是他卻做錯了，他不該只說不動。真正的成功者總是把行動放在現在，而把一切言語放在未來。有句諺語說：「如果你不採取行動，世界上最實用、最美麗、最可行的哲學也無法行得通。」

所以星雲大師認為只有去做，成功的機率才會提高，而光說不做，計畫和目標永遠沒有實現的可能。

在不同的境遇中錘鍊自己

人的成長離不開環境的條件制約，可以說，環境對一個人產生的影響十分深遠。星雲大師認為人應該在不同的境遇中錘鍊自己。

一把寶劍，要達到精良，先要經過烈火煅燒，再給以錘擊，這樣不斷重複，千錘百鍊後，才可以去除雜質，鋒利無比。人也是如此，不管是在順境中，還是在逆境中，都應該看作是對自己的錘鍊。孟子曾說：「天將

降大任於是人也，必先苦其心志，勞其筋骨，餓其體膚，空乏其身，行拂亂其所為，所以動心忍性，曾益其所不能。」人心若不經過磨練，就無法完成真正的修行。

佛陀當年坐在菩提樹下修行，在快要得道時，被名為波旬的魔王從中阻撓，波旬使出各種各樣的手段來破壞佛陀成佛。

波旬先是用自己的權勢地位勸佛陀放棄修行，去做「轉輪聖王」。「轉輪聖王」是古印度神話中，手持威力無窮、能降服四方輪寶，任意在空間往來的聖王。然而，這樣的利益誘惑並沒有打動佛陀。

接著，波旬又用美色引誘佛陀。他讓自己三個打扮妖嬈嫵媚的美麗女兒，圍繞著佛陀跳舞。佛陀此時心如明鏡，看出眼前的美女不過是幻象，實際上污穢不淨，醜惡不堪。因此，絲毫不為所動。波旬的引誘手段未見成效，於是調動魔軍，發動了武力。面目猙獰的魔君，用弓箭、劍戟、金杵等對付佛陀，一時間煙火四起，豺狼虎豹的嘶叫聲不絕於耳。佛陀面色寧靜，不見一絲慌亂。

波旬一怒之下，搭箭開弓，射向佛陀，但是那些箭落到佛陀面前，卻變成了佛陀的座下蓮花。瞬間蓮花盛開，馨香瓣瓣，一座金光燦爛的蓮花寶座呈現在波旬面前。波旬大敗而歸，佛陀第二天便得道成佛。

人生在世，會遇到各種各樣的坎坷，以及大大小小的困難和挫折。佛陀就是要讓眾生在人事中不斷磨練，用心來改變當前所面對的境遇，而不是自己的心被當前的境遇所改變。

遠古帝王舜出生在南方一個小村落中，父親是盲人，母親在舜很早的時候就去世了，幼年的舜擔起了家庭的重任。

後來父親又娶了妻子，後母是一個性情悍戾，心胸狹窄的人，對舜沒有一點關愛之心。當後母生出了自己的孩子象後，對舜的態度更加惡劣。

經常把最難吃的飯菜留給舜，卻要他做最粗重的活。並且經常在舜的盲父前說舜的壞話，導致父親漸漸也不喜歡舜。

舜的弟弟象在母親的驕縱下，在舜的面前傲慢無禮，從未視舜為兄長，更不要說禮讓尊重了。即便是一家人如此對待舜，舜卻總是謙謙如也，不管是對後母還是對弟弟，都是笑臉相迎。

在冬天最寒冷的天氣裡，舜的身上只有兩件單衣，鄰居一個秦姓老漢看到舜在寒風中凍得瑟瑟發抖，十分憐惜，便勸說舜的父親，希望讓舜去讀書。這一建議遭到了後母的極力反對，她堅持要舜在家放牛。教書的先生知道情況後，認為舜是一個很有志氣的少年，在秦老漢的幫助下，舜一邊放牛，一邊讀書學習。在教書先生的教導之下，舜明白若想有出頭之日，就一定要用心做學問。

十六歲那年，舜已經長成成人一般，隨之而來的是更加繁重的勞作，每天要靠耕田和捕魚來維持一家人的生活。後母還規定舜每天日出而作日入而息，中午不得回家吃午飯。有人不解問舜：「每天勞作如此辛苦，不吃午飯不餓嗎？」舜回答說：「農家人以節儉為本，一日兩頓飯就夠了，何必要吃三餐呢？」飯可以不吃，但是書卻不可以不讀，不勞作如何辛苦，舜從未放棄學習。

漸漸地，舜的修養越來越高，名聲越傳越遠，被堯帝知曉。堯帝獲悉舜的為人後，把自己的女兒娥皇和女英嫁給了舜，並讓自己的幾個兒子跟著舜，遵從歷代先帝「選賢舉能，講信修睦」的美德，準備把帝位傳給舜。

經過一番考察，堯的女兒告訴堯，舜是一個吃苦耐勞，恪盡孝道，忍讓為懷的人，對父母照顧體貼得無微不至，使家庭十分和睦。堯的兒子也告訴堯，舜是一個待人誠懇謙讓，尊重他人的人。舜周圍的民眾對舜的評價也十分高，說舜是遠近聞名的正人君子。堯帝聽說後，決定獎賞舜，給

了他許多牛羊和華麗的布料，並給他修建了房子和糧倉。

這一切引起了象的嫉妒，使他貪婪凶狠的本性表露無遺，多次使計謀害舜，企圖霸占舜的美妻和財產，但是都被舜巧妙躲過了，並且寬容了象的所作所為。舜越來越得到堯帝的信任和重用，舜不負堯帝重望，不辭辛勞，宵衣旰食，巡視各地，訪民疾苦。輔政八年，百姓安居樂業，可謂政績輝煌。最終堯帝把皇位傳給了舜，又一代明君就此產生。

在如此困境中，舜始終能夠保持內心不被外界所動搖，堅持自己的信念，實屬不易。其實，生命的精彩就在於挫折中的一次次磨練。在順境中，學會自制和感恩；在逆境中，學會堅忍和平和。

安於當下，不預知未來的苦惱

星雲大師認為，人生苦短，要好好把握當下。佛教提出活在當下這個概念，就是想要告訴世人：在做每一件事情的時候，心裡面不去想著別的其他事情，只是專注於當下這一件事情，把所有的注意力都集中於此，這樣才能真正做到把握生命。

然而，現實生活中，總有一些人忽略了當下，把精力完全放在了不可預知的未來裡。對未來還沒有發生的事情，作無謂的想像和擔心。因此，喜悅被一切由心所生煩惱所束縛住了。

在一座古老的寺廟中，一個小和尚天剛亮就拿起掃帚掃院子中的落葉。他認為這是一件極為痛苦的事情，尤其是秋冬之際，每次風起之後都是滿院子的落葉，需要很長時間，才能將院子打掃乾淨。

於是，小和尚總是一邊掃落葉，一邊想有什麼辦法能夠讓自己輕鬆一些，這時，老和尚給他出主意說：「下次你在掃之前用力搖樹，把樹上的

葉子都搖下來，這樣第二天就沒有落葉了。」小和尚認為老和尚說得很對，於是在掃之前用力搖樹，然後把落葉全部掃乾淨。那一整天他都十分開心，因為第二天他不用再掃落葉了。

然而，第二天小和尚起床後發現，院子裡還和往常一樣，落滿了樹葉。小和尚找到老和尚，希望老和尚能給他一個解釋。老和尚笑著說：「我就是想告訴你，不管你今天怎麼努力，明天還是會有落葉落下來。」

這個世界上的許多事是不可預知的，如果習慣於被一些無由來的念頭打斷，又怎麼能夠體會當下正在進行的快樂呢？例如，在吃飯的時候想著吃完飯去哪裡玩，就會忽略了品嘗菜餚的美味；如果在看電視時，想著明天的工作，就會忽略了電視的內容，從而起不到放鬆神經的效果……智慧的人生應該是在能夠把握的時光裡，努力抓住能抓住的一切，好好珍惜現在擁有的，不要把遺憾留在今天，因為明天又會是另外一番景象。

在一個富饒的國度中，他們的王英俊而富有，但卻一直有一個疑問，就是他不知道自己一生中最重要的人是誰？一生中最重要的時光在什麼時候？於是王將這個問題貼在了國家的每個地方，希望有人能夠將答案告訴他，他將與之分享自己所有的財富。

然而幾天過去了，依舊沒有人能夠告訴王答案，只有一個大臣為王提供了一些線索。據說在深山中住著一個智者，能夠解答人們的任何的疑惑。於是王便喬裝打扮後來到了深山中，找到了傳說中的智者。智者住在一個十分簡陋的茅屋中，王進來時，他正蹲在地上挖著什麼。智者聽到有人到來，頭也不回說：「你來了？我已經等了你很多天了。」王驚嘆於智者的神機妙算，連忙問道：「你能告訴我，我這一生中最重要的人是誰？我一生中最重要的時光是什麼時候嗎？」智者並沒有直接回答，而是命令王先幫他挖馬鈴薯，然後陪他一起喝馬鈴薯湯。

王很高興答應了，並與智者相處了幾天，每天與王一起吃飯、睡覺、在林間散步，但是智者卻一直沒有告訴王答案。最後王失去了耐心，表明了自己的身分，並說智者浪得虛名，根本不知道答案是什麼。

智者聽了非但沒有生氣，反而微笑著說：「你的問題，我在你來的那天就已經回答你了。」王回憶了他們當天見面的所有細節，怎麼也想不起來智者什麼時候回答過自己的問題。智者不忍再為難王，回答道：「你來的時候，我表示歡迎你，並邀請你住在我的家中，你要知道過去的已經成為了歷史，將來的還沒有到來。所以，我要告訴你的是，生命中最重要的時刻就是現在，而生命中最重要的人，就是現在和你在一起的人。」

無論未來多麼美好令人嚮往，也不無論有多少艱難險阻，讓人望而卻步，人們能夠把握住的只有當下。生命的意義也只能從當下尋找，沒有人可以活在過去或是將來。只有時刻保持頭腦的清醒，從種種心境中走出來，不憂不懼面對當下的自我，不逃避迎面而來的難題，才算是真正活在當下。

同時，需要明白的是，活在當下並不表示放棄對未來思考，不對未來做任何計畫，而是根據自己目前的情況，對未來做出客觀預測和計畫，不是杞人憂天般的空想。在此基礎之上安於當下，做自己想做的事情，抓住眼前的人、身邊的事，還有此刻的心情，不給自己增添無謂的煩惱。

修練寧靜，進入空寂境界

在當今充滿競爭的社會環境中，人的內心想要保持寧靜的狀態，是一件十分不易的事情。

人心浮躁、人情淡薄，失信與背叛，太多的虛偽、欺侮和詐騙讓人們的內心無法安靜，這自然就無法進入空寂的境界。

第一章　幸福的生活來自於心的平和

　　星雲大師建議人們，每天起碼應該保有十分鐘的寧靜，讓精神有喘一口氣的閒暇，有一個可以讓陽光照進來的間隙，給內心一片清淨之地。當年在菩提樹下悟道時，佛陀就悟到眾生沉迷不悟，在六道中輪回的主要原因就是被妄想掩蓋了佛性。佛陀在後來說法傳道 49 年中，講得最多的，就是希望人們打掉妄想、不胡思亂想。佛經上講八萬四千種法門，不管是念佛還是拜佛，都只有一個目的，就是讓人修練寧靜，不胡思亂想。

　　一位婆羅門的教徒十分信奉佛陀，一日，他特地去拜訪佛陀，在十分恭敬地頂禮膜拜之後，他對佛陀說：「尊敬的佛陀，我雖然不是您的弟子，但是一直以來都很尊敬您、仰慕您。我學習了十幾年的知識，心裡一直有一個結，希望您能夠給予指點。」

　　「眾生平等，真理都是共通的，你能夠這麼好學，我十分高興，有什麼問題你就儘管提出來吧。」佛陀慈祥回答。

　　「我覺得人心是非常矛盾的，這讓我十分困惑。」教徒說出了自己內心的疑惑。

　　佛陀聽後，沒有直接回答教徒的問題，而是指著一盆水說：「你看看這盆水，從裡面你看到了什麼？」

　　教徒附身看向水中，看到了水中清晰倒映著自己的臉。於是回答說：「我看到了自己的臉。」

　　「那如果你現在把一些紅的、藍的、綠的染料放進水中，你還能看到自己的臉嗎？」佛陀問。

　　「當然不可能了，水的顏色已經渾濁了，怎麼還能夠看到自己的臉呢？」教徒回答。

　　「那如果把這盆水放在熱爐上加熱呢？」佛陀繼續問道。

　　「那更加不能了，水盆放在熱爐上，水在沸騰的時候，會不斷翻滾，

不斷冒出水蒸氣，怎麼能夠看到自己的臉呢？」教徒回答。

佛陀聽後，把教徒領到了院子中，指著院子中央的水池說：「你看這個水池中，能夠看到你的臉嗎？」

教徒走過去，看到水池中的水雖然是靜止的，也是乾淨的，但是水中有許多青苔和浮游生物，連池底都看不到，更不能看到自己的臉了，於是如實向佛陀稟告。

這時，佛陀才開始回答教徒的問題：「道理都是一樣的，清澈的水就像是一面鏡子，可以將你的面目清楚映出，不僅是你，水旁邊的景物也會倒映在水中。這是因為水是十分乾淨，而且清澈。人的心也是如此，當心中沒有雜亂的想法，沒有煩惱滋生的時候，你就能感覺到清淨自性。這個時候你所看到的，你所分析的事物都是正確的，這就是『從心出口』所要闡述的道理。

但是，當你的心中有了欲念和煩惱時，就像是加入了色料的水，就有了想要染色這種欲望和煩惱，這會使你看不到自己的本來面目。就算心中看起來非常平靜，但是存在煩惱的根源，就像是平靜的池水中被青苔和浮游生物覆蓋，也不能讓你看清外面的世界。」

稍作停頓後，佛陀繼續說：「人心中哪怕只存在一點點煩惱，就好像無名火一樣，當『色』燃燒起來後，『水』就會沸騰，這當然無法看清自己的本來面目了。」

佛陀的一番話，使婆羅門的教徒頓時醒悟，原來矛盾的不是人性，而是人心，而且是自己的內心。欲念就好像是混濁的色彩，煩惱就好像是火，使自己看不到一個清靜的世界。如果自己的內心明朗，信念靜止，則可去除雜念，遠離煩惱。

佛陀的心清澈明淨，所以他能夠明瞭世間一切道理和真相。對於普通

人而言，一旦受到世俗的干擾，就很難再保持內心的平靜，不可能像佛陀一樣遠離紅塵，做一個局外人。

　　但是我們可以像星雲大師說的那樣，每天留出一些時間，暫時讓自己解脫出來、做個局外人，修練內心的寧靜，勇敢面對現實，克服內心的煩惱，讓內心達到放鬆、釋然、坦然的空寂境界。

學會調整，生氣不如爭氣

　　生活不如意十有八九，生氣抱怨也是在所難免，但是生氣和抱怨不但解決不了任何問題，還會對人的身心產生負面的影響。早上上班因為塞車而生氣，則會影響一整天的工作效率；因為工作不順利而抱怨，則會降低自己對生活的熱情。

　　佛教的禪法中教人透過打坐來調身、調息、調心，這其中調息就是調氣。遇到讓自己生氣的事情，要懂得調理，不要讓怒氣影響到自己。因為生氣就像是惡魔附身，使人變得面目可憎。

　　一位千金小姐雖久居深閨，但貌美如花的美名卻無人不知無人不曉，上門提親的人踩斷了門檻，也未能抱得美人歸。

　　一日，眾男子聽說這位小姐要到佛堂祈福，於是都早早來到佛堂門外等候，希望能夠一睹芳容。沒想到那日拜佛祈福的人很多，千金小姐坐在轎子中等了半個多時辰，也未能進入佛堂。

　　這時，隨行的小丫鬟倒了一杯茶水給坐在轎子中的小姐，豈料小姐一手將茶杯扔到了轎子外，然後跨出轎子，用手指著丫鬟的額頭數落道：「你看不見驕陽似火嗎？還要讓我喝這麼熱的茶水，想熱死我嗎？真是長了個笨腦袋。」

罵完後，小姐又狠狠瞪了一眼丫鬟，才緩緩走進轎子，姿態自然是婀娜多姿，但她不知道自己女神般的形象早已蕩然無存。在那些男子眼中，她的柳葉眉更似兩把劍，含情杏眼更似兩個風火輪，櫻桃小口變成了血盆大口。

凡是見過此景的男子，再也沒有人願意到小姐家提親。漸漸地，千金小姐是絕色美女的傳言變成了畫著人皮面具的母夜叉，沒人敢娶了。

縱然是面若桃花，生氣起來也會恐怖萬分。有的人在生氣時，面紅耳赤，大吵大鬧，在嘴巴張開的同時，也關上了自己的智慧之門。這實在是對待人生的下下之策，能夠做到別人生氣我不氣的境界，是人生的一種境界。有徒弟曾問星雲大師：「如何才能做到不生氣呢？」星雲大師認為，生氣表示沒有力量，因此化解生氣最好的辦法就是爭氣。

一個秀才出身的年輕人在衙門裡當差，自認為滿腹經綸，卻遲遲得不到重用。因此，他總是為此而生氣抱怨。

一天，他在登山的途中遇到一位老者，出於善心，年輕人一路攙扶著老者上山。到了山頂上，老者對年輕人說：「你這一路來都是悶悶不樂，似乎有什麼心事？」年輕人驚異於老者的洞察力，心想老者必定不是非同一般的人，於是對老者說出了自己遇到的不公待遇。

老者聽後，笑著從地上撿起一塊石頭，向遠處的平地扔去，眨眼間，石頭就落在一堆石頭中不見了蹤影。然後對年輕人說：「你能找到我剛剛丟過去的石頭嗎？」年輕人在石頭堆旁看了很久，也不能確定老者究竟丟了哪塊石頭過來，只好垂頭喪氣回到老者身邊。

接著，老者又從懷中取出一顆閃閃發亮的寶石，然後用力丟到石頭堆中，再讓年輕人去找。這一次，年輕人不費吹灰之力，就將寶石尋回。並且領會了老者向他傳授的道理，當自己只是一枚石頭時，生氣抱怨只是徒勞，想要迅速脫穎而出得到賞識，就要讓自己成為一顆耀眼的寶石。

從小，父母長輩就會對我們說，凡事都要爭口氣，不管是學習還是工作，各方面都要有所建樹，做個有出息的人。當自身沒有任何亮點時，沒有權利抱怨。只有不斷提高自己的內在實力和修養，才能得到他人的認可和尊重。但這裡所指的爭氣，並不是讓人們爭得第一第二，而是要人們成為一個沉穩、能夠吃苦的人，不要因為一些小事而生氣。因為生氣不但無濟於事，反而還會壞事。

同時，對於修養不夠好的人而言，生氣是控制不住的行為，那麼適當的生氣則可以幫助他們發洩一部分不良情緒，但是切記不要慪氣，因為慪氣是生悶氣，氣沒有出處，悶在心中會傷害自己。

有位哲學家曾教人們每天數自己生氣的次數，例如，第一天生氣三次，第二天生氣一次，第三天沒有生氣……然後是兩天生氣一次，三天生氣一次……隨著生氣不斷減少次數，就能夠看到自己修養不斷提高，這是調理生氣很有效的方法。

與其怨天尤人，不如化怨氣為力氣，變生氣為爭氣，擁有「山不過來我就過去」的胸懷，少一點生氣多一些微笑。

忍耐是一種無敵的力量

俗話說：「忍一時風平浪靜。」忍耐，是佛弟子在修行時必須要做到的六度中的一度，只要能夠做到忍耐，才什麼事都能做到。因為有忍才能殷勤精進，才會有進步。

星雲大師認為，忍不但是中國傳統美德，也是佛教所有修行中的最大修行，那些無量的功德，均在於一個「忍」字。

閔子騫是春秋時期的魯國人，名損。母親在他幼年時期便去世了，父

親為了照顧他，又娶了一個妻子。

　　然而，後母對閔子騫並不好，尤其是當自己生了兩個孩子之後，把全部的愛都投注在親生兒子身上。冬天到了，後母給兩個弟弟用棉花做了厚厚的棉衣，卻給閔子騫用蘆花做了做棉衣。蘆花做的棉衣看起來很厚，實際上卻絲毫抵擋不住風寒。一日，寒風凜冽，父親讓閔子騫陪自己外出辦事，並讓他駕馬車。馬車跑起來後，寒風吹透了「棉衣」，閔子騫凍得瑟瑟發抖。

　　父親見閔子騫穿著如此厚的棉衣，卻如此之冷，感到十分不解。於是用手去莫閔子騫身上的棉衣，發現有些異樣，便揮刀將棉衣劃了一個口子，露出了裡面的蘆花。回家後，父親立刻叫來閔子騫的兩個弟弟，看到他們穿著貨真價實的棉衣後，明白了一切，於是對後母說：「我娶你，本是希望你能夠照顧好我的兒子，沒想到你卻如此狠心對待他。你不配當一個母親，你走吧！」

　　閔子騫聽到父親的話後，立刻跪在地上祈求父親不要趕後母走，並對父親說：「有後母在，只有我一個人挨餓受凍，如果後母走了，我和兩個弟弟都要挨餓受凍了。」後母聽到閔子騫的話，悔不當初，當即表示今後一定視閔子騫如自己的親生兒子一般。

　　閔子騫用忍耐換回了後母的悔悟，如果生活中的每個人都能像閔子騫一樣，那將會減少許多因為斤斤計較而發生的衝突。正如佛陀所說：「忍之為德，持戒苦行，所不能及。」可以見得，忍耐是人生中很重要的一課。孔子所說「小不忍則亂大謀」，講的就是這個道理。歷史上因為忍辱而成就了一番事業的，還有唐宣宗李忱。

　　唐憲宗的第十三個兒子就是李忱，在長慶中期被封為光王。因為李忱的母親是一個沒有身分和地位的妃子，父皇憲宗皇帝駕崩得早，他們母子二人在為了權力而明爭暗鬥的皇宮中危機重重，貴為王公的李忱不得不離

開京城。

　　在李忱離開皇宮的二十年中，先後有四任皇帝繼位，分別是李忱的哥哥李恒和李恒的三個兒子。李忱歲貴為三朝皇叔，地位卻十分尷尬。他只能透過裝瘋賣傻得以韜光養晦，同時保全自己的性命。即便是如此低調，仍舊不能消除文宗、武宗兩位皇帝對他的芥蒂，時時要忍受來自姪子們的猜忌、排斥和打壓，還要小心翼翼不讓兩個姪子抓到任何把柄，置自己於死地，處境可謂是苦不堪言。

　　後來唐武宗繼位，為了保全自己，李忱以「尋請為僧，行遊江表間」為由，離開了皇宮這個是非之地。在民間，李忱顛沛流離，日子過得雖然清苦，卻能體會到人民的疾苦，這更加堅定了李忱心中的志向。在福建的天竺山真寂寺隱居期間，李忱效仿孔明隱逸於隆中，太公閑釣於渭水，累積實力。

　　終於在 846 年，李忱從姪兒手中奪取皇位，成為唐宣宗。在此之前，李忱一直裝糊塗。表現出無能痴呆的一面，忍耐著種種不公平的待遇，而這些都為他日後成大器發揮著鋪墊的作用。

　　能夠忍受常人所不能忍受的，必定能夠成為人上之人。《金剛經》中所講到的忍辱仙人，被歌利王割去四肢，心中卻沒有一絲嗔恨。這並不是懦弱的表現，而是為了成功而忍受艱難和困苦，是一種大智若愚的表現。真正的忍耐是力量的象徵，就如星雲大師所說：「人要有力量才不會被打倒，其中最重要的是忍耐的力量。忍耐力強的人，不因一時一人一言而影響自己的情緒。」

　　但是，忍字心頭一把刀，忍耐是一件讓人十分難受的事情，可它卻是對一個人智慧和毅力的考驗，是成就大事不可或缺的能力。學會忍耐，才能練就出無敵的力量。

不畏苦才能享受甜

傳說中，人的一生有兩杯水，一杯水是苦水一杯是甜水。成功與否，就看人們先選擇苦水飲，還是選擇甜水喝飲。

人人都知道甜水好喝，因此大多數人會選擇飲甜水，但是甜水的甜使他們失去了應對苦的能力；而那些先選擇飲苦水的人，因為經歷的苦澀，所以即便是普通的白水，在他們口中都會有甘甜的滋味。

曾經有一個書生在野外採集標本，看到一隻蝴蝶正在努力掙脫蛹，但卻久久不能如願。書生慈悲心理大發，用隨身攜帶的剪刀，剪開了蛹。蝴蝶撲閃了幾下翅膀，輕易從蛹中出來了，正當書生高興之際，卻發現蝴蝶沒撲騰幾下，還未飛起就落在地上，不管怎麼努力都飛不起來。沒過過久，便因為失去了飛翔的能力，而無法尋覓到食物，死在了草叢中。

書生自以為解救蝴蝶於危難中，讓蝴蝶免於苦難直接享受成功，卻造成了蝴蝶的死亡。人生在世也是如此，沒有甘甜不是從苦盡中來，正如佛陀所說：「修行不易成就，是因為你念佛不得力，過分愛惜了自己的身家性命，所以在精進上就大打折扣。」因此佛陀才能不畏艱苦，修得正果。

釋迦牟尼在成佛之前，是迦毗羅衛王國的王子。相傳在他十四歲出遊時，先後遇到老人、病人和死屍，親眼看到那些衰老、清瘦和淒慘的現象，這讓釋迦摩歐尼非常感傷和苦惱。後來他遇到一位出家修道的沙門，經過沙門的點化，釋迦牟尼萌生了出家的想法。

當時，釋迦牟尼已經與同族摩訶那摩長者的女兒耶輸陀羅成親，並生有一子名羅睺羅。一心向佛的釋迦牟尼不顧父王反對，妻子的勸阻，毅然選擇放棄王子的地位，離開王室出家為僧。

釋迦牟尼先學習禪定，然後在尼連禪河畔的樹林中獨修苦行。起先，

第一章　幸福的生活來自於心的平和

他每天只吃一餐，後來七天吃一餐。穿的是樹皮，睡的是牛糞。六年過去後，釋迦牟尼形同枯木，卻仍舊沒有找到解脫之道。於是他到尼連禪河洗淨了身體，然後接受了一個牧女提供的乳糜，使身體恢復了健康。

之後，他來到伽耶城外的菩提樹下，開始靜坐沉思，經過七天七夜的時間，終於恍然大悟，洞悉了人生痛苦的根源，覺悟成道。

若如佛陀沒有放棄皇室的富足生活，則無法達到成佛的標準。再或者佛陀沒有經過之前的苦行修道，單坐在菩提樹下，也無法斷除了生老病死的根本，使貪、瞋、痴等煩惱不再起於心頭。在人生的兩杯水中，佛陀選擇了先飲苦水，最後享用甜水。

有的人對此感到疑惑，如果選擇了苦水，卻遲遲喝不到甜水怎麼辦？星雲大師給出了答案，困境並不是絕境，勇敢面對才有辦法可想，逃避也躲不過。只有擴大心胸，突破自己，不被困境的框架束縛，才會健全茁壯。也就是說只要我們在面對困境中不拋棄、不放棄，就一定能夠品嘗到成功的甘泉。

古時有一個名叫樂羊子的讀書人，在外地求學期間，因為受不了艱苦和清貧的環境，便放棄求學回到了家鄉。

妻子看到樂羊子回家很高興，可是看到他拿著沉甸甸的行李時，笑容便不見了，她猜到丈夫一定是中途放棄了學業。於是，妻子拿起剪刀走到馬上就要織好的布前，「喀嚓」一聲，將布剪斷了。樂羊子看到後大呼「可惜」，這匹布圖樣很精美，一定花費了不少心思。正當樂羊子一邊惋惜一邊感到驚異時，妻子說道：「這匹布馬上就要織完了，我現在剪斷了它，它就成為了一匹廢布。你求學也是這樣，現在放棄了，之前的努力就白費了。只有堅持下去，你才能完成學業啊！」

樂羊子聽完妻子的一席話，羞愧極了，自己身為一個男人，還沒有婦

人覺悟高。於是再次背起行囊，返回私塾，最終學有所成。

無論夜晚有多麼漫長，黎明還是會到來，在這個世界上不存在真正的「絕境」，如果有也是因為內心畏懼艱苦而進行的自我設限。想要迎接黎明，就一定要經歷過黑暗，想要成功，就要學會承受苦難。

天地在心中，何處不春風

人們常說：「比海洋更寬廣的是天空，比天空更寬廣的是人心。」若一個人的心中能夠容納天地，那對他而言，這個世界上便沒有能使他傷神之事。因為心胸寬廣的人，就好比彈簧，不但具有能屈的柔性，也具有拉伸的韌性。在面對厄運和困頓時，能夠讓自己不急不躁，保持內心的淡然。

在與人相處的過程中，心胸寬廣的人更容易與他人和睦相處。因為在困境中，他們能夠與人共患難，團結一致戰勝困難。從古至今，那些因為一些小事就斤斤計較，對於他人的無心之過也要耿耿於懷的人，都不會有所成就。相反，只要是胸懷大志、目光長遠、心胸寬大的人，都會成就一番事業。

郭沫若和魯迅都是中國著名的文學家，他們之間還曾透過筆墨相譏。魯迅去世後，許多人對他進行「筆尖圍剿」，給他扣了種種莫須有的罪名，攻擊他的籍貫、年齡、態度、氣量，說他是一個尖酸刻薄、冥頑不靈的老頭子，一個跟不上時代的落伍者。而此刻的郭沫若卻沒有像有些人一樣，對魯迅進行「鞭屍」，反而站出來為魯迅說話，捍衛魯迅的精神，並表示自己為曾經和魯迅之間的矛盾而深深自責。他曾十分誠懇對他人說：「魯迅先生在世時，罵了我一輩子，現在先生不在了，我要恭維他一輩子。」且不說郭沫若的作品如何，只看郭沫若的為人，也足以讓人敬佩。

具備這樣的心胸並不是一件容易的事情，這要求我們要時時刻刻控制自己的欲望，沒有了那麼多的欲望，才不會為了一己之利與人爭，與人搶，與人鬥；也不會用苛刻的標準去要求他人，會做到尊重、理解和包容他人，如此一來，人才能夠越來越大度。即便是遭受了他人的誤解和指責，也會冷靜面對，而不是不依不饒，將事情擴大化。大度之人，能夠將自己的心態調整在最合適的位置面對一切。

　　因此，我們每個人都應該使自己成為大度之人，將自己的心想像成遼闊的天空，可以讓蒼鷹無拘無束翔翔。這樣的我們，才不會因為外界環境的變化，而動搖內心堅定的信念。反之，心胸狹窄只會讓我們著眼於一些蠅頭小利，為自己的生活增添無盡煩惱。

　　一日，小和尚智聰與師父下山採購水果，在水果攤上，一個顧客一邊挑挑揀揀，一邊抱怨水果的品質不好卻要價很高。但是攤主卻一直笑臉相迎，說道：「這位大哥，我們這水果都是走空運的，已經很新鮮了，如果您覺得不合心意，可以到別家再轉轉。」

　　但是這位顧客卻不肯，說：「便宜點吧！30元一斤，我多買點，要是不能便宜就不買了。」

　　攤主說：「如果我以這個價錢賣給你，那也太對不起之前買走水果的人了。」

　　顧客把臉一揚，說：「那就是你的事情了。現在我覺得你的水果不好，就要以這價錢買。」

　　面對說話如此無禮的顧客，攤主也不生氣，依舊笑著說：「我們這都是進口水果，路途遙遠，碰傷一點是在所難免的，我可以保證，絕對不會影響食用。」話已至此，顧客再也不好說什麼，加上攤主一直態度誠懇，於是不再砍價，以攤主給出的價格，買下了水果。

小和尚將這一切看在眼裡，心裡暗自替老實的攤主不服氣，為什麼要對他一直忍讓呢？他不買，自然有的是人買。師父似乎看出了小和尚的疑惑，笑著對他說：「天地在心間，何處不春風！」小和尚聽了，心中疑惑頓時解開了，是啊，能把天地都裝在自己的心裡的人，不管在哪裡都能夠感受到春風拂面的溫暖，他還會計較他人對自己的挑剔嗎？

其實，我們每個人都可以像攤主一樣，讓自己的內心充滿快樂。如此，不管外界的環境多麼惡劣，都不會侵蝕到我們的內心。快樂與否，在於我們自己，而不是任由他人決定。做一個豁達的人，這樣才能在慌亂中從容自如，在憂愁中尋找到快樂，在艱難時依舊不放棄奮鬥，在得意時能夠保持低調。

正如佛教所宣揚的精神，天堂也好，地獄也罷，一切都由心生。因此，在禪師眼中，佛的陣地是無處不在的，因為一切都在他們心中。

讓心靈成為你的另一雙眼睛

有人說：「世界上不是缺少美，而是缺少發現美的眼睛。」同理，生活中也不缺少幸福，只是缺少感受幸福的心靈。通常，人們都是用眼睛來看世界的，但有時候僅僅用眼睛看是不夠的，還需要用心來看。尤其是像幸福這樣看不見摸不著的東西，我們只能透過用心「看」，才能感受的到。

一對夫妻相互攙扶著走進一家麵館，他們是身障人士，男人一隻眼睛看不見，女人則是一雙眼睛都看不見。男人一手扶著女人坐下，一手將隨身帶著的二胡靠在桌子旁邊的牆上，然後大聲對麵館的店員說：「要兩大碗麵。」那聲音大得引起了整間麵館的注意，發現大家都看向他，男人有

些不好意思，附在女人耳邊說了些什麼，就起身來到櫃檯付錢，然後又對老闆悄悄說了幾句話。

不一會兒，兩碗麵端了上來，但卻是一大一小，男人將大碗的麵推到女人面前，並幫她仔細拌好，然後才端起小碗的麵吃起來。這時，旁邊桌子上的一個小男孩忍不住說：「叔叔，你吃的不是大碗麵。」男人聽到此話，有些慌亂，但立刻恢復了平靜說：「叔叔吃的就是大碗。」一旁的女人也聽到了，她放下手中的筷子，用空洞的眼神看著男人的方向，男人趕忙安慰道：「小孩子瞎說的，妳趕快吃吧。」

豈料旁邊的小孩聽到了，不依不饒說：「我沒有說謊，叔叔你吃的真的不是大碗麵。」顯然，這個天真的孩子以為男人被騙了，所以才一次又一次好心提醒他。這一次，女人沒有放下筷子，而是加快了吃麵的速度，當還剩半碗的時候，女人對男人說：「我吃飽了，你將我剩下的吃了吧，不要浪費。」

男人推脫了半天，最後看女人執意不肯吃，才狼吞虎嚥吃了剩下的半碗麵。走出麵館後，男人對女人說：「今天多吃了半碗，肚皮都圓了，你摸摸。」說完，男人趕忙用力鼓起肚皮，讓女人摸。男人本想逗女人笑一笑，結果女人卻一邊摸，一邊哭著說：「你不要騙我了，一直以來你吃的都是小碗，讓我吃的大碗，對不對？」

這下，男人慌了手腳，立刻用自己髒髒的衣袖幫女人擦眼淚，一邊擦一邊溫柔說：「不要哭了，在大街上讓人看到，還以為我在欺負妳，那我就太冤枉了。」說完將女人攬進懷裡。

雖然這個女人看不到，但是她卻透過自己的心，感受到了男人對她的愛。這種愛，遠比一萬句「我愛你」或是九千九百九十九朵玫瑰更加深刻，這樣可以聽到、可以看到的愛情更加偉大。這樣的幸福是樸實的，是

長久的，是每個人都會擁有的，關鍵就在於我們是否睜開心靈的「眼睛」去感受。

一位德高望重的禪師患了眼疾，沒多久雙目就失明了，但是這並未妨礙他修練心靈的般若。

一天，禪師與另一位要好的長老聊天聊到天黑，禪師起身告辭時，長老拿來一個燈籠給禪師，讓他路上照亮。禪師接過燈籠後，哈哈大笑說：「俗語道『瞎子點燈——白費蠟。』我一個盲人，不管是天黑還是天明，對我而言都是一樣的。」長老聽後說：「話雖如此，但是夜路漆黑，你打著燈籠別人能夠看到你，這樣就不會撞到你了。」

禪師認為長老所言甚是，大有禪意地說了一句：「那我就提上一盞慧燈上路，為有緣的眾生照亮我的真面目吧！」回去的路上，禪師一手拿著禪棍探路，一手提著燈籠。大約走了一段後，禪師被一個人撞倒在地，那人一看自己撞到了盲人，連忙一邊道歉，一邊將禪師扶起。

禪師揚起手中的燈籠說：「年輕人，天色雖晚，就算你看不到我，但是至少看得見這個燈籠啊！」年輕人回答說：「老人家，您的燈籠早就熄滅了呀！」禪師聽後意味深長說：「你的心燈未亮，與我的蠟燭何干？」

心燈不亮，即便是視力再好，也難看清這世間事。幸福往往隱藏在細節中，我們不用心是感受不出來的。只憑著眼睛去看，我們很容易去追逐遠在天邊的海市蜃樓，卻忽略了身邊實實在在的鮮花。幸福，只有用心感受，才能嘗到絲絲的甘甜，才能讓它出現在我們生活中的每一個角落。

不要一天到晚活在別人的世界裡

經常聽到人們抱怨：「活著真累！」既然活著這麼累，為什麼還要選擇活著呢？原因就在於累的真正原因不是生活本身，而是不能擺正思想，將自己置身在一個「累」的環境中，也就是活在別人的眼光中。

太在乎別人對自己的看法對自己而言是一種負累，每當你決定做一件事情時，都會考慮別人會怎麼看你，這樣一來，原本很簡單的事情就變得複雜。舉個例子說明：你認為自己穿這件衣服很漂亮，但是身邊有人說另一件更適合你，於是你違心選擇了另一件。這時，穿衣服不再是為了自己開心，而是為了給別人看。星雲大師曾說：「一味接受別人的好惡，是物質的表現。」

一對父子牽著一頭老馬去趕集，走在途中，兒子有些累了，父親便讓兒子坐在馬上，而自己牽著馬走在前面。經過稻田時，幾個農夫正在田間勞作，看到此景後，說：「這兒子太不孝了，自己坐在馬上，讓父親給他牽馬。」

兒子聽到後，認為他人說得很對，感到十分羞愧，連忙跳下馬，讓父親騎在了馬上。沒走多久便到了一個村口，村口坐著幾個婦女聊天，見到兒子牽著馬過來，低聲議論起來：「這個當父親的，竟然自己騎馬，讓那麼小的兒子幫自己牽馬。」父親聽後，頓時覺得很沒面子，於是連忙跳下馬，與兒子一起牽著馬走。

這時，坐在街邊乞討的叫化子看到了，笑著說：「這爺倆真傻，有馬不騎，偏要走路。」父子倆一聽，便一起坐到馬上。快要進城時，看到一位老人，老人看著他們唏噓道：「這父子倆太不仁道了，那匹馬已經那麼老，還要讓它馱著兩個人。」

聽到此話的父子倆相繼從馬上跳下，卻發現這一路走來，無論他們誰騎在馬上，或者騎不騎馬，都會引來他人的議論，似乎怎樣都不對。父子二人坐在旁邊的石頭上生起悶氣來，怎樣才能既不遭人議論，又能進城趕集呢？

其實別人的議論和他們是否能夠進城根本沒有直接關係，甚至沒有關係，可是這父子倆偏偏將二者連繫到一起。這看似是一個笑話，卻反映了現實中太多人的行為，那就是太在乎別人怎麼看自己。活著是為了什麼？這一生到底是為了自己，還是為了別人怎麼看自己？當我們認真這樣問過自己後，就能夠知道自己是否因為太過在乎別人的看法，而失去了自己的個性，迷失了自我。

一日，一名叫做釋然的小沙彌正在園子中為花除草，禪師清水走了過來，問他：「釋然，你愛色嗎？」

釋然聽到師傅這樣問，嚇得手中的水壺險些掉在地上，他不知道怎樣回答師傅的問題，因為世間萬物，包含色的事物太多了，臉色、美色、菜色、景色，還有任何一件實物都有屬於自己的顏色。如果直接回答不愛，師傅會不會認為自己回答的就是美色呢？繼而認為自己六根未淨？

思來想去之後，釋然顫抖著聲音回答：「不愛！」清水禪師雖然站在一旁，但是釋然內心的想法他已經猜到了十有八九，繼續問道：「你確定你在回答之前已經想好了嗎？當你真正面對考驗的時候，你是否還能依舊如此肯定回答呢？」

這一次，釋然底氣十足回答：「當然能！」清水禪師聽後，沒有說什麼，只是微笑看著釋然。釋然感到有些奇怪，於是反問道：「師傅，那我可以問你一個問題嗎？」得到師傅的肯定後，釋然問道：「那你愛美色嗎？當你面對美色的誘惑時，你能坦然面對嗎？」

清水禪師聽後，哈哈大笑，說：「我猜你一定會這樣問我。在我看來，再美的美色也不過經過美麗修飾後的皮囊而已，我愛與不愛沒有什麼區別，只要自己在面對時候能夠不為所動，又何必太在意別人的看法呢？」

只要內心的信念足夠堅定，有何必在意他人的看法呢？不管釋然怎樣回答，在不同的人看來，都會有不同的評價，有褒有貶，與其被別人的議論所困擾，還不如像禪師一樣，明確自己內心的想法，不去在意他人的眼光。

星雲大師認為「自己就是自己，即使在這世界上有好幾億人口，你還是你自己。」活在別人的世界裡，你就不再是你，而是他人眼光和議論的傀儡，這會讓你活得更累、更痛苦。因此，走自己的路，不要管別人怎麼說，做一個忠於自己的人。

逆境讓人更冷靜，更容易看清自己的路

當一個人在蹣跚學步的狀態時，跌倒是必不可少的過程，而這不過是漫長人生的一個縮影。事實上，人的一生都是處在蹣跚學步中，總會遇到挫折致使自己跌倒。

有人說：「如果跌倒了，不要急著爬起來，看一看周圍有什麼對自己有用的東西，撿起來後再站起來。」在順境時間久了，人往往容易迷失自己的方向。星雲大師認為偶爾經歷一下逆境，可以更加清楚看清自己的路，並且總結出三個論證來證明這一結論。

首先，在逆境中可以摸索出失敗的原因，總結經驗和教訓，為自己累積經驗。就像是初學直排輪時，我們無法掌握其中的要領，經常會掌握不住平衡而摔倒在地。第一次摔倒我們摸索到在摔倒前降低身體的重心，可

以減輕疼痛感；第二次我們知道要盡量向前摔，這樣不會碰撞到頭部……當我們已經不再害怕摔跤，因為即便是摔倒了也不痛，也不會傷害到自己時，就會根據幾次摔倒的經驗，總結出雙腳成八字型，雙膝彎曲，更容易保持平衡。這就這樣在不停摔倒中，掌握直排輪的技巧，直到如履平地。

同時，當人身處逆境時，更容易鍛鍊自己的意志力。那些事業有成的人，大多都有遭遇困境的時候，但是他們在困境中越挫越勇，一次次跌倒，一次次爬起來，直到成功。

西元 1854 年初，曾國藩率湘軍水陸師 1.7 萬人在湘潭會師，準備聲討太平天國，大部隊從西邊進攻太平軍，沒想到遭遇了太平軍的猛將石達開，連連戰敗。這令曾國藩十分氣憤，竟要投江自殺，結果被屬下救了上來。自盡不成，曾國藩只好想辦法如何取勝，經過一番精心布局，在後來的幾場戰爭中曾國藩取得了勝利，收復了許多失地。

接著，湘軍兵分三路向東進攻，突破了田家鎮防線，卻未料到被太平軍阻截，長江湘軍水師接連敗退，曾國藩率領殘餘部隊退至九江以西的官牌夾，被太平軍圍困。走投無路的曾國藩第二次跳江自殺，再次被屬下救起，最後退守南昌。

這時，朝廷派人來催報戰況，曾國藩無奈之下如實稟報，希望朝廷能夠派人支援，他在信裡這樣說道：「臣屢戰屢敗，有愧聖恩……」他的同僚周中華看後覺得不妥，於是在「屢戰屢敗」四個字後面又加了四個字「屢敗屢戰」！同樣四個字，顛倒了一下順序，意思卻從敗將變為了英雄，可謂是天壤之別。

曾國藩反覆看了幾遍這四個字，眉頭由緊鎖舒展開來，笑著對周中華說：「中華果然是個奇才，同樣的字，你卻能表達出不同的意思，果真是一字千金啊！」周中華聽後淡淡一笑，說：「中華只是遊戲文字，不值一

提。恩師學究天人，只是關心戰事，心不在此。其實百戰艱難，勝敗乃兵家常事，恩師應將『屢敗屢戰』作為座右銘，這樣就能夠逢凶化吉，轉敗為勝。」

曾國藩聽後，認為周中華說得很有道理。於是按照周中華的意思將奏摺擬好，由此一來，靖港之戰就成了「屢敗」中的一場小敗，而湘潭大捷則變成了他苦心經營的成果。當時，在朝廷和太平軍的作戰中，屢吃敗仗，像這樣的勝仗很少，皇上看到奏摺十分高興，立即將湖南境內巡撫以下的所有官員調去支援曾國藩。

最後，曾國藩在與太平軍的戰爭中大獲全勝，為清政府立下了汗馬功勞。從那以後，曾國藩在戰爭中再也不會輕言放棄，一定堅持到最後一刻。

其次，在逆境中，更容易體會到人情冷暖。俗話說：「患難見真情。」有的朋友只在我們順利時和我們關係密切，一旦我們遭遇了逆境，他們便揚長而去；而有的朋友，平時很少往來，但是卻在我們身處逆境時，給予我們安慰和幫助。是否是真心的朋友，在逆境中才能夠看出來。

最後，逆境是獲取成功的臺階。人們常說：「失敗乃成功之母。」蘇秦未得到功名時回家，家人都不予理睬，使蘇秦心中很是不快，只好把怨氣化解為力氣，拚命讀書，在得到《太公陰符》後，更是用心鑽研，最終獲佩六國相印。

所以，即便是身處逆境，也不要因此而氣餒，星雲大師鼓勵所有身處逆境的人們，要在跌倒後勇敢站起來，這樣才能看到成功向我們招手。

第二章

放眼當下，處處充滿愛的真諦

太會算帳的人其實是最笨的

　　星雲大師認為，做人不以聰明為先，而以盡心為要；處世，不以成功為急，而以結良緣為尊。但還是有很多人喜歡在利益的得失上精打細算，為占一點便宜而沾沾自喜，為一點損失就大發雷霆。他們自以為聰明絕頂，實際上卻是最笨的。

　　曹雪芹的《紅樓夢》中塑造了許多深入人心的人物，王熙鳳就是其中之一，可以說她是聰明反被聰明誤的代表人物。八面玲瓏的性格使得榮寧兩府在她的管理之下井井有條；貪戀她美色的賈瑞在她的計謀下，死得不明不白；她的偽善面目使尤二姐失去了生活的信念，最後吞金自殺。王熙鳳自認為聰明絕頂，能夠隻手遮天玩人命於鼓掌之中，卻落得個死後破席一張，拋屍於荒山之上。王熙鳳是戲劇中塑造出來的人物，卻真實體現出現實中的一部分人，比如三國時期的楊修。

　　楊修是一個文學家，聰明機智，才思敏捷，後被曹操賞識，封為掌庫的主簿。曹操為人善猜忌，對身邊的人都不慎信任，尤其是才華出眾的人，更容易引起曹操的猜忌之心。雖然楊修才能過人，但他有一個致命的缺點，就是用自己的小聰明卻揣度曹操的心思，而這恰恰犯了曹操的大忌。

　　一次，曹操命人修建花園，在花園快要竣工時，曹操到花園中來審查，觀看了一圈之後，曹操沒有說任何話，而是拿起筆來在花園的大門上寫了一個「活」字。大家看到此景都不知道曹操想要表達什麼意思，是滿意？還是不滿意呢？正當大家丈二和尚摸不著頭腦時，楊修路過此，看到大門上的「活」後，便命工匠將門縮小，並解釋到：「丞相在門上寫『活』，就是一個『闊』字，意思是門太闊了。」

　　眾工匠聽後恍然大悟，立刻重新修建園門，曹操再次看到後，十分高

興，連忙問是誰猜到了自己的心思。大家都說是楊修，曹操聽後表面上對楊修的智慧讚不絕口，但是內心已經開始對楊修有所忌諱。

又有一次，塞北派人送了一盒乳酪給曹操。曹操嘗了一口後，在盒子上寫上「一合酥」，然後讓隨從交給大臣們，卻沒有交代任何話。大臣們拿不定主意，只好去請教楊修，楊修看後，打開盒子便把裡面的酥分給大家吃了。曹操知道後，問楊修為什麼這樣做，楊修回答：「您在盒子上寫著『一人一口酥』，意思就是吩咐大家一人吃一口，所以我就分給大家了。」楊修此舉讓曹操很不舒服，但是又不便發作，只好記在心裡。

此時，楊修已經知道曹操疑心重，但是卻依舊不知收斂。曹操害怕有人趁他睡覺之際殺害他，於是對身邊的人說：「我在夢中會殺人，所以在我睡覺時，不要靠近我身邊。」到了晚上睡覺時，曹操故意將被子掉落在地上，身邊的侍者連忙走過去將被子撿起，正準備蓋在曹操身上，卻被忽然跳起的曹操一劍刺死了。第二天一早，曹操看到死在床邊的侍者，連忙問是怎麼回事，聽人說完原委後，曹操假裝撲在屍體上大哭，一邊哭一邊說：「你為何不聽我的話啊！」然後便命人厚葬這名侍者。

這一下人們都相信了曹操會在夢中殺人，在葬禮上，楊修指著侍者的屍體說：「丞相非在夢中，君乃在夢中耳。」曹操看到楊修又識破了自己，十分憤怒，下定決心要除掉楊修。最後在攻打劉備時，借「雞肋」之名，將楊修賜死了。

楊修的小聰明為他埋了禍根，可謂是「機關算盡太聰明，反誤了卿卿性命」的真實寫照。儘管有古為鑑，但在現在的生活中，依舊有人熱衷於算計，最終算計了自己。

王婆婆去世後，留下遺囑，將自己不足十坪的小屋子以及四千元遺產留給了小女兒，這讓大女兒十分不服氣，找來律師要打官司。

小女兒不明原因，母親將家底都留給自己，是看自己年紀輕輕就離婚，沒有正式的工作，帶著一個孩子生存艱難。而大姐和姐夫兩個人正在開辦工廠，日子過得十分富裕。不過既然姐姐要爭，小女兒不想家醜外揚，便將家產拱手相讓。

　　大女兒拿到家產後，還不服氣，她心裡想要的是母親去世前留下的一對手鐲。那是外婆給母親的陪嫁，而外婆當年是紫禁城中的宮女，這手鐲一定價值連城。她想妹妹一定不捨得將母親的遺物拿去變賣，再加上妹妹當時年紀尚小，根本不知道手鐲的價值。於是心中生出一計，以自己想留下母親一件遺物當念想為理由，提出用房子換手鐲。妹妹想息事寧人，便同意了交換。為了避免妹妹後悔，大女兒專門找了見證人，畫押為證。

　　得到手鐲的大女兒連忙找到珠寶專家進行鑑定，卻沒想到專家告訴她手鐲是次等的贋品，連一百元都不值。氣急敗壞的大女兒連忙找到妹妹大鬧，說妹妹不孝，偷賣了母親的遺物。小女兒聽後。苦笑一聲，說出了內情。原來真的手鐲早被母親賣掉為父親治病，後來剩下一些在姐姐出嫁時當了陪嫁。輪到自己出嫁時，母親已經身無分文，為了讓自己不那麼寒酸，小女兒自己出錢買了一隻類似的假手鐲，並對人說是自家的祖傳之寶。為了不讓姐姐有愧疚之情，自己和母親將此事隱瞞了下來。可是沒想到一向生活富裕的姐姐，會因為一隻假手鐲而不顧姐妹情深。

　　知道真相後的大女兒無顏再面對妹妹，放下手鐲後便匆匆離去。

　　蘇軾曾作詩「人皆養子望聰明，我被聰明誤一生。惟願孩愚且魯，無災無奈到公卿。」道出了太聰明的弊端，人生應該如鄭板橋所言「難得糊塗」，不要斤斤計較，活得簡單一些，才能快樂一些。

用自己平和心態看待不圓滿

　　每個人都在追求完美，希望能夠擁有圓滿的人生，然而，世界本就不完美的，又怎麼會存在完美呢？星雲大師認為，太圓滿、太美好容易遭忌，而有所缺陷反而能夠「因禍得福」。

　　有個人因為遭遇了變故，下身癱瘓，下半生只能在輪椅上度過。此人無法承受此打擊，想要輕生。在最後關頭，佛祖出現在他的面前，問他為何如此不珍惜性命，此人哭著回答：「我現在走不了路，凡事都要別人幫忙，成了廢人一個，活著對我而言簡直太痛苦了。」

　　佛祖聽後，把他帶到了大街上，指著一個雙目失明，要依靠拐杖才能前進的人說：「與他相比，你依舊能夠看到美麗的景色。」然後又指著一個被人砍掉了舌頭，只能靠雙手比劃著和人交流的人說：「和他相比，你還能說話。」接著，又指著一個努力看著他人嘴型，卻依舊不知道對方在說什麼的人說：「和他相比，你還能夠聽見聲音。而你的雙手還會因為失去了雙腿而變得更加有力和靈活，這難道不是一種優勢嗎？」

　　此人聽了佛祖的話，放棄了輕生的念頭，接受了自己的不完美。

　　在這個世界上，身體存在缺陷的人比比皆是，星雲大師鼓勵身體有缺陷的人，要樂觀而積極活著。很多時候，缺陷還可以激發出我們的潛能，使我們擁有超乎常人的毅力去完善自己。

　　很久以前，國王的王后生下了一個女兒，但是這個女兒卻長得極為醜陋，甚至有些不像人類，皇宮中不小心有人看到了，竟以為是見到了怪物，漸漸便傳出皇宮鬧鬼的傳聞。

　　為了消除恐慌，同時也為了維護皇家的面子，國王不得不命人將公主看管起來，不許讓外人看見。可憐的小公主終日被關在小黑屋子中，雖然

有吃有住，但是卻一點都不快樂。轉眼間，公主長大了，國王開始為公主的婚事忙碌。他命人到全國各地去打聽，希望能夠找一個名門望族出身的貴族，這樣才配得上公主王族的身分。但這樣的男人一定會嫌棄公主樣貌醜陋，所以此人必須是家道中落，最好是生活困窘的人。

經過多方打聽，國王終於物色到一個人選，對方是一個誠實可靠的人，國王毫不隱瞞對他說了公主的實情，同時許諾會給他建造一座豪華的宮殿，賞賜黃金萬兩，只要他不將公主的樣子傳與外人知道。年輕人答應了國王的要求，成為駙馬。

婚後，駙馬經常獨自一人參加各種各樣的聚會，把公主一個人鎖在家中。時間長了，很多關於公主的流言蜚語傳播開來，人們對她的樣貌好奇不已，總是想趁機目睹一下公主的樣子，可是每次都被駙馬巧妙拒絕。

公主常年獨守在宮殿中，內心十分煩悶，父母不喜歡她，丈夫也不愛她，公主便把全部的心思都用在了參禪誦經上，日積月累，禪宗使公主的內心清澈見底，端莊的氣質日益顯現，曾經醜陋的樣貌漸漸有所轉變。一日，眾人故意灌醉駙馬，從駙馬身上偷取了鑰匙，打開了宮殿的大門。當他們看到落落大方的公主站在他們面前時，簡直不敢相信自己的眼睛，公主雖然算不上傾國傾城，但是那高貴優雅的氣質足以讓人過目不忘。

駙馬酒醒後立即趕回家，看到很少親近的公主，不敢相信這就是自己娶進門的妻子，就連國王和王后，也不敢相信曾經醜陋的女兒，現在竟變得如此美貌。

沒有人可以做到完美無瑕，正是因為有所缺陷，才能清醒認識自我，激發和命運鬥爭的精神和勇氣。對待自身的缺陷是如此，對待人生的不圓滿也是如此。

一位老伯坐在路邊，似乎遇到什麼煩心事，一直眉頭緊鎖，正巧被路

過於此的佛陀看見。佛陀便走過去問道：「施主有什麼煩惱嗎？」

「不瞞大師，我現在煩惱極了。我家母牛剛剛生了一頭小牛，本是一件很開心的事情，但是前幾天母牛帶著小牛出去吃草，小牛走失了，母牛擔心小牛，已經連續幾天不吃不喝了。我找遍了整個山坡，也沒看見小牛的蹤影，真是活活急死人啊！」老伯唉聲嘆氣訴說道。

佛陀聽過後寬慰老伯道：「你大可不必為此事煩惱。」老伯卻認為佛陀不夠理解他，十分不高興說：「你是出家人，六根清淨，不會理解我們普通人的煩惱。」

「看來你心裡惦念的東西很多了？」佛陀問道。「那當然了，我們凡夫俗子誰沒點牽掛呢？除了牛以外，我擔心的事情還多著呢！我家老老少少十幾口人，莊稼的收成卻一年不如一年，今年說不定連肚子都吃不飽了。」老伯回答。

「似乎你的煩惱很多，其實不過是一隻牛，一片地，一個家而已。而我卻要擔心普天之下的所有家庭，耕作普天之下眾生的心靈。我每天都要煩惱怎樣才能讓天下蒼生平安幸福度過一生。你說是你的煩惱多呢？還是我的煩惱多呢？」老伯聽完佛陀這一番話後，幡然醒悟，頓時覺得自己那點煩惱不算什麼。

這時，佛陀又說：「雖然我的煩惱很多，但是我卻從來不覺得這是煩惱，因為我的胸懷能夠容納天下，天下也能將我容納，『有』和『無』對我而言沒有什麼區別。而你卻過分在意『無』，忽略了『有』，所以你才感到苦惱不堪。」

佛陀的提點使老伯的內心明朗起來，煩悶也隨之消失，於是高高興興走回家去了。

星雲大師認為，人之所以不快樂，是因為有的對苦樂太計較，被苦樂

所牽制；有的對榮辱太計較，被榮辱所牽制；有的對得失太計較，被得失所牽制。

　　人生不如意隨處可見，也正是這些不如意的存在，才能映襯出所擁有的幸福和美好是多麼重要，因此，最好的辦法不是追求圓滿，而是用平和的心態面對不圓滿。

包容愛好，改變不如適應

　　在一段感情中，人們常常犯的錯誤就是想把對方改變成自己想要的樣子，這也是多數感情破裂的重要因素。人與人相處，並不像捏橡皮人那麼簡單，可以按照自己的意願，將對方捏成自己喜歡的樣子。

　　尤其是戀人之間，時刻想要改變對方，似乎已經成為了一種自然反應。也許有人會說：「我從來沒有想過要改變對方。」事實上，只是你沒有感覺到你在改變對方而已。例如，你發現對方吃飯時的聲音太大了，你會說：「能不能小點聲？」或者更委婉一點：「親愛的，你不覺得你吃飯聲音有些大了嗎？」這種無意識提醒，其實就是希望對方能夠按照你的標準來生活。

　　或許有人會為自己辯解，我的善意提醒是為了對方好，為了讓對方更優秀。可是對方是這樣認為嗎？我們可以將當事人換成是自己，假如我們非常喜歡綠色的衣服，而對方卻說綠色不適合我們，我們穿紫色的更好看。此時，我們心裡會怎樣想呢？我們會認為對方認為紫色好看，那是因為他喜歡紫色，而不是我們真正喜歡。也許我們會為了取悅對方而順從他，但心裡多少都會有一些彆扭，因為我們選擇的不是自己喜歡的顏色。

　　當我們開始換位思考時，就會發現試圖去改變他人，是一件多麼愚蠢

的事情，且不說自己的好心未必能夠得到好報，至少自己的好心會為他人帶來困擾，甚至成為兩個人關係緊張的導火線。

一對結婚還沒有半年的新婚夫妻在人們詫異的眼光中辦理了離婚手續，不是不想愛了，而是爭吵讓他們無法再繼續生活下去。

男方喜歡吃甜食，口味偏淡。女方喜歡吃鹹的，口味偏重。每一次男方做完飯，女方都會說太甜了，吃起來沒有味道；而每當女方做完飯，男方又覺得難以下嚥，太鹹了不利於健康。女方認為男方既然愛自己，就要為自己為改變，而男方則認為自己說得對，女方就應該遵從。於是，每次餐桌都會變為據理力爭的戰場，幾乎每一頓飯都會不歡而散。

除此之外，擠牙膏這樣的小事情，也能夠成為爭吵的事由。男方做事循規蹈矩，牙膏從下往上擠，而女方則比較隨性，想從哪擠就從哪擠。每天早晨，他們都會因為擠牙膏的事情而爭論。後來為了避免爭論，他們買了兩條牙膏，各用各的，如果碰上不小心拿錯，就又是一場爭吵。

半年的婚姻就這樣在爭吵中度過，他們誰也沒有改變誰，卻因為這些微不足道的細節，打敗了愛情，拖垮了婚姻。

只要我們腦海中產生想要改變他人的想法，就已經為爭吵埋下了種子。星雲大師認為，每一個人都是獨立的個體，有自己的思維方式，不要試圖將自己的想法強加在任何身上。人與人相處的法寶是妥協，而不是改變。

很久以前，人類並沒有鞋子，都是赤腳走在路上。一天，國王要到民間訪查，因為路程遙遠，路上又有許多碎石子，把國王的腳弄得生疼。一氣之下，國王命令大臣將全國所有的道路都鋪上牛皮，這樣全國的老百姓都不怕硌腳了。

大臣一聽，心想，要把全國的道路都鋪上牛皮，那得殺多少牛啊？就算把全國的牛都殺掉，恐怕也不夠。想到這裡，大臣靈機一動，對國王說：

「陛下真是仁愛之心，可是我國領土遼闊。恐怕殺了全國的牛也無法達到您的要求，更何況還有工匠費，這是一筆不小的支出啊。與其這樣勞師動眾，倒不如您找兩塊牛皮將自己的腳包住，這樣不就不會弄傷腳了嗎？」

國王聽後，對大臣的意見連連稱讚，並將這個好主意貼在了告示上，希望百姓們也能夠看到，以後免受硌腳之苦。

在這個世界上，適應某些事情，遠比要改變更加容易。與其去改變坑坑窪窪、遼闊無垠的土地，倒不如給自己的雙腳套上一雙鞋子，既達到了原本的目的，又除去了很多不必要的麻煩。

星雲大師還提醒我們，改變不一定是改變對方，也有的人為了取悅對方，而改變自己，將自己的真面目一再壓制，變成對方喜歡的模樣，這其實是對自我缺少信心或不能很好接納、認同自我的表現，不但會讓對方覺得虛偽，反而會在感情中迷失了自我。想要感情長久，既不能試圖改變對方，也不要為了取悅對方而改變自己，而是要相互適應，相互包容，這才是感情交往中的關鍵所在。

當我們能夠做到不再苛刻要求別人改變，也不再要求自己改變，而是能夠透過對他人的觀察，對自己進行分析，找出自己的缺點和不足，從而調整自己，讓自己變得更優秀時，就說明我們更加成熟和理智了。

當放下時則放下，忘記就是幸福

佛教有云：「若一個人無法做到放下，那他的人生就是百苦交集，不管是貧富貴賤，都會有苦的感覺。窮則爭生存，富則爭享受，總之，總有爭不完的東西。」這樣又怎能做到放下呢？尤其是對已經發生的事情，做不到放下，就無法體會當下的幸福。

星雲大師認為：放下，才能自在，否則就心口就像壓了一塊大石頭。對於自己屋裡改變事實，就算是放在心裡整日惦記著，也做不到任何改觀。《金剛經》中說：「一切有為法，如夢幻泡影，如露亦如電，應作如是觀。」就是讓人該放下時，就應該放下，從一個旁觀者的角度靜觀一切發展。

一個年輕人背著一個沉重的大包袱，吃力攀登在上山的臺階上。年輕人想要上山找一位圓成大師，聽說圓成大師能夠幫助人們解決任何困難。

走了三天三夜後，年輕人終於看到了圓成大師，對圓成大師說出了自己遇到的難題：「大師，我感到十分孤獨，十分寂寞。而且不知道什麼原因，總是受到莫名的傷害，我現在覺得人生沒有一點樂趣，對活著沒有任何希望。所以特地前來拜訪您，希望能夠得到您的點化。」

圓成大師一邊轉著念珠，一邊閉著眼睛念經，聽到年輕人的話後，眼睛仍舊微閉著，問道：「施主，請問你的包中裝著什麼？」年輕人痛苦回答：「這裡裝的是我每一次感到的孤獨時所產生的煩惱，還有每一次受傷後的眼淚和委屈。就是因為它們的存在，我的生活才如此無望。」

圓成大師聽後，站起身來，示意年輕人和他一起走。不多久，就到了一片湖邊，湖面上停著一隻船，圓成大師讓年輕人與他一起乘船，到了湖對面。上岸後，圓成大師吩咐年輕人將船扛起來走。年輕人十分不解，船隻那麼重，自己怎麼扛得動呢？於是向圓成大師提出了異議。

圓成大師看著年輕人一臉的疑惑，笑著說：「我知道你扛不動，這只船對我們而言十分重要，我們需要它才能到達對岸。可當我們到了對岸後，就應該把船丟掉，如果扛著船趕路，船不就成了我們的負擔了嗎？」

年輕人聽後，似乎有所感悟，但是又不是十分清楚。圓成大師接著解釋道：「這和孤單、寂寞、痛苦、眼淚是一樣的，你的生命可以因此而變得多姿多彩，但如果你一直糾纏在不快樂的事情中，這些就成為了你的負

51

擔，會壓得你喘不過氣來。」

大師的話點醒了年輕人，他緩緩放下背在身上的包袱，包袱脫離身體的那一刻，年輕人感到了前所未有的輕鬆與快樂。

煩惱的根源並不在於煩惱本身，而在於煩惱產生了，我們卻不能及時放下。由於認知上的不足，我們才會被現象所迷惑，看不到事物的本來面目，並一直沉迷其中，不能自拔。佛陀教導我們，要從緣起緣滅中，了解緣起的常寂。緣起本來如此簡單，是我們將其複雜化，將自己的欲望加在上面，從而使自己苦惱不堪。

仔細想來，人世間所有的一切，沒有長久不滅的，既然如此，又何必為此而煩惱呢？你所失去的，或是不能得到的，不過再正常不過的現象，不必有劇烈的心理反應。我們只需要讓自己變得勇敢，既能拿得起，也能放得下。

一日，一名叫做黑指的婆羅門弟子前來拜訪佛陀，為了在佛陀面前顯示自己神通廣大，他一手拿著一個一人多高的花瓶，準備進獻給佛陀。那一個花瓶縱使兩個人也很難抬起。

沒想到佛陀只是淡淡看了一眼，便說道：「放下吧。」

黑指聽後，把左手的花瓶放下了。佛陀又說：「放下吧！」黑指又把右手的花瓶放下了。

然而，佛陀接下來仍舊是說「放下吧！」這讓黑指很不解，他現在已經兩手空空，還要放下什麼呢？

看著黑指一臉的迷茫，佛陀說：「我讓你放下的是你的六根、六塵和六識，放下這些，你才能做到真正的放下，才能免遭生死的困擾。

黑指這才想起，自己拜訪佛陀的目的就是想要學會「放下」，於是連忙跪下叩拜，感謝佛陀對他的教化。

對於普通人而言，不可能做到佛門弟子那樣不問世事，但只要能夠做到放手一切欲望，放手一切苦難，就能夠體會到生活的幸福。當然，佛陀教導我們放下，並不是讓我們以消極的態度面對人生，而是透過看透世間萬象後，更懂得最為珍貴的是當下，更注重當下所付出的努力。

放下生活中的種種不愉快，才能空出自己的心接受新鮮的事物，迎接更為美好的明天，從而健康快樂地生活下去。

有情眾生，以愛己之心愛人

兩千多年前，孔子說：「己所不欲，勿施於人。」意思是說：自己希望怎樣生活，別人也希望這樣生活；自己不希望別人怎樣對自己，也不要那樣去對待他人。也就是讓我們設身處地為他人著想，從古至今，這樣的博愛之人不在少數。

大禹剛剛成親，黃河便發了洪水。每當看到有人被洪水沖走，大禹的心裡十分難過，彷彿自己的親人在受難一樣，這使他十分不安。於是大禹告別了新婚妻子，帶領百姓開始了治水的工作。這一走就是 13 年，期間大禹曾 3 次經過自家的家門，但是因為心繫治水工程都沒有進家門。終於在他的努力下，消除了水患。

與大禹如出一轍的還有曹操。東漢末年，曹操與袁紹的大戰中，一直處於劣勢，許多兵卒漸漸對曹操失去了信心，暗中和袁紹聯絡，希望戰後能夠歸順於袁紹。

但是在官渡之戰中，曹操意外獲得了全勝，並繳獲了袁紹許多東西，這其中有許多書信，曹操看都不看就命人將信燒毀。有人提出疑問，為什麼曹操不利用這個機會查一查有誰與袁紹勾結，曹操說：「每個人都是上

有父母下有妻兒，每個人在絕境中都希望找到出路。當時就連我都沒有信心了，更何況他們呢？還是不要追究了。」

後人都只知曹操多疑，卻沒想到曹操還有如此寬容博愛的一面，這恐怕也是曹操最終稱霸的重要因素。不管到了什麼時候，在什麼情況下，只有如此博愛之人，才能被他人愛之。

女孩那年升入國中，每天晚自習結束回家時，街上已經沒有什麼行人了。尤其是穿過那條小巷時，女孩更是害怕。但是年邁多病的奶奶不能出來接她，女孩只好拿出所有的勇敢來戰勝恐懼。

不知道從什麼時候起，巷子口那個修自行車的老爺爺不再早早收攤回家，就算沒有人修車了，他依然會坐在路燈下等著。沒有人知道他在等誰，因為他沒有任何親人。一天，女孩回家看到老爺爺依舊在寒風中擺攤，於是喊了一聲：「爺爺該收攤了。」老爺爺聞聲，笑著說：「好嘞。」然後緩緩收拾起工具，推著小車跟在女孩身後進了小巷。

從那以後，女孩每天放學都會叫上老爺爺一起回家，有了老爺爺的陪伴，女孩再也不用害怕了。漸漸地，女孩不但與老爺爺一起回家，還會幫助老爺爺一起收攤。一次，女孩一邊走，一邊問身邊的老爺爺：「爺爺，大晚上的幾乎沒有人來修車，夏天就算了，冬天您為什麼還出來呢？」

老爺爺慈愛看著她說：「一天夜裡我出來關大門，看見你一個女孩子騎著自行車回來，我就想，巷子裡沒有燈，一個女孩子走太不安全了。於是第二天，我就等在巷子口，看著你遠遠騎車過來，我再收拾東西，悄悄跟在你身後。這樣萬一有個壞人出現，我也好幫一把。」

女孩聽了，淚水頓時溢滿了眼眶。老爺爺看到有些不知所措說：「孩子，你別哭啊，其實後來天氣冷了，我準備不再等你，畢竟我歲數也不小了。而你卻主動招呼我一起回家，當時我心裡暖的呀，就像是在春天裡一

樣，老婆和孩子離開這麼多年了，還沒有人像你一樣，對我那樣熱情呢。那時我就決定，把你當成自己的孫女一樣，天天等你放學。看著你平安進了家門，爺爺心裡高興。」

當我們拿出自己的愛心去愛他人時，同樣也會得到對方的愛。《禮記》中說：「人不獨親其親，不獨子其子，使老有所終、壯有所用、幼有所長、鰥寡孤獨廢疾者皆有所養。」意思就是要人愛天下之人，如同愛自己，愛自己的家人一樣，這樣社會才能和諧安定。

幸福不遙遠，就在每一個當下

經常聽到有人這樣說：「幸福很遙遠。」似乎幸福對他而言只能夠仰望，只屬於別人。幸福真的那麼遙遠嗎？星雲大師告訴我們：「幸福就在身邊，就在當下，只是太多人習慣於將目光放在遠方，而忽略了現在的幸福。」

一位年輕人一心修禪，希望有一天自己能夠成佛。然而很多年過去了，修行依然停留在當年，絲毫沒有進步。正當年輕人在為此事苦惱時，一個朋友告訴年輕人，在一座深山的古寺中，有一位得道高僧，他能夠幫助人們化解任何難題。

年輕人聽後，經過數月跋山涉水，終於找到了那座古寺，來到了高僧面前，向高僧請教道：「請問高僧在還未得道之前做什麼？」

禪師回答：「砍柴、擔水、做飯。」

年輕人聽後，繼續問道：「那得道之後呢？」

禪師回答：「砍柴、擔水、做飯。」

這讓年輕人百思不得其解，既然得道之前和得道之後沒有什麼分別，

那得道與否又如何呢？為了解開自己的疑雲，年輕人接著問道：「那何為道？」

禪師笑著回答：「在我得到之前，砍柴時總想著一會兒要挑水，挑水時又想著一會兒要做飯，做飯時又想著一會兒還要砍柴。因此，總是心不在焉，什麼也做不好。得道之後，我在砍柴時只想著砍柴，擔水時只想著擔水，做飯時只想著做飯。」

幸福就是這樣，就在我們現在生活的每一分每一秒中。只是太多人身在福中不知福，偏要追求更多、更好的幸福，結果卻忽略了當下已經擁有的幸福。也許有人認為當下的自己情況很糟糕，沒有幸福的家庭，沒有順利的事業，但是煩心事卻是一籮筐，這樣的「當下」怎麼能幸福呢？

如果我們只是一個窮人，擁有的只有一間破陋的茅草房，卻把自己的幸福標準定位在富人的水準，那將注定我們無法感受到幸福，因為我們脫離了當下，用沉重的欲望迷惑了心智。當我們為自己沒錢買車買房而苦惱時，看到周圍有人露宿街頭，當我們為自己不能吃山珍海味而沮喪時，發現還有人食不果腹，拋開一切對名與利的追求，著眼於現在的自己，我們是否已經很幸福了呢？幸福，不在遠方，也不需要仰望，幸福就是現在，就是當下，就是正在度過的每一分每一秒。

一座寺廟的屋頂上，一隻蜘蛛在此安了家，蜘蛛每日受到香火和虔誠祭拜的薰陶，漸漸有了佛性。一千多年過去了，蜘蛛的佛性增加了很多。

一天佛祖來到這座寺院中，偶然一抬頭，看到了屋頂的蜘蛛，便停住腳步說：「今日你我相見總是緣分，你在此修練了一千年，一定有些真知灼見，我可否問你個問題？」能夠有幸見到佛祖，蜘蛛很是高興，連忙答應下來。佛祖問道：「你認為這世間什麼是最珍貴的？」蜘蛛回答：「是『得不到』和『已失去』。」佛祖聽後，點了點頭，便離開了。

　　又一千年過去了，蜘蛛依然在寺院的屋頂上修練，佛性再次增添了不少。佛祖又來寺院中，看到蜘蛛，說：「又一千年過去了，你可還好，對我曾經問你的問題，可又有了深一層認識嗎？」蜘蛛想了想，依舊回答道：「我覺得世間最珍貴的，依舊是『得不到』和『已失去』。」這一次佛祖說：「你再好好想想，我還會再來的。」

　　又過了一千年，忽然一陣狂風大作，將一滴露珠吹到了蜘蛛網上，那露珠晶瑩剔透，蜘蛛心生憐愛之心，每天看著露珠，它覺得自己很開心，在這三千年中，蜘蛛從未這樣開心過。然而，一陣風吹來，露珠被帶走了，蜘蛛的心彷彿也被帶走了，感到十分寂寞和難過。

　　就在這時，佛祖出現了，再次問了那個問題，蜘蛛想到失去的露珠，回答說：「世間最珍貴的是『得不到』和『已失去』。」佛祖聽後，搖了搖頭說：「既然你還是這樣認為，那我就讓你到人間體驗一下吧。」說完，便讓蜘蛛投胎到了一個官宦家庭，成為了一個身分高貴的富家小姐，取名珠兒。

　　珠兒長到十七歲時，就已經婀娜多姿，傾國傾城了，前來提親的人數不勝數，但是珠兒一一回絕了，她知道佛祖為她安排的姻緣還未到。不久後，一位名為甘鹿的青年高中了狀元，皇上宴請文武百官為甘鹿慶祝。當天許多千金小姐到場，包括珠兒和皇帝的女兒長風公主。在席間，甘鹿的才華征服了在場所有的少女。珠兒心中竊喜，她知道甘鹿是她的姻緣，這是早已注定的。

　　宴席結束後，珠兒隨母親到廟中燒香，恰巧看到甘鹿也在此，珠兒大喜，問甘鹿道：「你可曾記得十七年前，在寺院屋頂的蜘蛛網上你我相識？」甘鹿對珠兒的話感到十分疑惑，認為珠兒的想像力太過豐富，沒有做出任何回答就離開了。珠兒沒有感到甘鹿對她的愛意，十分迷惑。但

她認為這是注定的姻緣，他們遲早會在一起。然而幾日過後，珠兒忽然聽說，皇帝命甘鹿與長風公主完婚，而珠兒則許配給太子芝草。這個消息對珠兒而言，如晴天霹靂一般，她沒想到佛祖會給她安排這樣的姻緣。在極度傷心的情況下，珠兒病倒了。

一連數日滴水未進，珠兒的生命危在旦夕，就在靈魂即將出竅之時，太子芝草聽說了珠兒的病情，他連忙趕到珠兒家中，握著珠兒冰涼的手，說：「那日，父皇宴請百官，在那麼多姑娘中，我對你一見鍾情。我苦苦哀求父皇，他才答應將你許配給我，如果你死了，我也活不成了。」說完，拿起隨身佩戴的寶劍準備自刎。

這時，佛祖出現了，他對珠兒說：「蜘蛛，你一直心心念念著那滴露珠，可你曾想過它是誰帶來的嗎？是風。甘鹿是長風公主帶來，後來又由長風公主帶走，甘鹿是屬於長風的。而太子芝草，曾經是寺院門外一株小草，它仰望了你三千年，愛慕了你三千年，而你卻從未看過它。現在我再問你『什麼是世間最珍貴的？』」

珠兒知道了前因後果，回答說：「原來，世間最珍貴的是『已得到』，是把握現在的幸福。」珠兒終於大徹大悟，在最後的時刻睜開眼睛，打掉了太子芝草手中的寶劍，擁抱在一起。

只有當下才是我們擁有的最珍貴的財富，才是能夠為我們帶來幸福感的載體。星雲大師認為，對幸福的感受，取決我們對幸福的認知，想要得到真正的幸福，首先要修練自己的內心，內心覺得幸福了，外界的一切因素都無法左右我們了。如果我們能體會眼下的幸福，就能保證這一生都是幸福的。

愛，不是用眼睛看，而是用心

佛經中說：「人是從愛中來。」並把世間人類變成有情眾生。愛，這一個字，幾乎包含了所有美好的感情。說到愛，人們首先想到的就是男女之間的愛情。有人認為，愛情就像一場遊戲，充滿了不確定，玩得好，皆大歡喜；玩不好，兩敗俱傷。

關於愛情，每個人都有著不同的看法，當有人問星雲大師對愛情的看法時，星雲大師說：「愛情可能會變，但我們的心不會變。」這說出了愛情中最重要的一點，就是「心」，一方面是以真心對待愛，另一方面是用心體會愛。

很久以前，有一個國王，他娶了四個妻子，他最寵愛第四個妻子，因為她年輕美貌，又懂得哄他開心。於是，國王不管是吃飯睡覺，都與第四個妻子在一起。

其次，國王寵愛的是第三個妻子，因為第三個妻子是國王費了一番力氣才得到的佳人，就算是國王每天對著她說甜言蜜語，她也很少露出笑容。因此，國王總是為了換取那來之不易的笑容，對第三個夫人百般討好。

接著是國王第二個妻子，這二個妻子賢良淑德，總能在國王為了國事煩惱時及時出現在身邊，為國王排憂解難。國王和這個妻子在一起，更像是和一個多年的老友相處。一旦見不到就會很想念，但是卻不會天天黏在一起。

最後是國王的第一個妻子，這個妻子年老色衰，更像是國王身邊的女僕，為國王操心一切事情，安排國王的三餐，天冷的時候為國王添衣，天熱的時候為國王解暑，只要國王需要她，她會立刻出現在國王的身邊。但是國王的心裡，卻沒有為她留下任何位置，經常忽略她的存在。

第二章　放眼當下，處處充滿愛的真諦

　　漸漸地國王老了，有一天，死神站在國王的床邊要帶走他，並對他說他可以帶走一個自己生前的摯愛。於是，國王拉著第四個妻子的手，問她：「你願意和我走嗎？」第四個妻子說：「我還這麼年輕，還有大好的青春年華，當然不會跟你走。」

　　國王為第四個妻子的無情而傷心，於是又拉著第三個妻子的手，問她：「你願意和我走嗎？」第三個妻子說：「你最愛的第四個妻子都不願意陪你走，我憑什麼和你一起走呢？不過，我可以答應你，你走後三年裡，我不會嫁給別的男人。」

　　第三個妻子的冷漠讓國王很難過，他想到了第二個妻子，於是問她：「你願意和我走嗎？」第二個妻子一邊哭，一邊說：「我可以為你終身不再嫁人，但是我做不到陪你一起走。」國王想不到自己平時疼愛的三個妻子都不願意陪自己走，正當他準備什麼也不帶就離開時，第一個妻子拉著他的手說：「我願意和你一起走。我父母把我許配給你，就是要我無論生死苦樂都不離開你身邊。所以，不管你去哪裡，我都會陪著你。」

　　這一次，國王留下了淚水，他牽著第一個妻子，隨著死神離開了。

　　國王代表人類的靈魂，第四個妻子代表人的身體，第三個妻子代表人所擁有的財富，第二妻子代表父母、妻兒、兄弟姐妹、朋友，第一個妻子代表的是人的心。

　　我們疼愛自己的肉體，不讓它挨餓受凍，不讓它承受疼痛，就像國王對第四個妻子的寵愛一樣。當時當生命終結的那一刻，肉體轟然倒地，只有靈魂孤單離去。這時候，無論我們付出多少辛苦賺來的錢財，也不能帶走一分一毫。親人朋友會為我們的離去而悲傷難過，但他們仍然有自己的人生，也不會陪著我們走。自始至終和我們如影相隨的只有我們的心，而我們卻在活著時，沉迷於虛幻的色身，忽略了真心。

這是佛教中關於愛情的一個故事，它告訴我們在愛情中，真心是最重要的，所以無論何時，都要保持著真心，只要真心不變，愛情就會長存。但在現實中，很多人在面對愛情時，不是用心體會，而是用眼睛去看。只關注華麗的外表，卻很少注重內心是否也同樣充實。

晉朝時，有一個名叫許允的人，經過媒婆的介紹娶了同鄉一名女子為妻。在洞房花燭夜，掀開蓋頭的那一刻，許允愣住了，他沒想到自己的妻子竟長得如此醜陋，於是十分不高興，問新娘道：「女子應有四德，婦德、婦容、婦言、婦功，我且問你有幾德？」

新娘回答：「我有三德，缺少婦容。」許允看新娘子既有自知之明，還要嫁給他人為妻，心裡更加不快，新娘將這一切看在眼中，反問許允：「君子有百行，你具備幾行？」許允回答：「我百行皆備。」新娘聽後微微一笑，說：「君子百行，以德為先，你今見我容顏醜陋，便不悅，好色比好德有過，還好意思說自己百行皆備嗎？」

許允聽後頓時感到羞愧難當，於是連忙向妻子道歉，從此以後相敬如賓，白頭到老。

星雲大師認為婚姻是一輩子的事情，配偶是一生的跟隨。所以不能膚淺地用眼睛去尋找另一半，而是應該用心去尋找，同時也要更注重對方的心靈，而不是外貌。這樣的婚姻中，雙方才能夠心靈相通，彼此真心和愛護對方。

婆媳間要學會水之就下，謙卑自躬

人人都說：「家家有本難念的經。」這「婆媳經」就是其中一本，婆媳之間既不可以像母女之間那樣肆無忌憚親密無間，也不能像陌生人那樣

不聞不問漠不關心。許多人形容婆媳關係為「兩個女人一生無休止的戰爭」，彷彿婆媳之間天生就是對立的關係，這與封建文化有一定的關係。

在封建社會，尤其是大家庭中，婆媳地位懸殊，完全是一種不平等的人際關係，媳婦必須要聽命於自己的婆婆，即便是婆婆錯了，兒媳婦也是敢怒不敢言。在現代社會中，男女平等，婆媳之間的關係也逐漸趨向平衡，在婆婆怒的時候，媳婦敢言了，甚至婆婆還未怒，媳婦已經先怒了，產生矛盾也就成了必然。

一個婦女哭哭啼啼來到了寺廟中，像佛祖哭訴：「我的婆婆對我一點也不好。今天小姑一家要回來，婆婆便一大清早就叫我起來準備飯菜。快到中午時，我辛苦準備了一桌飯菜，小姑他們也沒來，婆婆只好打電話催，結果小姑卻告知婆婆忽然有事走不開，下午才能趕回來。我想既然他們不回來了，我們總得吃飯，於是拿起筷子準備吃一塊排骨，婆婆卻把盤子端走了，說留到下午女兒回來再吃。如果是我親媽，一定不會這樣對待我的。」

佛祖聽後，對她說：「你先來看看這些畫面吧。」說完，婦女的眼前就出現了她回娘家時的情景，只見她手中提著大包小包，臉上洋溢著笑容。然後畫面一轉，是她母親正在一邊督促嫂子做飯，一邊打電話給她，催她趕快回家，家裡做了她最喜歡吃的紅燒肉。回到家後，母親就讓她坐下吃飯，而嫂子還在廚房忙碌。

接著畫面消失了，佛祖說：「每個母親都是一樣疼愛自己的兒女。你期望婆婆像媽媽一樣愛你，可是你是否把婆婆當作媽媽呢？」

事實上，婆媳之間可以和睦相處，只要能夠真心實意將對方當作親人對待就可以了。在一個大家庭中，除了夫妻關係，就是親子關係，這兩種關係的交叉點，就是婆媳矛盾的源頭，歸根究底，就是因為愛。妻子愛自己的丈夫，母親愛自己的兒子，當兩個女人為了取得一個男人的愛時，就

好比情敵相見，分外眼紅。兒子若是對妻子太好了，忽略了母親，母親則會很傷心，認為自己白養了兒子。若是兒子對母親太過於言聽計從，絲毫不顧及妻子的感受，妻子則認為丈夫不愛自己。直接導致的後果就是，婆婆媳婦互看對方不順眼。

這也體現出了問題的關鍵所在，就是夾在兩個女人之間的男人，若是男人能夠處理好母親和妻子之間的關係，起到雙面膠的作用，讓母親愛屋及烏，愛自己的同時也愛媳婦，讓妻子也是如此，愛自己的同時也愛母親。如此這般，再加上婆媳之間能夠換位思考，設身處地為對方著想，相互理解相互包容，那麼就不會出現婆媳不和的情況了。星雲大師認為，婆媳之間要時常抱有「對不起，我錯了」的想法，把自己當作壞人，學習水之就下，謙卑自躬，主動承擔錯誤，而讓他人站在正確的位置上。

在這個小村莊中，幾乎每家每戶都知道李家婆媳親如母女，有時候李老太太對媳婦要比對自己親生女兒更好。村裡許多婆媳不和的家庭，都希望能夠知道她們相處的祕訣是什麼。一天，村東邊的陳婆婆忍不住來到李家，希望能夠學到一點相處之道。

陳婆婆一進門，李家的媳婦熱情請她入座，然後準備拿茶杯倒水，結果不小心將放在桌邊的茶壺碰倒在地，碎了一地的玻璃。陳婆婆心想：這個媳婦也太笨手笨腳了，幸好不是自己的媳婦。這時，李婆婆也走了進來，媳婦連忙對李婆婆說：「媽，太對不起了，我不小心將您最喜歡的茶壺打碎了。」李婆婆一聽，不但沒有責怪兒媳，反而安慰她道：「碎了就碎了，還可以買新的，也怪我不該將茶壺放在桌邊，你怎麼樣？有沒有被燙傷啊？」一場可能會發生的家庭糾紛，就這樣悄悄地化解了。

陳婆婆看在眼裡，不用多問，也明白了她們婆媳間為什麼能夠相處如母女一般了。

婆媳之間想要和睦相處，就要像跳探戈舞一樣，有進有退，這樣才能跟得上音樂，跳出優美的舞步。如果都是只進不退，就會相互踩腳，如果只退不進，又無法成為一支舞。當所有人都在乎前方的世界有多麼美好時，如果我們能夠轉身看看後面的世界，就會發現一片更遼闊的土地。

夫婦之道從互相欣賞、體諒開始

　　現在社會中，離婚率不斷攀升，這當中受很多因素影響，其中最重要的因素，是夫妻之間沒有找到正確的相處之道。夫妻之間相處有道，才能組成一個美滿幸福的家庭。

　　星雲大師認為，夫妻之間相處有道，當從相互欣賞和相互體諒開始。很多人認為兩個人之間只要有愛，就能夠攜手一生。而事實遠比理想複雜得多，如果把愛情比作理想，那麼婚姻就是現實，婚姻遠不如愛情那樣麼單純，除了要盡到為人夫為人婦的責任外，還要懂得欣賞對方的優點，體諒對方的缺點。

　　一日，聖嚴法師正在寺院中參禪念經，一對夫妻前來拜訪。這對夫妻結婚一年有餘，吵架的次數比他們在一起吃飯的次數還多，但是他們又彼此愛著對方，不想因為吵架而分開，於是希望能夠得到聖嚴法師的開解。

　　引起他們吵架的原因往往很簡單，比如：吃蘋果到底要不要吃皮。太太認為皮上會沾有農藥，所以每次吃蘋果都會把皮削掉；而先生則認為蘋果皮富含營養，削掉皮太浪費了。因為意見不統一，兩人常常因為一個蘋果應該怎樣吃而吵得不可開交。

　　聖嚴法師聽完他們的敘述後，說：「能夠讓你們不再爭吵的最好方式，就是以後都不要再吃蘋果了。」

　　夫妻倆你看看我，我看看你，都無法下定決心以後再也不吃蘋果，況且他們還會因為其他的原因吵架，不能因為什麼吵架，就完全戒掉那件事情。於是他們問聖嚴法師，還沒有其他更好的辦法。

　　聖嚴法師對太太說：「你先生從小到大吃了那麼多蘋果皮，現在仍然活得很好，所以你的擔心的完全是多餘的。」然後又對那位先生說：「既然你認為蘋果皮有營養，覺得扔掉可惜，那你可以把削掉的蘋果皮吃掉啊，這樣問題不就解決了嘛！」

　　夫妻二人本來自不同的家庭，有著不同的家庭背景，受著不同程度的家庭教育，所以無論是性格，還是生活方式，都存在著很大不同。談戀愛時，會因為彼此身上的不同點而相互吸引。結婚後，這些不同點就成了產生糾紛的源頭，一方強迫另一方接受自己的習慣，一方採取抵制的態度，矛盾衝突不斷，這樣的婚姻生活怎麼能夠美滿和幸福呢？

　　有的男人認為自己在外辛苦賺錢養家，在家中就應該是一家之主的地位，不但不做家務，還經常對妻子發號施令，很少關心妻子和孩子；有的女人則認為自己辛苦操持整個家庭，而男人卻絲毫不體諒自己，心中漸生怨氣。他們都忘了夫妻之間最重要的是相互欣賞和相互體諒，他們沒有做到這一點，看到的當然都是對方的缺點。

　　在一個偏遠的村子中，住著一對老人，他們是目前婚齡最長的一對夫妻，結婚已經有九十多年。

　　每天早晨兩位老人都會手牽著手，一起到村後的山上撿些柴火，然後再一起拖回家，一個點火，一個做飯，飯做好後，就一起坐在門前的小木桌上吃飯。如果不是臉上的滄桑訴說著他們的年齡，他們儼然像一對剛剛戀愛的情侶。有人問他們：「是什麼原因讓你們幾十年如一日般恩愛？」

　　老伯回答：「她嫁給我時，是村裡最漂亮，女紅做得最好的姑娘。這

麼多年過去了，我再也沒有見過比她漂亮，女紅做得比她好的女人。」旁邊的老伴聽了，咧開沒有牙齒的嘴笑起來，現在的她全然看不出當年的風采，但是在老頭眼中，她仍舊最漂亮。

輪到老太太說他們的婚姻祕笈時，老太太說：「結婚前，我曾列出十條允許他犯的錯誤，只要是在這十條之內，我都會選擇原諒他。」人們不禁又問道：「難道他就沒有犯過這十條以外的錯誤嗎？」

老太太笑了，回答說：「其實這十條錯誤，我並沒有具體規定有哪些，每次他犯了錯誤，我都告訴自己這是十條中的一條，原諒他吧。」

一個懂得欣賞，一個懂得體諒，成就了一段童話故事般的婚姻。只要我們與和這對老夫妻一樣，每個人都可以是童話的締造者，成為公主與王子的故事中的主角，擁有一段幸福美滿的婚姻。

做好榜樣，身教重於言教

《三字經》中說：「養不教，父之過。教不嚴，師之惰。」一個人的成長，乃至一生，都與他從小受到的教育有很大的關係。父母是孩子的第一任老師，所以父母的言行舉止，對孩子能夠產生很大的影響。

歷史上很多故事都闡述了這一觀念，例如：孟母三遷、王羲之練字等，他們的功成名就和父母的教育分不開。因此，星雲大師認為，教育兒女，父母首先要注意自己的言語、態度與方法，其次是注重教育的方式。

曾子是春秋戰國時期的魯國人，十六歲成為孔子的徒弟，因其聰穎好學，頗得孔子真傳。

有一次他的妻子準備到集市上買東西，年幼的兒子哭鬧要隨母親一同前去，妻子只好哄兒子道：「你乖乖在家，等我回來殺豬給你做你最愛吃的

醬汁燒豬蹄。」兒子一聽，果然不再哭鬧，乖乖站在門口，等著母親歸來。

不多時，曾子的妻子就回來，還未進家門，就聽見院子裡一片嘈雜聲。原來是曾子正在捉豬準備殺之，妻子連忙上前阻攔，說：「我是哄小孩的話，你怎麼能夠當真呢？這只豬要留到過年吃的。」

「夫人，孩子年紀尚小，不懂得明辨是非，一切都會以父母的言行為自己的榜樣，你現在對他說謊，就等於在教他說謊。你既然那樣答應了孩子，今天這豬就必須殺不可。」曾子回答。

妻子聽了曾子的話，不再阻攔，幫曾子宰了豬後，就按照自己之前答應孩子的條件，做了醬汁燒豬蹄。

一個具體的行為勝過一百句諄諄教誨，有的家長對孩子說「你要誠實」，但自己卻經常言而無信，言行不一，孩子又怎麼能信服呢？尤其是現在社會中，獨生子女居多，對孩子的教育問題就更是重中之重。有的家庭對孩子太過於嚴厲，造成孩子膽小怕事，唯唯諾諾，與家長溝通甚少，產生隔閡；有的家庭對孩子太多溺愛，導致孩子性格乖張傲慢，經不起一點風浪。

怎樣掌握教育的尺度是一件難事，這更加要求父母對自己的言行舉止加以約束，這樣就算掌控不好教育的尺度，也至少可以讓孩子在自己身上吸取有益的方面。

在一個古老的國家，國王為了減輕國家的負擔，規定凡是家中有年老的父母，就要將其活埋，以節省出糧食養育子女。儘管很多人對這條法律不認同，但是也不敢違抗國王的命令。

只有一個男子例外，他不忍活埋父母，便偷偷在家挖好了地窖，當父母老去時，他就把父母藏在地窖中，每日給父母送吃送穿。年幼的兒子看到這一切，十分不解父親為什麼要違抗皇令呢？但是他知道父親的做法一定有自己的道理。

第二章　放眼當下，處處充滿愛的真諦

　　漸漸地，男子的雙親在地窖中壽終正寢，兒子長大了，開始到學堂念書，書中告訴大家「父母對自己有養育之恩，所以要孝順父母。」此時，兒子明白了當年父親的做法。轉眼間，男子也老了，他等著兒子將自己埋葬。沒想到兒子卻將他帶到了地窖中，並對他說：「父親，您沒有活埋自己的父母，我也不會那樣做。您放心吧，我會像您孝敬祖父祖母那樣孝敬您。」

　　又過了幾年，新的國王登基，廢除了活埋老人的法例，男子可以不用待在地窖中了。當他走出去後，大家才知道他的兒子違反了先皇的法令，正當商議怎麼處罰他們一家人時，國王也聽說了這件事。國王被他們的孝心所感動，不但免除了他們的罪行，還賞賜給他們一處房子，供男子頤養天年。

　　男子沒有說一句話，卻教會了兒子孝順，這遠比課本上教人孝順，但現實中卻背道而馳更有說服力。孝順只是父母可以影響孩子的一個方面，除此之外，星雲大師總結出了一些其他方面：

- **嚴格要求自我**：父母在孩子面前能夠做到嚴格要求自己，孩子就能夠在學習、生活等方面對自己嚴格要求，不必總是需要父母督促才能做到。
- **尊敬他人，接受不同**：夫妻之間相互尊重，彼此包容，孩子絕不會對他人沒有禮貌、心胸狹窄。
- **明辨是非**：若父母能夠做到對自己做錯的事情負起責任，孩子就會懂得做事情前考慮後果，不會誤入歧途，並為自己行為負責。

　　家長在給孩子做榜樣的同時，也是不斷完善自己的過程，家長做得有多好，孩子學得就能有多好。

世間事自己擔當，不要替代孩子做事

俗話說：「可憐天下父母心。」只要對孩子有益，父母願意付自己的一切。他們把孩子視作自己最寶貴的「財產」，放在手中怕摔了，含在口中怕化了。事實上，孩子是代表著一個個體出生的，他不是依附於父母的私有「財產」。父母對孩子的愛沒有錯，但如果總是代替孩子做決定，事事都要為孩子做，就不再是真正的愛。

在森林中，鳥兒剛剛出世時，鳥媽媽會不辭勞苦尋回食物，餵養自己的孩子。隨著小鳥羽翼日益豐滿，自己學會了飛翔後，鳥媽媽便再也不會幫他們覓食。對於一些不肯成長的小鳥，鳥媽媽甚至會「狠心」將他們推出窩外，以此達到讓小鳥獨自生活的目的。

在我們人類的社會中，又有幾個這樣的媽媽或者爸爸呢？不管孩子需要做什麼事情，他們都爭先恐後親力親為。有一個十多歲的小男孩，每天上學都會帶著一顆雞蛋，媽媽會事先將雞蛋皮剝好。而這一天，由於事情繁多，媽媽忘記了將雞蛋剝殼。當孩子到了學校準備吃雞蛋時，竟不知道從何下手，最後因為吃不到雞蛋而急得哭起來。父母以為為孩子打點好一切，就是愛的表現，實際上這也是害，害得孩子失去了自我生存的能力，害得孩子無法形成屬於自己的人格特點。

星雲大師奉勸各位家長：世事都要自己擔當，有些事情是家長能夠為孩子做的，有些事情是孩子必須自己做的。因此，家長們要鬆開自己的手，讓孩子自己去承擔他應該承擔的事情，走出屬於自己的人生。

古時候，有一位歸靜禪師，十分擅長作畫，不管是山水人物，還是花鳥魚蟲，經過他的妙手無不活靈活現栩栩如生。漸漸地，歸靜禪師的盛名傳到了皇帝的耳中，皇帝便命人將歸靜禪師找來，要求歸靜禪師為他繪製

一幅人生之路的畫。

　　面對如此刁鑽的題目，歸靜禪師又不敢違抗聖旨，只好應允了下來，然後便將自己關在畫室中專心作畫，並要求不得有人打擾。一天過去了，兩天過去了，十天半個月過去了，也不見歸靜禪師畫好，皇帝每每派人去查看，都只看見禁閉的門窗。

　　轉眼間，歸靜禪師作畫已有半年之久，冰雪開始融化，一抹抹新綠出現在枝頭，皇帝急於想知道歸靜禪師所畫的內容，於是再次召見了歸靜禪師，問他什麼時候畫才能作好。歸靜禪師回答：「我已經畫好了，就是不知道賞畫的人有沒有做好準備？」皇帝早已急不可耐，連忙說：「做好了，做好了。」

　　歸靜禪師將皇帝引到畫室外，說：「此畫要站在遠處欣賞，不必進屋。」然後將畫室門打開。整整一面牆的壁畫立刻便映入了皇帝眼中，只見畫中峰巒疊嶂，溪水蜿蜒，鬱鬱蔥蔥的樹木間，矗立著一間別致的房子，房門打開著，門外有一條小路，時寬時窄，忽左忽右，有上有下，隱隱約約延伸到樹林深處，看不清通向何方。皇帝指著這條小路問道：「這是什麼路？」歸靜禪師回答：「這就是人生之路。」「它通向何處？」皇帝又問。歸靜禪師說：「老衲去看看就知道了。」然後便真的走進了畫中，穿過小屋的門，沿著曲折迂回的小路，漸漸消失在樹林中。

　　皇帝在畫外等了許久，也不見歸靜禪師回來，好奇心驅使下，他來到了壁畫面前，赫然發現眼前的那扇門並不是畫上的門，而是一扇真的門。而門外的小路、樹林、遠山也都是真實存在的景物。

　　如果不親自走一趟，永遠不會知道前方的路是通向何處，更不會知道這沿途有哪些風景。也許自己承擔一切，會感到累，就像爬山一樣，總有走累的時候，父母可以背上孩子走，但父母只能背一段路，不可能背一輩

子。因為父母也有老去的一天，剩下的山路還是要孩子自己攀登。與其這樣，還不如早些讓孩子適應山路的崎嶇，也好加快他登山的步伐。

有個母親她凡事都會替孩子做好，幫孩子洗衣服，餵孩子吃飯，甚至代替孩子寫作業。有一天，孩子不小心將手指劃破。疼痛令他無法忍受，於是一邊哭一邊對媽媽說：「媽媽你替我疼。」這個母親愣住了，她以為只要孩子需要，她可以為孩子做任何事，卻在突然間發現原來有那麼都事她無法代替孩子做。

總而言之，人生的路，需要自己去走。父母可以陪孩子走一段，但是卻不能陪他走一生。

第二章　放眼當下，處處充滿愛的真諦

第三章

人世多坎坷，有捨有得圓融處世

得失只是一時，追求夢想才是一生

人的一生都在不斷經歷得到與失去，不管是得到還是失去，都是一時，而不能維持一世。重要的是，我們是否能夠在得到與失去中，依舊不改初衷，堅持自己的夢想，掌控自己的人生。

星雲大師認為，得與失並不重要，關鍵在於人們如何掌控自己的內心，掌握自己的人生。世事無常，諸相皆空，以一顆平常心去對待，有也好，無也好，都看作是鏡花水月。看淡了得失，人生的意義也會有所不同。

小和尚釋空遇到了一個難題，人人都說出家人皈依了佛門，就四大皆空。如果是這樣，自己為什麼要來到世上呢？

想了許久，釋空也找不到答案，他只好去請教自己師父，師父聽了釋空的問題後，說：「你覺得來到人世沒有意義，是因為你沒有看到世間屬於我們的東西。」

「已經四大皆空了，還有什麼屬於我們呢？」釋空不解問道。

「太多了。自由的身心，超脫的意念，還有藍天白雲，險峻的高山，柔美的湖水，都屬於我們。而這些都是因為我們四大皆空，才能夠得到的東西。有了這些，人生還有什麼不可以得到的呢？」師父回答。

「這些東西塵世間的人也擁有啊。」釋空更加不明白師父的意思了。

「塵世間的人往往太在意自己的得失，有錢的人希望能夠得到更多的金錢，有權的人希望能夠得到更大的權利，他們的心思全在這些事物上面，根本無暇顧及其他更多的東西。」

聽了師父的這番解釋，釋空若有所思的點點頭，似乎明白了自己到人世間的意義了。

在追求夢想的道路上，有時會得到，有時會失去，如果我們不能掌控好自己的內心，則很容易在得到中迷失方向，在失去中放棄追求。能夠在得到與失去中，毫不動搖堅持自己內心的人，實屬不易。大多數人，在小有成就時，就會被眼前得到的利益所迷惑，忘記了自己的初衷，轉而沉浸在現有的成就中。如果是賺到了更多的錢，則會努力賺更多的錢；如果是得到了美名，則會努力讓自己威名更加遠揚。

但事實上，他們最初追求的也許是塞外放牧，也許是雲遊四海，又或者只是一個溫暖的擁抱，只是他們在金錢名利的誘惑下，情不自禁改變了自己生命的軌跡。也有的人是因為在追求夢想的道路上，遇到了挫折，挫折讓他們痛苦萬分，對自己的將來失去了信心，從此自暴自棄。

無論是沉浸於得到，還是迷失於失去，都會讓人生失去了原本的色彩。杜甫曾作詩：「文章千古事，得失寸心知。」意思是說，成功與失敗，只有自己心裡知道，所帶來的喜悅與煩惱只是暫時的，不像文章一樣可以流芳百世。所以，不在乎得與失，並樂觀去面對一切，才是最明智的選擇。

在大山中，住著一個以砍柴為生的年輕人。起初，他住在用茅草搭建的窩棚裡，冬天既不能保暖，夏天也不能擋雨。年輕人最大的心願，就是能夠擁有一間自己的房子。後來他透過辛勤勞動，終於蓋了一間木屋，過上了簡單而幸福的生活。

一天，年輕人到山外購買生活用品，回來時發現木屋已經被大火燒成了灰燼。鄰居們紛紛站在他的木屋前表示可惜，因為風力太大，他們盡了全力，也沒能使火勢得到控制。看到自己辛苦蓋起的木屋頃刻間化無烏有，年輕人心中有一絲難過。但是他很快就平靜下來，一一謝過前來幫忙的鄰居，然後拿起一根木棍，在木屋的廢墟中翻找東西。

鄰居們默默站在一旁看著，他們想看看年輕人能夠找出什麼。不一會兒，年輕人舉著一把砍柴用的鐮刀站了起來，笑著對周圍的鄰居說：「只要有這把鐮刀，我還能夠再蓋起一間木屋。」

俗話說：「留得青山在，不怕沒柴燒。」失去又有什麼大不了呢？還有青山在那裡，總有一天失去的還會回來。同樣的道理，得到也不能代表一輩子都可以擁有，說不定什麼時候，就會再次失去。如果太計較得與失，人生將在彷徨與痛苦中度過。

在這個世界上，我們唯一不會失去的是夢想，也只有夢想既不會迷亂我們的心智，也不會突然離開我們。因此，只要把握內心的夢想，辯證地看待人生，看待得失，就能夠輕鬆快樂度過每一天。

少一些貪念，讓你遠離壓力

老子曾經說：「不見可欲，使心不亂。」佛教常教導人，要保持內心的潔淨和快樂，戒掉一切欲望。對於普通人而言，欲望是本性所致，生活在大千世界，有一些欲望在所難免。但是欲望一旦過頭，就成了貪，成了捆住人生的枷鎖。

在一個古老的國家中，一個長老服侍了幾代國王後，萌生了自己當皇帝的念頭，可是自己年事已高，恐怕很難服眾，於是他將當國王的希望寄託在正值壯年的兒子身上。既然當不了國王，當國王的父皇也不錯。

於是這位長老和兒子商量如何謀取皇位，他們的野心被久居城外的魔王知曉，魔王告訴他們：「我能夠幫你們夢想成真，但是我有一個要求。」父子倆聽過後，連忙問：「什麼要求？」「我只要能夠帶上有一千個人的手指製成的頭冠，就能夠魔力大增，到時候不要說區區的王位，整個天

下，我都能幫你們奪取。」魔王說道。

父子二人被自己的欲望沖昏了頭腦，毫不猶豫答應了魔王的請求。每當到了晚上，兒子就悄悄出去，殺害在夜間趕路的行人，然後把他們的手指砍下來交給魔王。漸漸地，城中傳出惡魔吃人手指的傳言，人們晚上都不敢再出門。眼看還有一根手指，就能夠完成與魔王之間的約定，卻再也找不到人殺害。

正當他們為此而煩惱不已時，兒子看到了正在廚房做飯的母親，母親的手指在他面前晃來晃去，就好像國王的寶座在他面前一樣。殺紅了眼睛的兒子舉起手中的刀，向母親砍去。母親連忙躲開，並請求兒子放過自己，躲閃之際，一個小和尚出現在兒子面前。

於是，兒子的刀揮向了小和尚，小和尚轉身向身後的叢林走去，兒子尾隨其後。可是不管他跑得多麼快，都追不上小和尚。更奇怪的是，小和尚跑得很慢，就像是在散步。自己連一個小和尚都追不到，兒子十分生氣，不再追趕，站在原地大喊道：「你給我站住！」

小和尚說：「我已經站住了，沒有停下來的那個人，是你！」說完，小和尚周身泛出金光，轉眼間成為了佛祖的模樣。兒子這才恍然意識到，自己被欲望控制了心智，差一點殺死了自己的生母。

佛祖知道他們父子二人為了奪王位，不惜被魔王利用殘害生命，甚至連自己的親人也不放過，於是連忙化身為小和尚，專門趕來教化他們。

對金錢、權利的欲望，會讓人身不由己，任這樣的欲望為所欲為，良知遲早會被吞噬。當一個人衣不附體、食不果腹時，他有吃飽喝足的欲望很正常。但如果他已經錦衣玉食，卻仍然不放棄對財富、權利的追求，甚至會為了得到這些而不擇手段，這樣的欲望就是萬惡之源，會把人推向罪惡的深淵。

星雲大師認為，人是在欲望裡，欲海不可怕，可怕的是沉浮在欲海裡，在欲海裡沒頂，那才是人生最大的悲哀。因此，在這個物質的世界裡，要學會掌握自己的欲望，不要讓欲望變為貪念。

一日，衍悔法師下山宣揚佛法，在途中經過一家店鋪，店鋪中供奉著一尊佛陀的塑像，塑像由青銅鑄成，做工精緻，形態逼真。衍悔法師十分喜歡，想要帶回寺中，為其開啟佛光，在寺中供奉。

老闆看到衍悔法師對這尊佛像十分喜愛，便想趁機賺上一筆，開口要價 5,000 元，而且分文不少。衍悔法師看透了老闆的貪念，沒有說什麼，回到了寺院中，對弟子們說出了這件事。弟子們忙問：「師父打算以多少錢買下呢？」衍悔法師笑著說：「500 元足矣。」「不可能吧！」弟子們紛紛表示辦不到。衍悔法師接著說：「上有天理，辦法是有的。芸芸眾生，欲壑難填。我佛慈悲，普度眾生，就讓他賺這 500 元吧！」說完，便讓弟子按照他的指示去辦。

第一天，一個弟子下山，找到了那家店鋪的老闆，要 4,000 元買那尊佛像。老闆當然不會同意，於是這個弟子空手回到山上。

第二天，第二個弟子又到了那裡，要以 3,500 元的價格買下這尊佛像，老闆更加不會同意，這個弟子也空手而歸。

接著連續一個星期，每天都有一個弟子到店鋪中與老闆議價，佛像的價格已經降到了 200 元。店鋪的老闆心裡開始發慌，買主越來越少，給的價格越來越低，每一次老闆都後悔為什麼沒有賣給前一個顧客。再這樣下去，不要說賣不出去，就是賣出去了，自己也要賠錢。

這時，衍悔法師又來了，出價 500 元買下這尊佛像。老闆聽後高興極了，早已忘記曾經非 5,000 元不賣了，而且還送給衍悔法師一具佛龕臺衍悔法師抱起佛像，放下佛龕臺說：「欲望無邊無際，任何事情都有一個

度，當適可而止。阿彌陀佛，善哉善哉！」

金錢、權利等不過是滿足人們欲望的工具，佛家講常樂我淨，就是我們只有控制好自己的內心，使內心不被欲望所累，自然就不會被金錢和權利迷惑。

少了些抱怨，就多了份歡心

現代社會中，人們的生活壓力很大，稍有不順心，就會怨聲連連。適度的抱怨可以使消極的情緒得以發洩，達到緩解內心壓力的目的，在一定程度上維持了心理健康。但當抱怨成為了一種習慣，遇到任何人任何事都要抱怨，就會使人的情緒變得糟糕，體會不到生活的樂趣。

一位婦人每天只做一件事，那就是抱怨。每天早晨起床後，她便站在院子中，看著被狗踢翻的盆子，被小雞啄壞的青菜，開始了一天抱怨：「真不知道養這些畜生有什麼用，伺候吃伺候喝，每天還給我找這麼多事。」抱怨完了，才開始收拾院子。

接著便是抱怨兒子：「都幾點了，你還不起來去讀書嗎？怪不得學習成績不好，一點也不好學。別人生兒子，我也生兒子，為什麼別人的兒子那般優秀……」還未等她抱怨完，兒子已經連忙沖出家門，向學堂走去，連吃早點的心情都沒有了。

兒子不在了，只剩下老公了，「我怎麼當初會嫁給你這個窩囊廢呢？不會賺錢，也不會體貼人。都說『嫁漢嫁漢，穿衣吃飯。』我要是指望你，我一定會餓死。」丈夫知道此時還嘴只會招來更多的怨語，只好拉過被子蒙在頭上繼續睡覺。

時間差不多時，婦人開始下地幹活，一邊做一邊說：「祖上留下這樣

一塊破地給我們，年年莊稼都收成不好，我怎麼這麼命苦啊！上天不眷顧我，就連土地也欺負我。」

就這樣，從早晨睜開眼到晚上閉眼，只要她開口說話，那便一定是抱怨的語言，似乎這個世界上每一件事，每一個人都對她有所虧欠。最後，兒子選擇輟學外出打工，而她老公則趁她熟睡之際，收拾了行李與人私奔了。至今，她仍舊不知道自己的生活為何這般糟糕。

當一個人的心中被抱怨所填滿時，她便無法看到美好的事物，因為美好的事物在他眼中也褪去了色彩，變得一無是處。更重要的是抱怨還會為自己帶來很多麻煩，夫妻之間抱怨，婚姻則不會幸福；對工作抱怨，則會失去晉升的機會；抱怨朋友，則會失去長久的友誼。

星雲大師認為，抱怨是使人們喪失意志的始作俑者。心中有所不滿，則會怨天尤人，認為自己受了委屈，好像天下人都負了自己。這樣就無法正確處理人際關係，正確看待事情的發展，導致自己憤憤不平，鬱鬱不得志。抱怨還會使人和人之間結下怨恨，總是對他人的行為指指點點，很容易引起他人的反感，怨人者，人恆怨之。相互抱怨的結果就是形成惡性循環，最終人際關係破裂。

事實上，生活中並沒有那麼多不如意，生活得快樂與否，關鍵在於我們用什麼樣的態度對待生活。我們選擇抱怨生活，生活便給我們眾多不如意，我們選擇善待生活，生活便多給我們一份歡心。

兩個小男孩走在集市上，一個小男孩一邊走一邊抱怨集市上人太多，東西太貴，忽然小男孩的朋友說：「你聽見青蛙的叫聲了嗎？」小男孩聽後笑著說：「沒有啊，這裡這麼吵怎麼會有青蛙的叫聲。」

沒想到他的朋友卻態度堅決說：「你仔細聽，就在不遠處。」說完就拉著小男孩穿過一條街道，再穿過一條街道，然後真的在路邊的灌木叢中

的枯葉裡，找到了一隻青蛙。小男孩不敢相信看著朋友，說：「你的聽力太好了。」朋友回答：「不是我聽力好，是我們注意聽的內容不同。」

在人生的種種境遇中，最糟糕的不是貧窮，也不是挫折，而是心靈的疲憊，唯一能夠使自己快樂起來的只有自己，外界的環境起不到任何作用。多去關注生活中那些讓我們快樂的事情，自然會少一些抱怨，多一些歡笑。

捨去功利心，自然生回報

俗話說：「人往高處走，水往地處流。」每個人都或多或少有一些功利心，畢竟自己付出了努力，想要得到回報，也是情理之中的事情。

一個村子裡的村民世代都靠伐木為生，眼見著村子裡的樹木越來越少，村民們將目光投在了村子對面的山上。然而，要到對面的山，需要跨過一道懸崖，懸崖的下方是湍急的河流，懸崖的寬度就算是會飛簷走壁的人也難以過去。經過村民們商議後決定，在懸崖上搭建一座獨木橋。

他們先是找來了一根根又長又堅固的梁木，並用粗粗的繩子捆住梁木的兩端，然後拉著一端的繩索，把梁木放到河溝裡面去，接著讓幾個年輕力壯的年輕人攀著岩石爬到河溝下面，渡過河流，再攀著岩石爬上對面的懸崖，最後兩邊的人一起用力，將梁木拉上來，這樣橋就建好了。

然而大家沒有想到河水太過湍急，年輕的年輕人們一踏入水中，就有兩個人被河水捲走了，梁木眼看著也要被沖走，但是大夥都不敢貿然前進了，只有一個身體十分健碩的年輕人仍在水中掙扎，終於他游到了對岸，攀上了懸崖，將梁木拉了上去，木橋就這樣搭好了。這個年輕人也成了村民心中的英雄，村民們紛紛將家中保存的好酒好肉拿出來招待他，為了感謝他，還特地找來工匠，將他的名字刻在了木橋旁邊石壁上。

第三章　人世多坎坷，有捨有得圓融處世

日子就這樣一天天過去，這個年輕人習慣了鄉親們的追捧，漸漸地不知道自己姓甚名誰了，經常在村子裡橫行霸道，連村長都不放在眼裡。起初，村民們還念在他冒著生命危險為村裡搭建木橋，對他的行為能夠容忍。結果他卻變本加厲，有一次竟當著全村人的面說：「要不是有我，你們連著個木橋都搭不起來，早就餓死了。你們最好對我恭敬點，否則我立刻就將那橋拆了。」

他的話引起了所有村民的不滿，有幾個血氣方剛的年輕人當場與他爭執起來。沒想到他真的來到橋邊，將木橋扔進了河水裡，村民們再也無法忍受了，聯起手來，將他也一併扔進河水裡了。第二天，村民們就在懸崖上又搭建了一座木橋。

為他人做了好事，理應得到大家愛戴，但如果索取無度，那好事便成了禍害。如若幫助他人只是為了回報，就多了一分功利心，使人情變了味道，有時候我們幫助他人，為的是自己心安，而不是要對方有所回報。

一日，農夫正在田間勞動，鄰居跑來說他的妻子要臨盆了，要他立刻回家去。此人聽後，趕忙放下手中的鋤頭，拉上田埂邊的驢車向家中的方向趕去。在經過一個小山坡時，他忽然聽到山坡下傳來呼救聲，是一個中年男子的聲音，只見那男子抱著一個摔得滿頭是血，已經昏迷的孩子。看見農夫過來後，男人立刻求他用驢車載自己的兒子去城裡找醫生。

這個請求讓農夫很為難，他家中還有待產的妻子，此刻還不知道是什麼狀況，現在又有人請他幫忙，他也不能見死不救。權衡再三後，他決定救這個小男孩，如果這事他沒遇見便罷了，如今遇到了袖手旁觀，就不合情理了。

農夫一路趕著驢車將他們父子送到了城中的醫生那裡，然後就立即往家裡趕，一路上不斷為妻子祈禱平安。當他趕到家中時，聽不到屋子裡傳

出任何聲音，農夫以為妻子出了意外，悲痛推開門後，不禁一愣。只見一個陌生的婦女抱著一個嬰兒坐在椅子上，而妻子躺在床上睡得正香。

見到農夫進屋，那婦女連忙將孩子交到他手上，說：「你總算回來了。我兒子摔傷在山坡下，我來村裡找人求助，來到你家時，看見你妻子因為即將臨盆而痛得大叫，我正好是接生婆，不能坐視不理。現在他們母子平安，我要趕快找人去救我兒子了。」

農夫一聽，心想：難不成我剛剛救的就是她的兒子嗎？於是描述出小男孩和他父親的模樣，婦女連連稱是，當得知自己的兒子被農夫所救時，更是感動得不知說何是好。後來，他們兩家人成為了十分要好的朋友，世代交往。

俗話說：「種瓜得瓜種豆得豆。」我們今天種下一個善因，來日也必定能夠得到一個善果。這關鍵在於我們要捨去自己的功利心，將幫助他人看作是累積功德，不求回報，這樣我們所做的一切，才會在將來的某一天、某一地方，以更加豐厚的方式回報給我們。正如星雲大師所說，捨去功利，才能生回報。

捨急求穩，方成大器

羅馬建成不是一日之功，人生也是如此，從出生到結束，是一個漫長而曲折的過程。在這個過程中，一定要走穩才能走得好，若是心情急躁，一味追求速度或者想要過快看到結果，就會忽略了做事的過程。

在春秋戰國時期，鄭莊公準備在國家內組織一場比武大賽，希望能夠從中選出優秀的武士，為自己出力。此消息一經傳出，眾將士都暗自高興，因為立功的機會來了。

在急切盼望中，比武大賽終於開始了。首先進行的項目是舞劍，只見空中短劍飛舞，盾牌晃動，眾壯士都使出了渾身的解數。幾輪比賽過後，有6個人在這項比賽中勝出。接著是第二項箭術比賽，比賽規則是之前勝出的6人，每人各射3箭，射中靶心者為勝。最後全部射中靶心的只有兩人，一個叫做公孫子都，是一位將領，年輕氣盛，武藝高強，從來不把任何人放在眼裡。另一位是穎考叔，年齡要比公孫子都大一些，和公孫子都一樣，連射三箭，箭箭都中靶心，其餘的人均敗在了他們二人手中。

剩下的項目就是公孫子都和穎考叔之間的較量，比賽規則是，他們二人分別站在百步之外，然後同時去搶一部戰車，先搶到手者，就能成為本次比武的先行官。公孫子都輕蔑看了穎考叔一眼，心想：這個老傢伙，也不看看自己多大年紀，在這樣的比賽中，怎麼可能是我的對手，這比賽我贏定了。一聲令下後，二人立刻像離弦的箭一樣，向戰車的方向奔去。公孫子都搶車心切，只顧著加速，忽略了腳下的路，結果腳下一滑，重重摔在了地上，等他爬起來時，穎考叔早已搶到了戰車。

公孫子都很不服氣，準備上前從穎考叔手中搶走戰車，莊公看到了，連忙進行阻止，並宣布穎考叔為此次比賽的獲勝者，伐許的先行官。對於這個結果，公孫子都表面上接受了，心裡卻暗自與穎考叔較上了勁。

戰爭開始了，穎考叔手中舉著大旗，帶領著眾多將士進攻許的都城，正當穎考叔登上雲梯，就要衝上許都城的城牆時，在下面的公孫子都取出箭來，瞄準穎考叔的頭部，將箭射了出去，穎考叔重重跌落在了地上。當時一片混亂，與穎考叔一起攻城的將士瑕叔盈還以為是穎考叔是中了敵人的箭，連忙撿起大旗，代替穎考叔指揮士兵們英勇進攻，最終取得了勝利。

回國後，瑕叔盈成了為國爭光的大英雄，上至君王，下至百姓都對他讚賞有加。公孫子都以為除掉了穎考叔他就能夠成為先行官，結果卻是黃

梁一夢，親手為他人做了「嫁衣」。公孫子都就輸在他的「急」上，越是著急的事情，越是要緩著辦，這樣才能辦的妥當。而穎考叔作為長者，卻不懂得謙讓，趁他人摔倒取得成就，又對他人沒有防備之心，最終落得性命不保。

俗話說：「心急吃不了熱豆腐」，人心一急，便會對有些事情考慮不周，因此生出差錯，導致失敗。而靜下心來，反而能使思路清晰，將事事考慮周全後，再作定奪，方成大器。因此，我們在做每件事情的時候，都應該做到從容不迫，一步一腳印前進。

捨棄固執，勤於修正

有人問過這樣一個問題：在一個下著暴雨的傍晚，你開著車行駛在路上，這時有三個人需要搭車，一個是曾經救過你命的醫生，一個是生命垂危的病人，還有一個是你多年的夢中情人。如果只能選擇一個人坐上你的車，你會選擇誰？

大部分人都認為這是一個很難抉擇的問題，因為不管選擇誰，都不能做到三全其美。其實解決的方法很簡單，你可以把你的車鑰匙給醫生，讓他開車送病人到醫院，然後你陪夢中情人在雨中散步。而大多數人認為難以作出選擇，是因為他們限制了自己的思維，固執認為車是自己的，就必須由自己開。人生中總是有很多選擇，不同的選擇，會產生截然迥異的結果。有的人會淡然接受；有的人暫時觀望；而有的人則倔強到底，不願意做任何改變去接受新的事物。

有兩個農夫，每日結伴到山上砍柴，然後拿到集市上去賣，以此來糊口。一天，他們走在山中，忽然看到前方放著兩大包棉花，這兩大包棉花

可比柴火值錢多了，想到這裡，他們連忙放下手中的柴火，背起了地上的棉花。

走著走著，就在快要下山的時候，農夫發現路邊有一匹布，趕忙跑過去，這才發現豈止是一批，足足有十多匹，而且還是上等的絲綢布料。這個農夫遂與同伴商量，放下棉花，兩個人齊力將布匹帶回家。但是他的同伴卻說：「我辛辛苦苦將棉花背到此地，眼看就要下山了，卻要我丟下棉花，我捨不得。」此人費盡了口舌，也沒能說動同伴，只好自己竭盡所能背了最多的布匹，繼續往回走。

在馬上要到家的時候，背著布匹的農夫看見一塊大石頭旁閃閃發亮，他想：今天的運氣這樣好，不會是金子吧？這樣想著，他走到了石頭後面，果然是金子。這下發財了，農夫毫不猶豫扔掉布匹，然後勸自己的同伴扔掉棉花，然後挑著金子回家。然而他的同伴卻反過來勸他，小心金子是假的，到頭來什麼也得不到。此人見朋友如此頑固不化，只好自己挑了兩壇金子回家。剛走了一會兒，天上忽然下起了大雨，他們二人無處躲雨，被雨水淋成了落湯雞。

一直背著棉花不肯丟棄的農夫此時發現棉花因為吃了水，已經重得抬不起，他不得不放棄棉花，空著手和挑著兩壇金子的同伴一起回家。

有時候，人們明明知道固執己見會導致失敗，但是仍然不願意改變觀念，拓展思維。固執就像是一口井，將人的思維限制住，使人就像是井底的青蛙，看到的藍天永遠只有井口那麼大。長此以往，總是堅持錯誤的判斷，失敗後，又不去總結教訓，查明原因，這樣永遠無法走上正確的道路。

方戒是一名十分虔誠的僧人，他每日都會向佛祖禱告，為蒼生祈福，幾十年來從未間斷。他的誠心令佛祖十分感動，一天夜裡，佛祖走進方戒的夢裡，對他說：「今晚要發洪水，到時候我會來救你。」

方戒醒來發覺只是一場夢，正欲繼續睡下，忽然聽到外面有人喊：「洪水來啦……洪水來啦……」人們逃命的逃命，呼救的呼救，場面一片混亂，只有方戒雙手合十禱告起來。這時，有個人過來勸他快跑，他卻說：「你們跑吧，我等著佛祖來救我。」不一會兒洪水就淹沒了半個屋子，方戒只能坐在高高的櫃子上，一邊誦經，一邊想著佛祖怎麼還不來救自己，就連身邊飄過來一個木板，他也沒有看到。水越漲越高，方戒只好坐到了房頂上，遠遠看到一隻小船向他划來，他以為佛祖來救他了，高興揮舞著手臂，然而小船到了他腳下時，他才發現是附近的村民，心裡十分失望，遂拒絕上船，不管村民如何勸解，他卻執意要等佛祖前來救他，村民只好無奈划著船去救其他人了。

最後方戒終於看到了佛祖，卻是在他被淹死後了，他十分氣憤指責佛祖道：「我那麼虔誠信仰你，而你卻言而無信。」佛祖聽了他的話，也有些生氣，說：「我怎麼沒有去救你？我先派去一個人，讓你趕快逃跑，你不聽；然後我又扔個木板給你，你不用；最後，我只能派人划船去接你，可你就是不上船！明明是你固執，反怪我言而無信。」

當外界的環境已經改變，甚至已經威脅到自己的生命時，就要學會適時改變，去適應新的新的環境，不能一直固執堅持自己的觀點，任何事情的發展，都是一個循序漸進的過程，在這個過程中，不可能只用一種方法，持有一種觀點，就能夠坐等事情有一個完美的結果。世事無常，我們不能預料的變化有太多了，只有靜下心來，時時反觀自己的行為和想法，找出與現實不相符的地方，並予以改正，才不會讓自己的努力付之東流。

正如星雲大師所認為，人生應該是苦幹、肯幹，而不是蠻幹。不合理而固執蠻幹，只有一錯再錯，離正道更遠。

捨給他人，就是給自己

　　生命是一個單一的過程，就像一個人走在單行道上，沒有回頭路，唯一能做的就是向前走，直到盡頭。在這條路上，如果想要看左邊的青山綠水，就看不到右邊的鳥語花香；想看到右邊的鳥語花香，就要放棄左邊的青山綠水。這就是人生，想要的得到，就必須先要捨去。

　　一個村子的後山中，住著許多猴子，這些猴子經常到農戶家中偷吃米，村民們十分生氣，卻因為猴子太狡猾，而捉不到它們。

　　這天，一個人夜宿在這個村子裡，聽說了猴子總是到村裡偷米的事情，他想出了一個辦法，幫助村民們抓到猴子。首先，每家都準備一個透明玻璃瓶，並在瓶中裝上米，然後把瓶子掛在自家的樹前。

　　第二天一早，村民打開房門，看到家家戶戶的門前，幾乎都有一隻猴子，猴子看到人出來了，著急跑，卻好像被什麼東西牽住了手腳。仔細一看，原來是猴子的手還在瓶子裡抓著米，因為不願意鬆手，所以手被卡在瓶口間，出不來了。

　　其實，只要猴子鬆開手，就能夠逃走，但是它們捨不得丟下已經到手的米，所以被村民抓住。弘一法師說：「無論做什麼事情，都不要想著占便宜。」天下之人都想要占便宜，如果你占的便宜多了，就會成為他人的眼中釘。世間人常為爭名逐利而忙碌不休，就是因為做不到捨得。其實，錢財乃身外之物，不要到死時才明白：錢財從來沒有真正屬於過自己，遲早都要放棄。

　　如果看開了，就會發現，捨得捨得，既有捨又有得，只是人們過分關注了捨，忽略了所得。星雲大師認為，捨，看起來是給別人，實際上是給自己。

有一個遠近聞名的吝嗇鬼想要成佛，但是始終過不了布施這一關。因為他太吝嗇了，上至頭髮，下至腳趾，他都用布包起來，為的就是防止自己有所損失。哪怕是讓他說出「布施」這兩個字，他都只能說出「布」字，而說不出「施」，彷彿說了這個字，他就會吃虧。

佛祖看到他的情況，決定幫他度過這一關。佛祖先對他說：「人這一生所擁有的東西，不管是健朗的體魄，還是數不清的財富，都是和自己上輩子的布施有關。」然後從地上撿起一塊石頭，放到他的手中，對他說：「這塊石頭象徵著財富，現在想像你的左手是你自己的，你的右手是別人的。然後把這塊石頭，用你的左手，布施給你的右手。」

此人一聽要把財富交給他人，心似乎被人用刀子割，臉色立刻變得慘白，左手緊緊握著那塊石頭，怎麼不肯交給右手。

經過了長時間的掙扎，此人忽然意識到，右手實際上是自己的手，只是自己想像成了他人的手。這樣一想，他終於把石頭交到了右手上，但心中仍舊有一絲不捨。佛祖很高興他終於踏出了這一步，接著又讓他把石頭從右手，布施給自己的左手。這一次，他很快就做到了。如此反覆了幾次，他終於能夠順利將石頭從左手布施給右手。

當他再看到街上有需要幫助的人時，能很輕易從口袋中拿出錢財，施捨給那些人，看著那些人對自己露出真誠的微笑，他感到自己得到了比錢財更重要的東西。後來，他不再是有名的吝嗇鬼，而是積德行善的大好人，死後還把自己的軀體捐獻給了有需要的人。

在佛教中，布施就是將金錢、實物等施捨給別人。布施就像是播種，播出一個種子，收穫十個果實。看似是給了別人，實際上收穫最大是自己。捨與得是互動的，你給別人一個微笑，就能夠得到別人一個微笑；你對別人說一句好聽的話，就能換來別人對你的讚美。

一個人有所追求，說明他具備向上的精神，但如果一個人能夠做到捨棄，那他的人生就到了一種境界。

一個老人在乘坐火車時，新買的皮鞋不小心掉到了窗外，車上的人無不為之可惜。沒想到這位老人連忙脫下另外一隻鞋子，從窗口扔了出去，這讓車上的人都迷惑了。難道這個老人因為丟失了鞋子而氣傻了嗎？

老人面對眾多張疑惑的面頰，笑著說：「一隻鞋子對我而言沒有什麼用途了，但是撿到第一隻鞋子的人，再撿到另外一隻，對他而言就是得到了一雙新鞋子。」一車人立刻對老人敬佩萬分。

這就是捨棄的境界，不會為自己丟失的東西而可惱。生活中那些成功的人，都是懂得「捨得」之道的人。他們的捨得不是盲目的，是有目的地捨棄，有選擇地得到。

不比較、不計較，自然無煩惱

生活中的許多煩惱，皆因人們愛比較，太計較，得失的計較，有無的計較，好壞的計較……真的是自己缺少了什麼嗎？當然不是，而是因為總想著某些地方要比別人好，正是這種相互比較的心理，為自己的生活帶來了數不盡的煩惱。

春秋時期，魯國有這樣一條法律：凡是魯國國民在其他國家看到自己的同胞被販賣成奴，只要花錢將他們贖回來，回國後，國家會給他們賠償和獎勵。此法實施以後，很多魯國人因此而重返家園。

孔子有一個名叫子貢的徒弟，他十分有錢，從外地贖回了許多魯國人，但是他卻不願意接受國家的賠償和獎勵，因為他認為自己很有錢，理應做這些事，為國家分憂。這件事被孔子知道後，孔子不但沒有讚賞子貢

的做法，反而十分生氣批評子貢道：「國家立法如此，不過是要求人們心中有個『義』字，國家給予獎勵，是不想人們在做善舉的時候有所損失，這樣願意做善事的人會越來越多。

你的所作所雖然為自己贏得了更好的榮譽，但卻在無形中提高了人們對『義』的要求。以後再有人出錢贖那些同胞回來，不但可能得不到應有的稱讚，還會因為拿了國家的賠償和獎勵而遭到人們的恥笑。」

結果真如孔子所說，從子貢以後，很少有人肯出錢贖同胞回國，因為他們不像子貢那樣有錢，也不願意受到別人的嘲笑。

本來是善舉，卻因為人們相互比較的心理，由『義』變『利』。這讓自己心理失衡，經常處於焦慮的狀態，感受不到快樂，對人和事常常感到不滿和憤怒，心胸狹窄，只能看到眼前的利益。因為太想得到而無法輕鬆生活，有時甚至會為自己引來麻煩。如果能夠安於自己現在的生活，不與別人相互比較，那麼自然也會減少許多煩惱。

寺廟裡的蘋果園需要雇傭工人，早晨天還沒亮，一個精壯的年輕人就敲開了寺院的門，表示他願意到此當工人。負責此事的塵緣大師與其商議好，工作一天給他 30 元錢，年輕人高興答應了。

幾個小時過去了，大師見年輕人一個人有些忙碌不過來，於是又下山雇了一個中年人到果園幫忙，並對他說：「做一天工給 30 元錢。」中年人很爽快答應了。快到中午時，大師發現果園有些髒亂，於是再次下山，雇了兩名婦女上來，要她們打掃果園，一天結束後，給她們一人 30 元錢。兩個婦女答應了，活幹得俐落又認真。

天快黑時，大師再次下山，在路邊看見一個上了歲數的老伯，大師問：「你怎麼站在這裡呢？」老伯回答：「我都站了一天了，但是因為歲數大，沒有人願意雇傭我。」大師聽後，說：「你到寺廟的果園中幹活吧，

幹到天黑後，我給你 30 元錢。」老伯聽後，立即起身向寺廟走去。

天黑了，果園的工人都收工了，大師把他們叫到大殿中，從老人開始，每人發了 30 元錢。最先到果園做工的年輕人見此，心中有些不服氣，自己來得最早，而老人天快黑才來，顯然他做的活最多，但領的錢卻一樣。於是，年輕人向大師抱怨道：「我從早幹到晚，我做的工作最多，他們有才做了幾個時辰，你就給了 30 元。」

大師聽後，說：「一天 30 元的工錢是我們事先說好了的，而給每一個工人多少錢是我的事情，難道你還要管我怎麼支配自己的錢嗎？還是你不允許我對別人比對你好？」

年輕人聽了，不知道怎樣回答，的確他沒有權利去管大師怎樣做，於是灰溜溜離開了。

古語云：「至道無難，唯嫌揀擇。」意思是說至上的大道不難，只怕有人挑這挑那。佛陀信手拈來一朵花是道，品茶也是道，一言一行皆是道，是因為佛陀從不挑揀。星雲大師曾為人題字「不比較，不計較」，因為星雲大師認為，人生種種煩惱主要來源就是比較與計較。

所以，我們只有秉持著「不比較，不計較」的人生態度，才能在待人處世中體諒他人，寬容自己。

輸贏得失淡如水，為此不要太執著

有人說：「人生做痛苦的事情，莫過於堅持了不該堅持的事情。」有時候。執著是我們追求成功不可缺少的因素，但對於某些事情而言，執著只會讓自己身陷痛苦的深淵，如：對於輸贏的執著。

人的一生數十載，輸與贏本就沒有固定的模式，沒有人可以永遠處於

贏的地位，也沒有人一輩子都在輸。俗話說：「笑到最後的人，才是最後的贏家。」生命沒有到最後的那一刻，誰也無法斷定自己到底是輸是贏。更何況，佛家認為每個人的造化不同，輸贏也是注定之事，不必太過執著。

秦朝末年，楚漢之爭時，項羽與劉邦約定先入關者為王，結果項羽卻在入關的途中，遇到了親兵的主力軍隊，展開了激烈的戰鬥。而劉邦則只遇到一些小兵小將，一路上順順利利，因此得以先入關。項羽得知這是劉邦的計謀後，心中十分不滿，明明是自己英勇奮戰，掃清了障礙，卻被劉邦搶先為王，說出去豈不被人恥笑。

此時，項羽身邊的謀士范增分析道：「在山東時，劉邦乃貪財好色的無賴之徒，如今進了關中，卻變成了另一個人，既不收取財物，又不親近女色，可以見得他野心之大啊！我仔細觀望了雲氣，只見劉邦頭頂上五彩繽紛，顯現出盤龍臥虎的形勢，這可是天子的徵兆。」項羽一聽，心想：這還了得，此人萬萬留不得。

於是項羽聽從范增的計謀，在鴻門擺下宴席，宴請劉邦。當時項羽擁兵四十萬，駐紮在鴻門，而劉備只有區區十萬兵馬，駐紮在灞上，兩地距離只有四十裡地，實力懸殊，若是兵戎相見，劉邦定不是項羽的對手。劉邦的謀士張良此時獻計說：「項羽是一個吃軟不吃硬的人，你只有裝作認輸的樣子，假意服從於他，才能平息了他的怒火，保住性命。」劉邦此時也沒有其他法子，只好依此計行事。

鴻門宴那天，劉邦帶領一百多個隨從前來赴宴，見到項羽後，二話不說就跪在項羽面前請罪，接著又講起與項羽一起抗秦的往事。最後強調這事情之中，一定是有小人從中作怪，使項羽誤會了他。項羽見劉邦的態度這般低三下四，怒氣消了大半，除掉劉邦的心思也有所改變。劉邦見項羽對自己的防備有些鬆懈後，就立刻找了機會逃跑了。

後來，秦國被滅，項羽自立為西楚霸王，分封各諸侯，劉邦被封為漢王，屬地為路途遙遠窮山惡水的巴蜀。表面上，劉邦輸得一敗塗地，但實際上，劉邦明修棧道、暗渡陳倉，在漢中勵精圖治，積蓄力量，兵力強盛後，立刻殺入漢中，將項羽逼得烏江自刎。

　　最後劉邦建立了漢朝，成為了漢朝的開國皇帝，似乎他成了最後的贏家，殊不知他贏得了江山，卻失去了一幫與他出生入死的好兄弟。項羽只求臉面，在意爭出一時輸贏，劉邦服軟認錯後，他便覺得自己成了贏家，卻沒想到更大的失敗在後面等著他。

　　誰是真正的強者？對此，仁者見仁智者見智。有人認為強者即力量的強大者，權力處在巔峰，占據萬人之上的位置；還有人認為世上並無永恆的強者，強弱是相對的，一個人在某方面的強大或許正掩蓋了其他方面的弱點。所以，從古至今，很少有人能一直處在強者的位置。

　　從劉邦和項羽這段典故看來，何為贏？何為輸？沒人能夠說得清楚。或許，世界上根本不存在輸贏之分，只是世人放不下輸贏，定要爭得你死我活，以求一個結果。結果又是什麼呢？不過是化作青煙一縷，消散於人間罷了。

　　星雲大師認為，人生不可太執著，太執著只會加重生命的負荷，對輸贏是如此，對任何事都是如此。因此，放棄追逐輸贏吧，贏也好，輸也好，終不會長久，我們又何必為此勞神呢？

懂得加減法，人生永不絕望

　　有時候，人生就像是一道算術題，既需要加法也需要減法。一生中，我們會透過追求知識、財富等不斷豐富自己，這是一個做「加法」的過程。

　　但是我們卻不能一輩子都只做加法，那會讓我們生活失調，就好像一個人在登山的途中，只知道往背後的背簍中放石頭，卻一直不取出來，結果可想而知，一定是還未到山頂，就已經被壓死了。因此，當「加」到一定程度時，我們就該學會做「減法」，老子說：「禍莫大於不知足，咎莫大於欲得。」只有拿掉積壓在身上的「負累」放空自己，才能去體會更高層次的精神境界。

　　月色朦朧下，一個老和尚坐在山中打坐，忽然聽見不遠處的海邊傳來隱隱約約的哭泣聲。根據聲音，可以斷定是一個年輕的女子，夜晚在海邊哭，想必是有事情想不開了。佛教認為：救人一命勝造七級浮屠，於是老和尚起身向海邊走去。

　　果然，在海邊站著一個年輕女子，只看背影，就覺得無限悲涼。老和尚正欲上前勸解，那女子已經縱身跳入海中。老和尚見狀，立刻奮不顧身跳入海中，將那女子救上了岸，然後問道：「女施主還這般年輕，為何想不開自殺呢？」女子含著淚回答：「現在我一無所有了，活著還有什麼意思呢？三年前，世界上最愛我的爸爸媽媽因為車禍離開了我，給我留下了巨額的財產，卻不想我遇人不淑，以為那個男人會愛我一輩子，結果卻是騙光了我所有的錢，然後和另外一個女人遠走高飛。原本我以為可以為了女兒堅強生活下去，卻沒想到女兒在海邊玩耍的時候，被海浪捲走了，至今屍體都沒有找到。沒有了父母，沒有了愛人，沒有了女兒，就連房子也要被收回了，活著還不如死了痛快。」

　　老和尚聽完女子聲淚俱下的敘述，不但沒有寬慰她，反而放聲大笑，笑得女子都忘記了哭泣，轉而用不解的眼光看著他，似乎自己講的不是悲慘的身世，而是一個天大的笑話。不一會兒，老和尚笑夠了，問女子道：「三年前的你有丈夫嗎？」女子搖搖頭，「那三年前的你有女兒嗎？」女

子再次搖了搖頭。「那三年前父母雙亡時，你有想過自殺嗎？」女子低下頭，回答：「沒有。」「那現在的你，不過和三年前的你一樣。那時候你都沒有想過要自殺，現在有必要這樣想不開嗎？」

女子聽後愣住了，是啊，現在的自己只不過是還原了三年前的自己，在這三年裡，自己也不是完全沒有收穫，至少增長了人生閱歷，體會過為人母的快樂，這些在今後的歲月中還會遇到，甚至還可以遇到更美好的，既然如此，又有什麼理由不選擇重新開始呢？

自己還是那個自己，要為自己而活。想到這裡，女子跪在地上，感謝老和尚的點化和救命之恩，並保證自己今後不會再尋短見。

人生下來時，什麼也沒有，那時候是真正的自己。然而，隨著年齡的增長，擁有了知識、金錢和名利，這時便開始認為自己就是知識，就是金錢，就是名與利，當這些物質加在了自己身上時，也是漸漸失去了自己。等到年邁的時候，才發現自己帶走的不過是出生時的那個身體，其餘的一律留在了人間。

明白了這一點，人生就再沒有過不去的坎。做加法時，我們累積了智慧、擁有了品格、體會了親情、友情和愛情；做減法時，我們丟掉了欲望，減輕了負擔，避開了紛擾。我們在加法中成長，在減法中成熟。正確計算人生的加減法，才能夠更好的掌握人生，遠離絕望的深淵。

勇於認錯，必然會有所成就

星雲大師一生的座右銘是：認錯，需要勇氣。人非聖賢孰能無過，任何人都可能犯錯，但是又有多少人能勇於承認自己的錯誤呢？

不願認錯似乎是一般人的通病，大多數人都不願意接受來自他人的批

評，因為這將意味著要承認自己的缺點和不足，必定會有損顏面。所以一旦遇到事情就喜歡為自己辯護和開脫，這是人們自我保護的本能在作怪。

尤其是一些總喜歡自作聰明的人，更不喜歡被人批評，他們總是認為自己各方面的能力都不錯，很少出現錯誤，久而久之，形成了自己「一貫正確」的習慣，一旦真的出現過錯，則在心理上難以接受。出於對面子的維護，便會找理由開脫，或者乾脆將過錯掩蓋起來，有時還會誤解批評者的好意。

在一片樹林中，有一棵樹十分出眾，它長得高大挺拔，身邊許多小樹都十分羨慕它，常常對它說一些恭維的話語。

一天，飛來一隻啄木鳥停在了這棵樹上，啄木鳥聽見樹的身體裡傳出蟲子啃噬的聲音，於是立刻在樹的身上三兩下啄出了一個洞，準備把樹身體裡的蟲子吃乾淨。這時大樹看到自己引以為傲的身體，被啄木鳥啄出了洞，十分生氣，大聲責罵啄木鳥，並十分不禮貌將啄木鳥趕走了。

樹幹裡的蟲子沒有了天敵，更加放肆啃噬樹的身體，漸漸地。大樹的樹幹裡布滿了蟲子，身體完全被掏空了。忽然一陣大風吹來，大樹被風吹倒了，再也沒有站起來。

這棵大樹就像生活中不願意接受他人批評的人，而啄木鳥就是指出我們缺點和不足的人，被人指責或是批評固然讓我們不好受，但是卻能夠為我們提供莫大的幫助。俗話說：「良藥苦口利於病，忠言逆耳利於行」，想要做得更好，就要學會接受他人的批評，勇於承認自己的錯誤。

首先，勇於承認錯誤是一種美德。廉頗負荊請罪，向藺相如承認自己的錯誤，獲得了藺相如的理解，後二人聯手為趙國的發展立下汗馬功勞，這就是歷史上著名的「將相和」，廉頗勇於認錯的美德，至今仍被人們稱讚。

第二，勇於認錯的人更加受他人歡迎。那些始終不肯承認錯誤的人，即便是真的對了，也很難得到他人的尊重；而那些總是能夠虛心接受他人意見，承認自己錯誤的人，反而能夠得到他人的認可。

孔子之所以能夠成為人人敬仰的教育家，這和他能夠勇於承認的自己的錯誤分不開。一次，孔子帶著弟子子路、子貢和顏淵到海州雲遊，走到路上，孔子忽然聽到「隆隆」的聲音，以為是在打雷，於是對弟子說：「山的那一邊在打雷下雨，我們就不要過去了吧。」

子路聽後，對師父說：「師父，山的那邊是大海，這是海浪拍打岩石的聲音，不是雷雨聲。」孔子從未見過大海，此時來到了海邊十分高興，於是決定到海邊看看。當他們爬上山頂，看著海天交接，一望無垠的景象時，激動之餘感到有些口渴，便命顏淵去舀一些海水來喝。

顏淵拿了水壺向海邊走去，正準備舀水，忽然聽到一個稚嫩的聲音說：「海水不能喝，它又鹹又澀，喝了只會更渴。」說話者是一個小孩，說完小孩笑著把自己隨身攜帶的淡水分給孔子和他的弟子們。

喝了水，孔子不再覺得口渴，正好一陣海風吹來，下起了雨，子路忙喊：「這麼大的雨，我們到哪裡去躲雨呢？」小孩說：「不要急，跟我來吧。」小孩把他們帶到了自己平時藏魚的山洞裡，孔子站在洞口邊，看著雨點落下，詩興大發，隨口吟道：「風吹海水千層浪，雨打沙灘萬點坑。」弟子們聽了，無不鼓掌稱好，正當孔子得意時，小孩不屑說：「你數過嗎？你怎麼知道是千層浪和萬點坑？」

小孩問題問住了孔子，他確實沒有數過，於是連忙向小孩承認自己詩中存在的不足。然後對弟子說：「我以前曾說『唯上智與下愚不移』，今天看來這話有些不妥啊。應該是學而知之，知之為知之，不知為不知。」

一代學者能夠在小孩子面前承認自己的錯誤，這是何等虛懷若谷，這

也是孔子能夠不斷豐富自己的學識，最終成為「聖人」一個很大的因素。

最後，承認錯誤是勇氣和智慧的象徵。一個膽小愚昧的人，才不願意面對自己所犯的錯誤，凡是真正的勇士和智者，都能夠做到承認自己的錯誤。

只有勇於認錯，才能積極向上、積極進取，才能真正改正自己的缺點和錯誤，不斷完善自己，使自己更加優秀。

超越了得與失，快樂就是本分

縱觀人的一生，不是得，就是失，總是在得失之間轉換，有人因為得到而歡喜，有人因為失去而憂愁。似乎人人都喜歡得到，沒有人喜歡失去，其實得到不見得是好事，失去也不見得是壞事。

佛教講究隨緣，萬事不可強求，屬於我們的不必力爭，自然會得到；而不屬於我們的，即便是千方百計取得，也終會失去。俗話說：「得之我幸，失之我命。」得與失，本就不是世人能夠左右的，若刻意為之，也只會平添煩惱。而當我們不在乎得到與失去時，我們的生活中就會被快樂布滿。

慧明禪師曾經在終南山當中修行了很長時間，在大約三十多年的時間裡，他每天都過著平淡如水的生活，除了參禪悟道，就是栽種花草樹木。其中，明惠禪師最喜歡的就是栽種蘭花。

在明慧禪師的寺院中，前庭後院都栽滿了各種各樣的蘭花，這些蘭花是不同的品種，來自四面八方，而且這些蘭花也都是明慧禪師年復一年辛勤培養的結果。每次當他吃完飯後，講經說法之餘，就會去看一看他那些心愛的蘭花。寺院裡每一個人都知道，明慧禪師將這些蘭花看得與自己生命一樣重要。

一天，明慧禪師要下山宣揚佛法，一去便是數月。在臨行前，禪師囑咐自己的徒弟們，一定要好好照顧蘭花，弟子們十分痛快答應了。每天上午他們都會一盆一盆給蘭花澆一遍水。那盆明慧禪師視為珍寶的蘭花珍品 -- 君子蘭，弟子們更是非常小心照料，因為所有的蘭花中，師父最鍾愛這盆。

這天，一個小弟子負責照看蘭花，也許是澆了一上午的花，已經有點累了，他感到有些力不從心，但還是小心翼翼照看著。然而，越是小心，越是容易出差錯，一個不留神，水壺從手中脫落，砸在了君子蘭上，重重的水壺砸翻了花盆的架子，花盆隨著掉在地上摔得粉碎。

這個小弟子意識到自己犯了大錯，站在那裡不知道該怎麼辦才好，心想：師父回來看到這樣的景象，肯定會大發雷霆。他越想越害怕，整日提心吊膽等著師父回來責罰。終於，明慧禪師回來了，得知了整件事的經過後，禪師雖然十分心疼那盆蘭花，卻也沒有大發雷霆，而是心平氣和對弟子說：「我之所以選擇種植蘭花，就是為了能夠修身養性，當然也是為了能夠改善寺院的環境，我不是為了讓自己生氣才去種植的。在我們這個世界上，很多事情都是無常的，我們不要執著於心愛的東西而放不下，這不是真正的修禪者。」

弟子們聽了禪師的教誨後，對禪師超然脫俗的心境感到由衷佩服，同時也更加勤奮修行，希望自己有一天能夠達到禪師的境界。

蘇軾曾說：「人有悲歡離合，月有陰晴圓缺。」這是自然發展的規律所致，既然生而為人，我們就要有承受朝夕禍福的精神和勇氣。得到了，不代表一輩子都會屬於我們；失去了，也不見得永遠都不會再得到，沒有什麼是永遠不會變的。想要快樂的人生，就要超越得失的桎梏。

一位年近八十歲的老人每天都守在家門口，等著充軍打仗的兒子回

來。日復一日、年復一年，整整兩年的時間，不管是颱風下雨，還是嚴寒酷熱，她都會站在那裡，望著兒子離開時的方向。

許多人勸老人不要等了，該回來時總會回來，還是她的身體要緊。但老人只是心領了鄰居的好意，依舊每日等在那裡。終於有一天，她聽到遠方傳來馬蹄聲，她高興以為是兒子回來了。心裡盼望著馬蹄聲近一點，再近一點，果然一個男子騎著高頭大馬來到了老人的面前，但卻不是老人的兒子。

這個人是來告訴老人一個噩耗，老人的兒子戰死沙場，並在戰亂中屍骨無存。老人聽到這個消息後立刻暈倒了，醒來後，報信的人已走，老人甚至沒來及問一問兒子臨死前有什麼遺言。鄰居們知道消息後，紛紛猜測以老人的年齡，聽到這樣傷心欲絕的消息，身體一定支援不住，想來時日也不多了。

但是老人卻出乎大家的意料，頑強活了下來，每天像正常人一樣吃飯睡覺聊天散步，只是再也沒有站在門口等兒子回來。一個鄰居忍不住問：「先前見您每日等兒子回來，心想您一定很愛您的兒子。後來聽說您兒子戰死沙場，而您如今還能正常生活，難道您就不難過嗎？」

老人回答：「我當然難過，但是我兒已死，再也不能複生，我難過又有什麼用呢？只能照顧好自己這把老骨頭，為兒子誦經念佛，希望他能夠早日投胎，來生有緣，我們再做親人。」

人們總是在意自己得到什麼，又失去什麼，可是星雲大師認為，我們得到的不會永遠屬於我們，那得到與未得到又有什麼區別呢？而我們失去的，誰又能保證曾經就是真正屬於我們的？如此這般，失去又有什麼好難過的呢？

人生最重要的不是得到什麼，或是失去了什麼，而是快樂。如果沒有了快樂，得到與失去，也就沒有了任何意義。

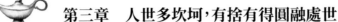

遠離了偏見，人生才可靈活變通

所謂的偏見，是在沒有經過證實的情況下，對事物持有帶有主觀意識判斷，是沒有經過詳細調查和周密考慮就下結論，所以偏見大多是對他人錯誤地判斷。盲人摸象的事例，就是對此最好的說明。

幾個盲人圍站在大象旁，他們想要知道大象是什麼樣子的。一個人摸著大象的腿說：「大象就像一根粗粗的柱子。」另一個人摸著大象的耳朵說：「不對，大象就像一把大蒲扇。」還有一個人摸著大象的尾巴說：「你倆說得都不對，大象就像是一根鞭子。」最後一個人摸著大象的肚皮說：「你們都說錯了，要我說，大象就像是一張寬闊而柔軟的床。」

沒有親眼見過大象，只是根據自己的經驗，就推測大象的樣子，結果鬧出了笑話。人們在日常生活中對某些事情或是某些人的偏見，與盲人摸象又有什麼區別呢？

一個人的鄰居曾經做過小偷，但是經過教化後，早已痛改前非。有一日，此人放在門外的鋤頭不見了，他找遍了家中的每一個角落都都沒有找到。此人便懷疑是鄰居偷了他的斧頭，並將自己的推斷告知兒子，兒子問其原因，他說道：「這個人以前就做過賊，自從他偷了我的鋤頭，見到我就心虛，說話的樣子就像是偷了鋤頭，走路的樣子也像是偷了鋤頭，總之不管他做什麼，都像是偷了我的鋤頭。」

此人的論斷讓兒子哭笑不得，只得勸告父親，不要隨意冤枉人。傍晚時，素日與此人交好的朋友拎著他的鋤頭來到了他家，對他說：「早晨我去地裡，走到半路才發現自己忘記帶鋤頭，正好看到你的鋤頭立在門外，就順手拿起用了。那時你還沒有起床，怕擾了你好夢，就沒有告知與你。不過，我可不是白用你的鋤頭，經過你家田地時，我順便將你家田地裡的

野草除掉了，你明天就不用去了。」

原來是自己的朋友借用了鋤頭，此人心境一下開朗了，幸好朋友及時送了回來，再晚點，恐怕他就要將鄰居送到官府那裡，請縣太爺為他做主了。

可見，偏見是一種歪曲事實的思想，是人際關係間誤會的根源，甚至還可能成為國與國之間爭鬥的源頭。大多數情況下，事情的本來面目並不是像我們所想的那樣，面對生活中的人和事，我們憑感性對事物的認知只能是片面的，導致我們做出錯誤的決定，引發錯誤的行動。並且，偏見一旦產生，就難以改變，就算是有人加以勸說，也很難使其改變原有的看法。

一個殺人無數的將軍，自知自身的罪孽太深重，於是來到寺院中，希望能夠拜宗玉禪為師。「大師，我已看破紅塵，希望大師能夠收我為徒，為我剃度。」宗玉禪師回答他說：「你塵緣未了，還不能出家，先反省自己一段時間再說吧。」

將軍只好聽從禪師的安排，回到家中閉門反省，一個多月過去了，他依舊認為自己已看破紅塵，適合出家。於是一大早便再次來到寺院中，請求禪師為他剃度。禪師看到他後問：「將軍何以這麼早來拜佛呢？」將軍回答：「清早拜佛，可除去心頭之火。」「起這麼早，難道將軍不怕你妻子偷人嗎？」禪師開玩笑道。

將軍一聽此話，立刻火冒三丈：「你這老和尚，說話竟這樣傷人。」禪師聽後，笑得更厲害：「我只需兩句話，就能讓你發如此大的脾氣，脾氣如此暴躁，怎麼能出家？」

明明沒有具備出家的條件，卻執意認為自己已經看破紅塵，這又何嘗不是一種偏見呢？只不過這偏見的對象是自己罷了。《三字經》裡說：「人之初，性本善。」剛一出生時，我們不會對任何事情任何人持有偏見，

因為那時的我們心就像是一塵不染鏡面。但是隨著年齡的增長，閱歷的豐富，我們的心漸漸融入世俗中，於是，事物在我們眼中便有了美醜善惡的分別，並根據自己的人生經驗，對美醜善惡進行判定。可見，偏見不是先天就有，而是我們在後天形成的。

　　也就是說，我們還可以透過後天的努力使自己遠離偏見。星雲大師認為，有偏見的人，人生無法取得進步。因為在存有偏見的人心中非黑即白，非惡即善，從來沒有「中間線」，這樣很容易鑽進牛角尖，產生極端的想法。因此，只有遠離了偏見，人生才能夠更加靈活。

第四章

事業是一個人三分之二的生命

心情喜悅去尋找成功

　　一個人的心態，往往影響著他對事物的看法，以及他的行為。同樣是半杯水，樂觀的人會說：「太好了，還有半杯水。」而悲觀的人則會說：「太糟糕了，只剩了半杯水了。」星雲大師認為，對待成功，應該用樂觀的態度，時刻保持著喜悅的心情，才更容易找得到成功，因為成功偏愛樂觀的人。

　　樂觀與悲觀對問題的考慮和思考方向角度不同，決定了當面對工作中的挫折時，所採取的態度，會直接影響到結果。我們是採取積極的方式去解決？還是用消極的方式去對待？俗話說：「一笑解千愁。」喜悅的心情能夠消除心理疲勞，放鬆神經，減輕日常工作中累積的重重壓力。

　　一位清朝的縣令大人，認為自己身為百姓的父母官，就一定要肩負起責任，這無形中給他增加了許多壓力，使他整天愁眉不展，鬱鬱寡歡，到了夜裡也不能安然入睡。因此身體狀況越來越差，縣令大人只好找到當地有名的郎中為自己醫治。

　　郎中細心為縣令大人把脈後，便一本正經告訴縣令大人：「大人，您的身體沒什麼大礙，只是稍有些月經不調。」縣令大人聽後哈哈大笑，說：「我乃是一名男子，怎麼會患月經不調呢？你這簡直是謬論。」說完就回到了自己的縣衙中。

　　每當縣令大人想到郎中說的話，就覺得滑稽可笑，還把此當作笑話講給其他人聽，然後與他人一起笑聲不止。沒過多久，縣令大人發現自己之前生病的症狀不知道在什麼時候已經消失了，他這才明白，原來郎中是故意這樣說，為的是讓他寬心，所謂寬心病自去。「果然是一個醫術高明的醫生啊！」縣令大人由衷讚嘆道。

心情愉悅，即便是工作中出現了難題，也不會為此心煩意亂，而是心態平和去接受工作中的挑戰。如果仔細觀察，我們就會發現，那些在工作中總是怨聲連連，愁眉苦臉的人，反而更容易遇到難題。因為哪怕只是出現了一個微小的問題，都會被他們的消極情緒無限放大，導致工作熱情降低。沒有了熱情，怎麼能提起精神對待工作呢？更不要說找到成功的道路。

相反，那些總是在工作中保持喜悅心態的人，他們很少會遇到令人搔頭的難題，因為再大的難題，在他們眼中都有解決方法，既然有解決的方法，為什麼還要因此而煩惱呢？有人認為，自己的工作枯燥乏味，根本沒有樂趣可言。工作中的樂趣不會主動找我們，需要我們主動去找它們。快樂並不難，只要心裡面想著快樂，絕大部分人都能夠如願以償。就像上文中的縣令大人，他總是想起讓他發笑的事情，所以心情總是很愉悅。

因此，不要把工作當作苦役，而是當作樂趣來對待，把工作當消遣，這樣就算是再苦的工作，也能夠從中體會到快樂。而且，懷著喜悅的心情，更容易讓我們在追求成功的道路上累積人脈，獲得好人緣，這也是成功必不可少的條件。

有一個年輕人，天生性格冷淡，對人少言寡語，甚少露出笑容，即便是和他結婚多年的妻子，也沒有見他笑過。在公司中，他能力突出，但是朋友卻很少，在同事眼中，他就像一個冷血動物，長了一張沒有表情的臉。

後來，年輕人所在的公司為了擴展業務，需要對員工進行集體培訓，培訓的內容包括在上班期間要面帶微笑。剛開始，年輕人很難適應內心不愉快，卻要強裝歡笑的樣子，因此每一次他都會受到導師的批評。如果培訓的成績不理想，將直接影響到自己升遷。於是，年輕人開始尋找讓自己發自內心快樂的方法。每天早晨到了公司，他都會主動向人問好，不管是前臺的服務小姐，還是乘電梯時，遇到其他樓層的陌生人。他發現，每個

人都會對他露出一個友好的笑容，那笑容讓他頓時心情很愉快。當導師再次要求他們露出笑容時，年輕人就會想想發生在自己身上的開心事，這樣笑容也不知不覺自然了很多。

培訓結束後，年輕人的成績十分優異，成為了升職的第一人選。而每天面帶微笑，也成為了他的習慣，他已經能夠從想到開心事才能微笑，到任何時候都能面帶微笑，就便是遇到棘手的問題，也能迅速讓自己的情緒從煩惱轉變為喜悅。除了事業上的豐收，年輕人在公司的人緣越來越好，每一年優秀員工的選舉中，他都以最高票數獲得。

可見，心情會改變一個人的形象，心情好了，笑容自然就多一點，笑容多了，在人們心中，他就變成了善意的信使。

做一個永遠有辦法的成功者

仔細研究那些成功的人，我們會發現，他們在成功的路上並不是一帆風順，甚至有人是經歷了十分慘痛的失敗後，又再次成功。那些一直沒有成功人，有的連失敗都沒有經歷過，就是一直無法成功。為什麼有的人總是有辦法成功，而有的人卻無論如何都無法成功呢？

事實上，成功不但是一個水到渠成的結果，還是一個永不放棄才能取得的成果。那些永遠有辦法成功的人，絕對是一個不論遇到什麼艱難困苦，都不會放棄的人。有人說：「不管遇到多大的困難，都不要放棄，如果你中途放棄、半途而廢的話，那麼你到目前為止所做的一切努力，所做的一切工作都將會付諸東流。」那些無法成功人，不是不能成功，而是他們沒有堅持到最後就選擇了放棄。

聖賢禪師是一位得道高僧，在他的門下，有一位小沙彌總是因為禪修

清苦而怨天尤人，為了點化他，聖賢禪師決定帶小沙彌爬山。

他們來到了有「五嶽之首」之稱的泰山，師徒二人先是沿著人們早已修好的道路攀爬，過了一段時間後，聖賢禪師說：「為師曾去過天街，這次就不去了。但是為了給你一個驚喜，現在必須要蒙住你的眼睛，你要像盲人一直攀到天街。然後在天街購買兩個木魚，再下來，為師就坐在這裡等你。記住，在這途中不要懈怠，也不能休息，必須一鼓作氣上去。」

說完，禪師給小沙彌蒙上厚厚的布條，然後讓他上路了。小沙彌心中不免有些疑惑，但還是一路摸摸索索、磕磕絆絆前進著。當他不小心跌倒，摔破了膝蓋，丟失了鞋子，累得氣喘吁吁時，還聽到身邊有人說風涼話：「原來出家人中也有傻子，明明有眼睛，卻要用布蒙著，這半山腰風景如畫，不欣賞真是可惜了。」

小沙彌一聽現在才到半山腰，立刻腿下一軟，跌坐在臺階上，想稍作休息之後，再接著爬。這時，師父的聲音忽然響起：「還差一步就到了天街，可你竟然坐下休息了，真是太不爭氣了。摘下你的布條看看吧。」小沙彌立刻摘下布條一看，師父正站在一步之遙的天街上，手中還拿著他前面丟失的鞋子，慈祥而微怒注視著他。小沙彌再一看四周，根本沒有什麼遊人，剛剛那譏諷的聲音是師父對他的考驗，此時小沙彌才明白了師父的良苦用心，而他卻辜負了師父，後悔對師父說：「弟子知錯了，現在明白師父的一片苦心了。」

聖賢禪師聽後，親自為小沙彌穿好鞋子，然後意味深長說：「你現已皈依佛門，差一步就能成佛了。今後不要再怨天尤人，也不要自暴自棄，要有一顆恆定向上的心。」

不管是修禪也好，還是追求成功也罷，凡是中途放棄的人，只會被埋沒在人群中，永遠不可能達到頂峰。在追求成功的道路上，從來都不是一

帆風順的，遇到挫折並不可怕，可怕的是我們不能失去堅持下去的決心。

一位青年日夜盼望能夠成功，一日，他遇到一個十分成功的老人，於是向老人請教道：「我怎樣才能像您以一樣成功？」老人沒有直接回答他，而是給他一粒花生，說：「用力捏捏它。」年輕人用力一捏，花生的殼就碎了。

老人接著說：「再用力搓搓它。」年輕人再次照做了，花生仁外面的一層紅色薄皮被搓了下來。「再用力捏碎它。」老人說。這一次，年輕人使出了渾身的力氣，也沒能將花生捏碎。正當他無可奈何之際，老人笑著說：「在人生的道路中我們可能屢遭挫折，但是卻要有顆堅毅的心，勇敢面對挫折，不要害怕挫折，這就是我成功的祕訣。」

成功並不像人們口中所說的那樣難，認為成功難以取得的人，都是自己無法堅持下去，而最終錯失了成功的機會。一個成功的企業家說：「我騎自行車，有人說路太遠，你騎自行車走不到。但我走了一段換成了汽車，天黑以前我到了。我開汽車時他們又說，前面沒路沒橋有一座山，你過不去。我照樣往前走，到了山前我換了一架飛機飛過來了。」

所以，只要我們擁有一顆堅毅的心，在追求成功的道路上永不退縮，就能夠成為永遠有辦法成功的人。

工作中簡單的言辭就是智慧

俗話說：「病從口入，禍從口出。」對於職場人士而言，往往因為說了不該說的話而得罪人，影響了自己的前程。因此如何說話，怎樣說話，成了一門值得深究的學問。星雲大師認為，沉默是金，應謹慎言行，這樣才不容易受到傷害；反之，就會常常因此而吃虧。

　　明朝的開國皇帝朱元璋出身鄉野，年少時依靠給人放牛，或是給有錢人家做長工過活。艱苦的生活磨練了他的心智，使他在風雲際會之時，奪得了天下，成就霸業。

　　曾經和朱元璋一起成長的夥伴聽說朱元璋成為了皇帝，便尋到皇宮中，請求拜見朱元璋。恰逢朱元璋也很想念曾經的故友，便將其請入宮內。此人一見皇帝，立即行大禮，高呼：「吾皇萬歲！」接著便說：「當年草民隨皇上掃蕩廬州府，大破罐州城。湯元帥在逃，拿住豆將軍，紅孩子當兵，多虧菜將軍！」朱元璋聽後，十分高興，回想起年少時一起玩耍的情景，一時感慨萬千，重重賞賜了這名故友。

　　此事被當年和朱元璋一起放牛的人聽說，他也跑到了皇宮拜見朱元璋，見到朱元璋後，便手舞足蹈在皇宮中說起來：「皇上您還記得嗎？當年我和您一起給別人放牛，有一次咱們躲在蘆葦蕩中把偷來的豆子放在瓦罐裡煮著吃，還沒等豆子煮熟，大家就瘋搶起來，還把煮豆子的瓦罐打碎了，豆子全都灑在了地上。當時您光顧著搶豆子吃，結果不小心把草根吞下，卡住了喉嚨，還是我急中生智，讓您吞下一把青菜，才救了您的命啊！」

　　說完，此人心想自己曾經救了皇帝的命，他一定會獎賞自己更多金銀財寶。卻沒想到自己的話，讓當時已經身為九五之尊的朱元璋在文武百官面前丟盡了顏面，朱元璋只好裝作不認識他，連忙叫人把他拖出去斬首示眾。

　　會說話的人，往往可以憑藉自己的三寸不爛之舌平步青雲，例如金庸筆下的韋小寶，身無長物，全靠一張巧嘴逢凶化吉，籠絡人心。但對於不會說話的人，多嘴多舌往往就成了引火上身的禍端所在。

　　所謂「說者無意聽者有心」，有時候我們自認為沒有說過分的話語，卻傷害了身邊的人。尤其是在處處充滿著競爭的職場中，一旦因為話語中

第四章 事業是一個人三分之二的生命

傷了他人，就等於為自己埋下一顆定時炸彈，隨時會影響自己的發展。因此，最簡單的做法就是少說慎言。

故事發生在戰國時期，秦昭襄王三十六年，國家的軍政權力依舊掌握在母后宣太后和叔叔穰侯手中，昭襄王身在其位，卻沒有實權。這時，范雎趕到了秦國，他先上書稟明昭襄王自己有能力使秦國強大，並在言語中隱隱透露出能夠幫助昭襄王取得實權。

於是，昭襄王招范雎進宮。在召見那天，范雎故意在宮門外四處亂轉，看到昭襄王駕到，既不規避，也不叩拜。侍從看到後，立刻喝令其迴避，范雎卻十分大膽當著昭襄王的面大聲說：「秦國哪有什麼大王，只有宣太后和穰侯！」

此話說到了昭襄王的心坎裡，他知道此人便是范雎，有些不安將范雎迎進宮殿內，然後客氣說：「早該去拜訪先生，但是政務纏身，每天都要請示太后，所以才拖到現在，還望先生不要介意，多多給予教誨。」

但此時范雎卻一言不發，像沒有聽見昭襄王的話一樣，左顧右盼。宮殿中的氣氛瞬間降至冰點，大臣們都不知道如何是好。昭襄王猜想是人太多了，使范雎有些不便，便摒退左右後，再次問范雎：「先生有何賜教？」

這次范雎開了口，卻只是連說了兩個「是」字，便再沒有下文。過了一會兒，昭襄王再次請教范雎，范雎仍舊是說：「是，是。」如此反覆幾次後，昭襄王以為是自己誠意不夠，便跪在地上，對范雎說：「先生為何不肯賜教於我呢？」

范雎這才拜跪道：「臣不敢如此。」接著滔滔不絕說出了自己的計策，也就是著名的「遠交近攻」，並針對太后、穰侯獨攬大權，架空昭襄王一事提出了應對的方案。昭襄王仔細聽後，大贊范雎出了妙計，馬上任命范

雎為自己的顧問，幾年後又提升范雎為秦國宰相。後來還效仿齊桓公對待管仲的方法，稱范雎為「父」。

范雎用沉默的方式，引起了昭襄王的重視，可謂是大勇大智。就像佛教中的維摩居士在不二法門的辯論會上一言不發，令文殊菩薩十分佩服，稱讚其為「一默一聲雷」。

但需要注意的是，簡單言辭，並不是完全不說話，或者不管任何情況下都簡單言辭；而是要我們在該說話的時候說話，用最簡單的語言表達出自己的想法，在不該說話的時候，就要管好自己的嘴巴，小心言多必失。

辦公室裡的幸福就是低調

在職場中，經常可以看到這樣的人，自以為功勞很大，一副高高在上洋洋得意的樣子，他們常常是辦公室中，最讓人無法忍受的人一類人。俗語雲：「木秀於林，風必摧之；人浮於眾，眾必毀之。」

一個十分有名的獵手約了朋友一起到山上的樹林中打獵，這座山中有許多飛禽走獸，是打獵的好去處。

獵手和朋友一邊沿著山路向上攀登，一邊尋找可以捕殺的獵物。山中的猴子看到獵手一群人後，紛紛找地方躲起來。卻有一隻猴子例外，它不但不逃走，反而一直跟隨者獵手，從一棵樹上跳到另外一棵樹上，好像故意要引起獵手的注意。

其中一個人見到此狀，忍不住想要拿這只猴子助助興，於是拉滿弓，將箭射向了遠處，心想：這猴子看到射箭了，一定會嚇得倉皇而逃，沒想到猴子卻突然朝著射出箭的地方跑去，把射出的箭接住了。一干人等十分驚奇，也覺得很有意思，便紛紛拿出弓箭來射，均被猴子找了回來。最後，猴子手

113

中握著箭，搖晃著腦袋，向一群獵手炫耀著，似乎很得意的樣子。

這讓獵手十分生氣，猴子的行為似乎在嘲笑自己，於是與朋友們商量好，一起向猴子的方向放亂箭，結果猴子來不及躲閃，被箭射死了。獵手出了悶氣，看著躺在地上渾身是血的猴子，又有些惋惜，說道：「這本是一隻很有靈性的猴子，遺憾的是它不知道收斂自己，引來了殺身之禍。」

猴子代表了職場中那些鋒芒太露的人，因為不懂得收斂，遭到了怨恨與妒忌，樹立了很多敵人。歷史上，這樣居功自傲的人不在少數，其中《三國演義》中的關羽，就是一個代表。敗走麥城可以說是他目中無人，結怨眾多的必然結果。

當初呂蒙得知鎮守荊州的人是大將軍關羽，心中有幾分忌憚，不敢輕舉妄動。這時，陸遜獻上一個計謀，即要呂蒙裝病，然後把兵權交由他人，以此來降低關羽的防範之心。

當呂蒙抱恙將兵權交與陸遜的消息傳到關羽耳中時，關羽果然上當，遂起了輕敵之心，放鬆了警惕。呂蒙便趁機將士兵扮作商人，偷偷潛入烽火臺，迅速攻下了荊州。此時關羽才知道自己已經中計，為了挽回戰局，重振旗鼓準備南下收復江陵。卻沒想到自己的部隊早已被呂蒙、陸遜的大兵分化瓦解，眼看著兵力越來越少，關羽想到了向駐守上庸的劉封求救。劉封是劉備認的義子，當時關羽為此很不高興，一直沒有給劉封好臉色，為此，劉封一直懷恨在心，這一次關羽有難，劉封正好等到了報復的機會，於是拒不出兵。

在既沒有兵力，沒有增援的情況下，關羽敗走麥城，打了歷史上著名的敗仗。除了劉封，關羽得罪的人不在少數，例如，曾為兒子求婚的孫權、名將馬超，還有老將黃忠。正是因為他盛氣凌人，樹敵眾多，才把自己推向了萬劫不復的地步。

那些自以為很了不起的人，實際上卻是不折不扣的愚蠢之人。真正聰明的人，都懂得「樹大招風」的道理，他們不會處處顯示自己的能耐，越是關鍵時刻，越會小心隱藏自己的鋒芒，在不知不覺中施展才華。

當年大司馬劉秀率領王霸、馮異等人攻打邯鄲，平息叛亂擒拿王朗，馮異在其中起了重要的作用。為了讓戰士們保持戰鬥力，他曾連夜為夜宿河北曉陽地區的大軍籌措糧草，親自熬煮稀飯，為戰士們驅寒解乏。

大軍行至南宮時，滂沱大雨從天而降，士兵們都被雨水淋溼，凍得瑟瑟發抖。馮異四處奔波，找來枯木，架起柴火，供士兵們取暖烘衣。士兵們一路上既沒有挨餓也沒有受凍，士氣大增，在戰場上奮勇殺敵，最終劉秀大軍得以凱旋。

當大家都坐在一起討論功勞時，馮異卻遠離人群，坐在樹下聚精會神研究《孫子兵法》。劉秀明白馮異功不可沒，稱讚他「功勳難估，當為頭功」，對於如此封賞，馮異一再推脫，實在推脫不掉後，便將封賞讓給了收下的一名偏將，這令偏將十分感動。劉秀見馮異不願意要封賞，十分欣賞他淡泊名利的做法，遂又獎賞給他許多金銀珠寶。馮異卻將這些金銀分給了在這次戰役中表現優秀的士兵。

馮異的做法人人都看在眼裡，所有的士兵都對他欽佩不已，因此，無論馮異做什麼，士兵們都積極回應，絕對擁護，從未有人故意刁難他。

星雲大師認為，做人還是低調好，只宜做了不說。低調做人才能夠以平常心對待人世間的紛紛攘攘，這是一種境界，是一種風度，更是一種做人的智慧。

不要只做好人，更要做有用人

每個人都喜歡做好人，因為好人能夠被人歌頌、受到他人的讚美。有些人慈悲為懷，淨做善事；有些人勤勞勇敢，敢做敢當，從不投機取巧；還有些人明辨是非、寬宏大量、與人為善……如此種種，都能夠稱之為好人。

而星雲大師認為，還有一種沒用的好人，他們從不作奸犯科，恪守本分默默做事，卻總是成事不足敗事有餘。我們要做好人，但是不能做沒用的好人。

在國清寺中，有一個做雜役的和尚名叫拾得，此人行為舉止與眾不同。一日，拾得正在清掃寺院，寺主經過他的身邊，問道：「拾得，你究竟姓什麼？」拾得聽到寺主問話，放下笤帚，恭敬站在一旁，卻不回答。因為拾得認為，人的姓名，不過是一個記號而已，只有悟到佛性，才是自己的真實面目。

然而，寺主卻沒有悟出其中的道理，見拾得遲遲沒有回答自己的問題，便再次問道：「你究竟姓什麼？」這一次拾得拿起掃帚，繼續掃地，沒有再理寺主。這一幕被剛剛回到寺中的寒山看到，寒山立刻捶胸頓足，一邊痛哭流涕，一邊說：「佛祖啊……佛祖。」拾得問：「你這是在做什麼？」寒山回答：「難道你沒有聽說過東家死人，西家祝哀嗎？」

原來寒山明白了方才拾得想要傳達給寺主的意思，而寺主卻像死屍一樣不明就裡，白白錯過了大好的禪機，這令寒山惋惜不已，所以才做痛苦狀。從此，拾得便將寒山當作是自己的知己。一天，寒山問拾得：「人家謗我、欺我、辱我、笑我、輕我、矇騙我的時候，我應該如何應對？」拾得回答：「只可忍他、由他、避他、耐他、敬他、不要理他。」簡短的回答，卻將禪者的風範表現到淋漓盡致。

又過了幾日，到了寺院中每隔半個月一次的重溫戒律，目的是為了警戒眾僧人。那天，所有的僧人像往常一樣誦戒時，拾得趕著一群水牛來到了大堂前，然後自己站在門外笑。這一下惹怒了住持和尚，住持呵斥道：「你破了我說戒，簡直就是一個瘋子！」拾得聽了，也不生氣，不急不慢說：「無嗔即是戒，心淨即出家。」說完，便對著水牛喊出一些名字來，而那些名字都是寺院中已經過世的僧人的法號。更加令人啼笑皆非的是，那些水牛竟對拾得做出回應。拾得接著說：「前生不持戒，人面而畜心。汝今招此報，怨恨於何人？佛力雖然大，汝辜於佛恩。」眾僧人聽後，無不感到膽戰心驚。主持和尚的滔滔不絕，竟敵不過拾得短短幾句話。

又過了幾日，拾得在廚房打掃時，發現鳥雀經常偷吃晾晒的米麵，有時候還會將糞便留在米麵上。拾得看見了卻不驅趕鳥，而是拿起禪杖來到寺院中供奉護法神的地方，一邊用禪杖打神像，一邊說：「你們整日享受香火，接受跪拜，卻連糧食也看護不好，又從何談來保護寺院呢？」

想必很多人不能理解拾得的做法，鳥雀偷食糧食，浪費糧食，拾得坐視不管，卻拿著禪杖棒打佛像，簡直是本末倒置的瘋癲行為。拾得的行為又有哪一項不是怪異至極，令常人無法理解呢？但這並不是瘋癲的表現，恰恰是對禪法理解精透的表現。

寺主身在寺院，卻無法悟得禪宗，縱使是僧人，又有什麼用呢？眾僧人每個半月重溫一次戒律，卻不能真正領會其精髓，又有什麼用呢？佛像每日被供奉，充當這好人，卻連糧食都庇護不了，又有什麼用呢？

錢鍾書先生的《圍城》中，講到方鴻漸與趙辛楣一起旅行時，曾問趙辛楣：「現在你對我的想法是怎樣的？還覺得我討厭嗎？」趙辛楣回答：「不討厭，卻也沒什麼用處。」方鴻漸聽了哭笑不得。

做好人是必然，但是要做就做有用的好人，否則還不如有用的壞人。

如那些懲奸除惡的大俠，雖然他們有時會傷害人性命，但是也為人類做了貢獻，總比沒用的好人要好得多。

贏得信任，拉長人生的生命線

　　佛教有五戒，其中第四戒就是「不妄語」，也就是不能說謊。在佛教中，最強調一個「信」字，釋迦牟尼佛一生說法四十九年，談經三百餘回，能夠得到人們的信奉，靠的就是「誠信」二字。

　　對於我們普通人而言，無論是做人，還是成就一番事業，誠信都是必不可少，這是一個人人格的象徵。「人無信而不立」，一個不誠實的人，是無法取信於他人的。

　　在一個東方國度，國王想為自己唯一的兒子選一名書童，目的在於能夠陪著王子一起學習，互相勉勵。這名書童要與王子朝夕相處，如果人品不好，自然會帶壞了年幼的王子。可是怎樣才能判定一個人的人品呢？國王為此很苦惱。

　　這時，一個大臣獻出了計策，他對國王說：「想要評定一個人的人品，首先要看他是否誠實。只要我們舉辦一場比賽，就能夠很輕易看出誰是最誠實的人。」國王聽了這個建議，連連稱讚，立刻命人張貼出皇榜，說王子要選一名書童陪讀，希望全國的少年都能夠來參加。

　　告示一經貼出，民眾們紛紛讓自己的兒子前去參與選拔，因為這意味著孩子不但能夠受到良好的教育，說不定還能有一個輝煌的前程。到了選拔的那天，皇宮裡擠滿了前來參加選拔的少年。國王讓身邊的侍從發給每個人一粒種子，然後說：「半年之後，誰能夠種出最美麗的花朵，誰就能成為王子的陪讀書童。」

少年們領了種子，就立即趕回家種在了土裡。這其中有一個農民的兒子，他自幼聰穎好學，但是因為家中貧寒，沒有錢為他請師父。於是他把這次機會看得十分珍貴，每天最重要的事情，就是為種子澆水、施肥，然後三個月過去了，種子還沒有發芽的跡象。這個少年拜訪了當地許多有名的花匠，試過了各種方法，然而半年的期限到了，少年的花盆裡，依舊是一盆黃土。

少年絕望了，但是他當初領了種子，就算沒有種出花朵，也應該到皇宮中完成這場選拔。就這樣，當其他少年都捧著盛開著美麗花朵的花盆走進皇宮時，這個少年手裡捧著的，卻是一盆黃土，周圍的人群中不斷傳出嘲笑聲，但是少年一點也不羞愧，因為他已經盡了最大的努力。

不一會兒，國王帶著王子出現在大家面前，逐一看過每個人手中的花盆，不斷讚賞花朵的美麗。到了少年這裡，國王意味深長看了他一眼，什麼都沒說就走了。終於到了公布結果的時候，那些得到國王讚賞的少年臉上，紛紛露出了得意之色，但是最終國王卻選擇了沒有種出花朵的少年。

大家為此感到不解，國王說：「我舉辦這次比賽，就是為了考驗大家是否誠實，我給你們的種子都是煮過的，又怎麼能夠種出花朵呢？」

在沒有利益衝突的情況下，每個人都能明白誠信的可貴，但是當面臨著利益的誘惑時，誠信在一些人眼中，就顯得無足輕重了。但是他們卻忘了，謊言可以讓他們暫時處在光輝中，卻不能讓他們一生都處在光輝中。說一個謊言，就需要用無數的謊言來裝飾這個謊言，謊言說得多了，早晚都有暴露的一天。

星雲大師認為，信用可靠是經商之道。商人不論經營的商店大小，一定要有信用，有了信用，各方顧客也就會雲集而來。誠信，不僅僅是經商之道。在職場中，沒有誠信二字，就沒有人願意和我們合作；沒有誠信二

字，就無法取得上司的信任，不能夠擔起重任；沒有誠信二字，就無法開拓出自己的事業。

晏殊是北宋的詞人，十四歲時，就表現出天賦異稟，於是被人舉薦給皇上。皇上為了考察他的才學，要求他與一千多名進士同時參加考試。發下試題時，晏殊發現題目是自己幾天前曾練習過的，於是如實向皇帝報告，請求更換題目。晏殊誠實的品格得到了皇帝的讚賞，賜給他「同進士出身」。

晏殊做官期間，正是太平盛世，各路官員經常結伴出去遊玩兒，而晏殊因為生活拮据，只好在家中看書、寫文章聊以度日。這件事被皇帝知道後，提拔晏殊為輔佐太子的東宮官。對此，有些位高權重的大臣表示不滿，皇帝對他們說：「當群臣遊樂於山水之間時，只有晏殊在家苦讀，如此好學，正是東宮官合適的人選。」

晏殊聽後，先謝過皇上，然後說道：「我也喜歡遊山玩水，只是家中貧困，不得已只好在家中看書。如果我有錢，也會參與宴遊。」晏殊的誠實，使他取得了皇上的信任，群臣敬佩。

可見，誠實的人能夠得到大家的尊重，能夠得到他人的信任，交到更多的朋友。更重要的是，誠實能夠讓自己心安，不會因為說謊而受到良心的譴責。

零散時間利用好，人生才可大步跑

人們常常說：「一寸光陰一寸金。」以此來說明時間的重要性。事實上，時間遠比金子珍貴，因為金子有價，而時間卻無價。

星雲大師在剛進入佛學院念書時，海珊法師看大家不知道如何用功學習，便告訴他們要學會利用零散的時間。這句話對星雲大師的影響極深，

在今後的生活和學習中，星雲大師一直很重視利用零散時間，同時也宣導人們要善於利用零散時間，哪怕只有 5 分鐘，但是對於追求進步的人而言，這 5 分鐘決定了他是否能夠超越他人。

親鸞禪師是日本歷史上十分著名的禪師，他從小就立志出家，9 歲那年，父母雙亡，他便請求當時著名的慈鎮禪師為自己剃度。慈鎮禪師問他年幼出家的原因，親鸞禪師回答：「因為父母雙亡，我想要探究人死亡的原因，所以才想要出家。」

慈鎮禪師聽後，說：「我願意收你為徒，但是今天天色已晚，明天再為你剃度吧。」

親鸞回答：「既然師父已經答應收我為徒，那就今天剃度吧！因為我年齡小，我不能保證自己明天是否還願意出家。更何況師父年事已高，您也不能保證自己明天是否還在人世。」

慈鎮禪師聽了此話並沒有生氣，反而對親鸞大加讚賞，認為他是一個懂得珍惜時間的人。

親鸞禪師 9 歲就已經懂得如何珍惜時間，利用時間，現在身在職場中的人又有多少懂得時間的珍貴呢？有些人總是抱怨時間不夠使，總有許多事情忙碌，卻從沒有想過自己每天從早晨起床到晚上睡覺，有多少時間用在了排隊等車、吃飯、閒談、逛街、上網娛樂和看電視上呢？適當的休閒生活是必不可少，但如果成為了生活的主旋律，則會浪費許多寶貴的時間。

時間老人很公平，他給每一個人都是 24 小時，但是在這每天的 24 小時中，有人成功了，有人失敗了，還有人碌碌無為過了一生。為何差別這樣大呢？是否善於利用時間，是很重要的決定因素。有的人以小時來計算每一天，而有的人卻以分鐘，甚至是秒鐘來計算每一天，同樣是 24 小

第四章　事業是一個人三分之二的生命

時，以秒計算時間卻能夠在無形中拉長了時間。歷史上那些成功人士，都是善於利用時間的典範。

董遇是東漢末年專門負責教皇帝念書的官員，可見他的學問非一般人能夠比及。然而董遇的年少時期，並沒有多少時間讀書，因為他家境貧寒，要經常參加一些田間勞作，或是出門做一些小買賣，以此來維持生活。

但是不管董遇走到什麼地方，隨身都會攜帶一本書，只要有時間，就會孜孜不倦讀起來，有時候是坐在集市上，有時候是坐在田埂間，別人休息的時候，他在看書；別人勞作的時候，他一邊勞作，一邊拿著書本看。直到他做了官，仍舊博覽群書，從未放棄豐富自己的學識。

有很多人慕名而來，想要拜董遇為師，但是董遇卻不肯收人為徒，他說：「最好的老師是書本，你們只要書讀百遍就行了，不必拜我為師。」

有人不解，問道：「為什麼要讀一百遍呢？」

「書讀百遍，其義自見。讀了一百遍後，你就能明白書中的道理了。」董遇回答道。

「可是，讀一百遍要很長時間，哪有那麼多時間來讀呢？」一人問。

「這就要看你怎麼利用時間了，利用好『三餘』就能節省出很多時間。」董遇說。

「什麼是『三餘』？」眾人問。

「冬天，是一年中最空餘的時間；夜間，是一天中最空餘的時間；陰雨天，是平時最空餘的時間。這就是所謂的『三餘』。」董遇回答。

「我們明白了，就是利用一切可以利用零散時間來學習。」說完，大家便滿意離去了。

孔老夫子在河岸上看著浩浩蕩蕩、洶湧向前的河水說：「逝者如斯夫，不舍晝夜。」意思是說，時間就像流水一樣，沒日沒夜流逝，在人不經意

間就消失了。所以，在工作中，一定要學會利用珍貴且不被重視的零散時間，切勿認為時間還有很多，那一點點時間不足掛齒。禪學認為，無限的「過去」都以「現在」為歸宿，無限的「未來」都以「現在」為淵源。「過去」是「現在」發展的基礎，「現在」又是向「將來」發展的起點，如果連現在都無法把握，將來更無從說起。放棄了現在，就等於葬送了自己的未來。

一代女皇武則天在她 70 多歲時，看到一群群年輕的考生入朝聽封，不禁感慨道：「如果可能，朕願意用萬里江山來換你們的青春！」時間是失去後，就再也無法挽回的東西，不要等到失去了，才知道珍惜。

本領和智慧是職場壓力的天敵

現在，社會發展越來越快，競爭也越加激烈，對於身在職場中的人們的而言，壓力也自然越來越大。高強度的工作造成了與日俱增的壓力和太多不滿情緒，這不僅損害了人們的身心健康，還大大降低了工作的效率。唯一能夠使我們從壓力中解脫出來的方法，就是使自己擁有更多、更高的本領和高超的智慧。

俗話說：「技多不壓身。」也有老一輩人對年輕人說：「縱有家產萬貫，不如薄技在身。」一個人若能有一身之長，也就有了安身立命的本錢。如果身懷絕技，那便走遍天下都不怕了。

庖丁是中國歷史上十分有名的廚師。一次，他為梁惠王宰牛，只見他一會兒用手抵著牛，一會兒用肩倚著牛，一會兒又用腳踩著牛，動作十分有節奏，而在宰牛時發出的「謔謔」聲也十分有韻律，就像一首美妙的曲子。

梁惠王看得出了神，連連拍手稱讚：「簡直是太妙了，你的技藝是怎

123

樣達到這樣高超的地步？」庖丁回答：「起初臣看著牛，也不知道從何下手，只知道是一頭整牛；後經過臣的觀察，發現了牛身體的內部結構，於是在宰牛時，眼前浮現的是牛骨的縫隙。時至今日，牛的肌體組織結構已經刻在臣的腦子中，臣宰牛時不用再看著牛，而是完全憑感覺，進刀的地方都是肌肉和筋骨的縫隙，從不碰牛的骨頭，更不要說碰大骨頭了。

據臣所知，技術高明的廚師，一年換一把宰牛刀，因為他是用刀割。一般的廚師是一個月換一把刀，因為他是用到砍。而臣這把宰牛刀，已經跟隨臣十九年，宰過上千頭牛，刀口仍鋒利得如剛在磨石上磨過一樣。原因就在於臣在宰牛時，刀口都用在牛的肌體組織結構之間的空隙中，所以十九年過去了，刀還跟新的一樣。

不過即便如此，臣在宰牛時也不敢大意，進刀時不匆忙，用力時不過猛，牛體迎刃而解，直到牛肉就像一攤泥土一樣從骨架上滑落到地上，臣才敢松一口氣，將刀收起。」

庖丁的一席話，令梁惠王大開眼界，由衷說道：「你能夠將宰牛的技術研究到這樣精深，我都不得不佩服啊。」

連一國之君都佩服庖丁的技藝，就說明庖丁在宰牛的行業已經獨具鰲頭。身在職場中的我們也應如此，如果我們能夠成為行業領域中的佼佼者，還害怕有什麼問題難住我們嗎？還害怕自己的位置被他人奪取嗎？因此，與其被壓力壓得喘不過氣，不如發奮學習一技之長。一般而言，技能是人們在運用智力、知識的過程中，經過反覆訓練而獲得的，是人們依靠自我的智力和知識等去認識和改造世界所表現出來的心身能量。除了技能之外，智慧也是職場中順利發展的重要因素。

天使選擇一個十分聰明而且善良的小孩作為自己的接班人時問道：「孩子，你知道你為什麼被天使選中嗎？」

小孩回答：「不知道。」

「因為你是一個聰明而又善良的小孩。」天使笑著說

「聰明和善良的人就可以做天使嗎？」小孩天真問道。

「是的，因為在他們的字典裡沒有財富和金錢的字眼，只有智慧。」

「智慧和金錢，哪一樣更重要呢？」孩子又問道。

「當然是智慧更重要。智慧創造金錢，而金錢卻不能創造智慧；智慧是主動的，而金錢是被動的。」天使耐心回答。

有智慧的人，學起技藝來也會事半功倍。智慧可以改變失敗的人生，我們擁有多少智慧，就能創造多少價值和財富，擁有智慧勝於擁有金錢，智慧可以改變一切，所以使人發光發亮的是人心性深處的智慧。

一名少女因感情受挫而萬念俱灰，想要投河自盡。就在她腳剛剛踏入河水中時，一個禪師經過於此，見狀立刻將自己手中的佛珠手鍊扔進河裡，並大喊：「快跑啊，河裡有毒蛇！」少女聞聲向河中看去，果然有「蛇」影，嚇得連忙爬上岸，同時呼喊著「救命！」

禪師遂拿起禪杖假裝打「蛇」，此時少女才發現原來根本沒有蛇，只是一串佛珠而已，忍不住嗔怪道：「你是出家人，竟然騙人。」禪師說：「出家人雖不該打誑語，但見死不救的罪孽更大。」「哪有你這樣救人的，簡直要嚇死人。」少女聽到禪師的回答後，氣也消了大半。「施主莫怪，我這也是無奈之舉啊。因為我不會游泳，只好用手中的佛珠充當水蛇來把你嚇上岸了。」禪師誠懇說。

「那我若是再去投河呢？你還有什麼其他辦法嗎？」少女問道。禪師笑著回答：「你不會再去投河了，你連佛珠都害怕，說明你心裡還有對生的渴望。你方才只是在氣頭上，一時昏了頭腦。而現在你已經清醒過來，相信自己以後會生活得更好，所以怎麼會再尋短見呢？」

少女的臉上終於露出感激的神情，卻不知道說什麼來感謝禪師的救命之恩。這時，禪師反而先說話了：「趕快回去吧。改日貧僧會到府上討碗笑臉飯。」

　　禪師雖然沒有游泳的本領，卻擁有過人的智慧，一樣可以救人於危難之中。在職場，若是我們沒有一技之長，又沒有心思去培養，那就使自己擁有大智慧吧，一樣可以讓我們在職場中如魚得水。

工作忙不是藉口，時刻心繫家庭

　　對於許多職場人士而言，「忙」似乎是他們日常的生活狀態，除了睡覺期間，他們時刻處在忙碌當中，若是問他們：「最近怎麼樣？」他們一定會回答：「忙，非常忙。」如果再問他們「忙什麼？」他們一定會回答：「忙著賺錢，忙著工作。」

　　星雲大師認為，忙固然好，但是如果忙過了頭，忽略了更重要的東西，就得不償失了，例如：家庭、健康等。也許有人會認為，現在還年輕，應是為事業奮鬥的時候，以後和家裡人相處的時間還很多，而不在於現在的一時半會。事實真是如此嗎？只有經歷過的人，才能明白這其中包含著多少後悔。

　　有一個年輕人，他的志向是當一名作家，為了達成自己的夢想，他總是廢寢忘食投入到寫作中。同時，為了自己的思緒不被打斷，他從來不讓家人打擾他，後來甚至為了讓自己在一個絕對安靜的環境中進行創作，他搬出了家，到了一個偏僻的山村中居住。

　　家裡人甚是想念他，可是又不敢貿然打他的電話。而這個年輕人一心投入到寫作中，完全忽略了自己的家人。因為長期睡眠不足，飲食不規

律，他患上了頭痛的毛病，但是卻沒有引起他足夠的重視，每當頭痛難忍時，他就用布條勒住頭部，以此來減輕疼痛感。

然而，頭痛的毛病越來越嚴重，終於有一天他無法忍受，暈倒在租屋處。當他再次醒來時，看到床邊站著自己年邁的父母，還有未成年的妹妹，他們的眼圈泛紅，這時候他才知道，他的大腦中長了一個惡性腫瘤，他之所以頭痛，是因為腫瘤壓迫了神經，而現在因為錯過了最佳的治療時間，已經無法根治，只能等著死神的降臨。

人生最後的日子裡，他在家人的悉心照料下，一邊寫作，一邊利用閒暇的時間與家人一起聊天、看電視，這一刻，他才感覺自己曾經錯過了那麼多的美好時光。然而，病魔卻沒有因此而放過他，幾個月之後，他死於一個清晨。死之前，他想：如果生命還可以重來，他一定不會把所有的時間都用在工作上。

在競爭激烈，物欲橫流的今天，忙碌已經成了大多數戒不掉的「癮」，在奔波中，他們的心靈漸漸不堪重負，疲憊的身心使他們忘記了自己最初的想法。如果停下腳步來想一想，自己忙碌的原因是什麼？是為了賺更多的錢。可是有了更多的錢又是為了什麼呢？為了讓自己和家人過得更好。這幾乎是每一個人關於為什麼忙碌的邏輯思維，但是卻沒有意識到，因為錢而忙碌已經讓我們失去了和家人最好的相處時間。

古語道：「樹欲靜而風不止，子欲養而親不待。」隨著我們的成長，父母越來越老，所剩的時間也越來越少，也就意味著我們能夠孝順他們的時間已經不多了，如果此刻我們把所有的經歷都用在了事業上，試想，幾年後，甚至是十幾年後，父母是否還健在，是否還能聽見我們給他們講的笑話？是否還能看清我們的長相？是否還能咬得動我們給他們買的美食呢？除了父母，天下又有多少正在為人父為人母的年輕人，正在後悔自己

第四章　事業是一個人三分之二的生命

因為忙於事業，而忽略了孩子成長的關鍵時期，使孩子幼小的心靈因為缺乏父愛和母愛，長大後心靈不健全。還有我們的妻子或是丈夫，他們在乎的一定是錢嗎？還是一個溫暖而幸福的家庭呢？

一個男子的妻子一直希望他能送給自己一束美麗的玫瑰花，然而，他們當時的生活條件並不富裕，但是一束玫瑰花的錢還是有的。

這名男子想，既然妻子那麼喜歡玫瑰花，自己就開一個花店吧，這樣以後每天都可以送妻子玫瑰花了。為了給妻子一個驚喜，他沒有把這件事告訴妻子。而是更加努力的工作，常常是早出晚歸，為了能夠積攢一些開花店的本錢。

兩年過去了，他每晚回家後累得倒頭就睡，孩子見了他都不會叫「爸爸」了，而妻子經常說自己的胃痛，他卻一直沒有時間陪妻子去醫院檢查。漸漸地，妻子不再說自己胃痛，他以為妻子已經好了，因為妻子每天都會等他回來，為他放好洗澡水，為他煮一碗熱麵條。看著妻子日漸消瘦的身體，他有些不安，妻子卻笑著說自己正在減肥。粗心的他，就這樣相信了。

終於，他存夠了開花店的錢，當他把一切準備妥當後，高高興興回到家時，才發現妻子不見了，桌子上留著妻子給他的一封信。妻子在信上說自己得了胃癌，為了不讓他擔心，一直靠吃藥維持，現在她的生命已經到了盡頭，她希望下輩子他們還能做夫妻，只是下輩子丈夫不要再這麼忙，能夠多一天時間陪她。

看到信的丈夫後悔不已，他終於可以每天都送妻子一束玫瑰花了，妻子卻離開了自己的身邊。在妻子的葬禮上，男子用玫瑰花鋪滿了整間屋子，只是妻子永遠也看不到了。

有人說：「人間最珍貴的莫過於得不到與已失去。」而佛祖說：「人間最珍貴的莫過於正擁有。」人們把太多的經歷都用在了卻追求還沒有得到

的東西，忽略了自己已經擁有的，當已擁有變成已失去，才悔不當初，但是卻為時已晚。

改變慣性，事業才會多姿多彩

我們生活中的很多行為，都是因為慣性所形成的，比如，喜歡看書、欣賞音樂是慣性使然，布施、行善也是慣性使然。這些都屬於很好的慣性，還有不好的慣性，例如，說謊、打架、遲到、吸煙等，有時甚至是一些小動作，因為經常做，卻沒有改正的意識，也漸漸成了慣性。

當一種行為成為了慣性，就很難再改正。所以對於一些不好的行為而言，慣性是非常可怕的。

在尼羅河兩岸大大小小的湖泊中，居住著一種短吻鱷，這種短吻鱷的繁殖能力很強，一隻成年的雌性短吻鱷一年可以產卵一百多萬枚，小鱷魚從孵化到成年，只需要兩年的時間，以這樣的速度繁衍，不出二十年，整個非洲大陸將被短吻鱷占領。但是，短吻鱷非但沒有占領了非洲大陸，反而種群的數量日益減少，已經被列為中等受危或瀕危物種。

這與短吻鱷長久以來的生活習性有很大關係，雌鱷在產卵時，會離開自己的居住地，像海龜一樣，到沙灘上挖出一個坑，將卵產在裡面，然後將沙坑填平，再回到自己居住的地方。卵在溫熱的沙灘中很快孵化出來，這時小短吻鱷就會將附近的湖泊當做是自己的永遠的家。這就是短吻鱷的生活習性，一旦在一個地方居住下來，就絕不會離開，除了雌鱷在產卵的時候會短暫離開之外。

然而，每年旱季到來時，很多湖泊都會因為長期的乾旱而枯竭，這時，其他種類的鱷都會爬其他有水的湖泊中，作為自己新的棲息地。只有

第四章　事業是一個人三分之二的生命

短吻鱷依舊在黏稠的泥漿中牢守故居。如果能夠在一個星期內等到降雨，短吻鱷則可以存活，如果一週之內沒有降雨，短吻鱷就會死在自己固守的家園中。

很多時候，我們就如短吻鱷一樣，認為某些行為就是我們的生活習性，所以從不曾察覺有任何不妥之處，因而也不會去改正。如果這種不好的慣性出現在工作中，那我們就無異於自毀前程。

俗話說：「長江後浪推前浪。」任何行業都在不斷向前發展，職場中總是有新事物產生，也許有些辦法在當時很適用，但是經過一段時間的發展後，這些方法就不再適用，如果我們已經對此形成習慣，則會固步自封，阻礙了自己前進的腳步。因此，在工作中，我們要多角度，多方位思考問題，這樣才不會被慣性牽制。

故事發生清朝時期的科舉考試中，許多才子為了考取功名，紛紛前往京城居住。其中一位秀才經過長途跋涉後，終於趕到了京城的一家客棧中。自從住進這家客棧，他每天晚上都會溫習到很晚，睡下後就會做亂七八糟的夢，讓他一整天都心神不寧。第一天他夢見天下著大雨，自己穿著斗笠打著傘走在雨中；第二天他夢見客棧的牆壁上，長出一顆白菜；第三天他夢見自己和心愛的女人脫光了衣服背靠背躺在一起。秀才思來想去都認為這幾個夢不吉利，於是找來算命先生為自己解夢。

算命先生聽完秀才的敘述後，神色有些凝重，眉頭緊緊蹙在一起說：「我看你還是回去吧。第一個夢穿著斗笠打著傘，意思是多此一舉；第二個夢更加荒唐，白菜種在牆上能活嗎？不等於白種嗎？第三個夢很明顯，躺在一張床上，卻背靠著背，這就是沒戲呀！與其在此浪費時間，你還不如回到家繼續苦讀，等來年再來吧。」

秀才聽了算命先生的話，頓時心灰意冷，回到客棧便收拾行李準備走

人。正巧被客棧的老闆看到，老闆關切問道：「年親人，眼看著考試就要
到了，你怎麼不考了呢？」秀才便將自己做的夢和算命先生的話告知了客
棧老闆。老闆聽後，哈哈大笑說：「要說解夢，我也略懂一些。不過我的
看法恰恰與算命的先生相反，我認為你一定要參加這次考試，穿斗笠打傘
說明有備無患；牆上種白菜就是高種（高中）；至於和心愛的女人背靠背
躺在床上，則說明是你翻身的時候了。所以你千萬不能走，否則就錯失良
機了呀！」

　　客棧老闆的解釋也倒是合情合理，為了不錯失機會，秀才選擇了聽信
客棧的老闆的建議，留下來參加了考試，結果果然高中，得了個探花的
功名。

　　不同的角度，折射出不同的答案。如果我們只用一種眼光看問題，難免
會陷入極端，忽略了全局。因此，一定要不能讓自己的思維陷入固定的模
式，否則就無法進步。正如星雲大師認為，一個人只有改變不好的慣性才能
進步；企業只有改變慣性才能另闢蹊徑；工作中改變慣性，才能多姿多彩。

效率優先，對事業堅決負責

　　星雲大師認為，在職場中有兩類人，一類是頭腦聰明，卻效率平平；
另一類是頭腦一般，但是效率卻很好。頭腦聰明的人自恃聰明，認為簡單
工作就是小菜一碟，不必太掛心，所以做起來拖拖拉拉；而頭腦一般的
人，則認為自己先天不足，就要靠後天的努力來彌補，所對待工作總是兢
兢業業，不敢有絲毫馬虎。

　　一個剛剛剃度的小和尚負責寺中的敲鐘工作，每天早晚各一次。起初
小和尚很認真完成。時間久了，小和尚覺得乏味了，敲鐘如此簡單的工

作，隨便應付一下，都可以過關。然而半年過去了，小和尚見其他的師兄弟都換了更加能夠凸顯才能的工作，只有自己一直敲鐘，心中有些不服氣，敲起鐘來更加不用心。

一日，方丈將小和尚叫到大殿中，對他說：「今天起，你不用敲鐘了，到後院去挑水劈柴吧。」小和尚一聽，居然是比敲鐘更差的工作，雖然自己每次敲鐘也是應付，但都撞得很及時，也很響亮，於是立即反駁道：「我哪裡做得不好，偏要我去挑水砍柴？」

方丈說：「你撞的鐘是很響亮，但是鐘聲空泛無力。這是因為你沒有意識到『撞鐘』這項看似簡單的工作所蘊含的深意。鐘聲不僅僅是寺院裡的作息時間，更為重要的是要喚醒沉迷的眾生。為此，鐘聲不僅要洪亮，還應該渾厚、圓潤、深沉、幽遠。心中無鐘，即是無佛。不虔誠不敬業，怎麼能擔當好神聖的撞鐘工作呢？」

方丈的一席話，說得小和尚低下了頭，乖乖承擔了挑水掃地的工作。與之前不同的是，他不再應付工作，將這份簡單的工作做到了有史以來最好的成績，沒多久，方丈又再次安排他敲鐘了。

敷衍工作、消極怠工、試圖逃避責任，永遠都不會有令人驕傲的成績，也永遠不會創造令他人羨慕的價值。一個人的輝煌是由自己去創造的。對工作負責，就是對自己負責。相反，如果我們敷衍工作，工作也會「敷衍」我們。

一個有責任感的人，是每一個公司都願意重用的員工。因為有責任感意味著他會以工作為重，不管什麼樣的工作都會盡自己最大的努力完成，所以老闆對這類的員工十分放心。因此，要做一個優秀的職場人士，就一定要肩負起應盡的責任。

一位老禪師坐在佛堂前給弟子們講禪，講到「殺生」時，一個小和尚

問：「師父，菩薩殺生嗎？」他想師父一定會回答「不殺」，因為殺生是犯戒的事情。結果師父卻回答：「菩薩當然殺生，而且常常殺生。」

小和尚聽了，簡直不敢相信自己的耳朵，追問道：「菩薩怎麼會殺生，還常常殺生呢？」老禪師淡然回答：「為救度眾生，為降妖除魔！」「可是這樣菩薩就破戒了呀！」小和尚感到萬分不解。

「既犯了戒，又沒有犯戒。犯戒是因為有殺生之相，存了戒的形式；不犯戒是因為菩薩心中沒有絲毫殺念，所以符合戒的精神。」老禪師耐心解釋道。「那麼菩薩於殺生之時，心中當作何念呢？」小沙彌好奇問。「菩薩殺生時，當作此念：救助被害眾生使其免於水深火熱，救助害人惡魔使其免於萬劫沉淪！」禪師回答。

「那菩薩會入地獄嗎？」小和尚追問。「菩薩常入地獄。」禪師回答。「那菩薩為什麼還要殺生呢？」小和尚一臉的不解。「這就是所謂的『救度眾生，我不入地獄，誰入地獄』！」禪師莊嚴回答。

「我不入地獄，誰入地獄」正是菩薩普渡眾生的責任感的體現。身為職場人士，我們也有自己的職責所在，就是完成工作，最高效率完成工作。這就要求我們不能拖延，在確定要做一件工作的時間就立刻動手去做，不要把今天的工作拖到明天，明天再拖到後天。

勤奮就是成功人士的錦囊

星雲大師對於勤奮有獨到的見解，他認為，人應該從勤勞奮發中去打發時間，認真工作。這句話就是告訴我們，只要自強不息，勤奮工作，那麼我們每個人都會在自己的人生當中有所建樹。

那些獲得了偉大成就的人，他們也是平凡的，而他們正是透過自己的

不懈努力，使自己成為了一個不平凡的人。

《少林寺》是一部家喻戶曉的電影，其主角覺遠武藝非凡，為了保護唐王李世民，奮勇殺敵，終於成為一代武學大師。

其實，剛開始覺遠在少林寺習武多年，一直沒有領悟武學之道。於是他開始遊歷拜師，以求精進武藝。

經過多年尋找，終天找到一位武功高強的師父。可是這個師父每天除了帶他上山砍柴之外，並未教他什麼真功夫。幾個月過去了，覺遠沉不住氣了，砍柴也不用心了。

師父看出他的心意，一天晚上，師父帶他出去散步，來到一個樹林邊的石頭旁。只見師父屏住氣，雙目圓睜，伸出手掌，向石頭輕輕一擊，石頭便齊刷刷從中間斷開了。覺遠在一旁大吃一驚，忙伏地叩頭，請求師父指點。

師父說：「你從少林來，應該明白少林武功講究心法。心法就是內功，內功乃解脫生死之功。參透禪機，解脫於生死畏懼之域，方能心定神清，眼力到處，威猛如獅，銳如鷹猿，此乃拳術最高境界。希望你能習之精熟，自能解悟。」

覺遠深服師父之言，從此刻苦習練，歲月更迭，多年後終成一代武林高手。

一個人在自己成才的道路上，最為重要的就是對自己所學到的知識、能力等等有一個清醒的認識。

俗話說：「一分耕耘一分收穫」，春天播種、秋天收穫這是自然界的法則，而我們做事，成就的法則也正好比這自然界的法則。任何事情想要成功，都需要我們付出艱辛的努力，也只有當我們養成了勤奮的習慣，我們的耕耘才會有所收穫。

很久之前，在大日山的深處有一個石窟，石窟當中有一位尼姑叫玄機，她在這裡面禪定多年，禪功已經很高深了。

結果有一天，她忽然想到：「『法性本空寂，無來也無去』，自己如此厭惡喧鬧，一直躲在清靜之地，就一定可以悟道嗎？」

在這以後，玄機不再如此度日。她打點行裝，打算去雪峰禪師之處試一試自己的禪功。

當雪峰禪師一見玄機，根本就沒有正眼瞧她，而是眯著眼睛問道：「從哪裡來？」

玄機不假思索回答：「我從大日山來。」

雪峰禪師緊接著又問道：「你叫什麼名字？」

「玄機。」就這樣，她不緊不慢回答著。

「玄機？豈不就是黑色的織機呀！」雪峰禪師這個時候又繼續問道，「你每天能夠織多少布？」

玄機反應靈敏，於是急忙回答：「寸絲不掛！」

當玄機說完之後就轉身而去了，心中想，原來雪峰禪師也並無什麼高深水準，僅此而已，我還是回到大日山自己悟道去吧。

可是當玄機剛走了幾步，雪峰禪師就在後面喊道：「你的袈裟角拖到地上了。」

玄機這個時候應聲回過頭來，雪峰禪師此時則突然拍手道：「好一個『寸絲不掛』！」

既然早就「寸絲不掛」了，那麼怎麼還會關心是否有袈裟拖在了地上呢？玄機聽後，立即害羞的紅了臉。

其實，表面上懂並不叫懂，內心懂才是真正的懂。可見，做事一定要踏踏實實，才華不是透過空想就能夠得到的，更不是吹噓就可以增加的，

這些都需要我們勤勤懇懇，日積月累，否則必定是不堪一擊的，遲早都會露出破綻。

在這個世界上，從來都是一分耕耘才會有一分收穫的。一個怕吃苦，整天享受安逸的人是不可能成功的。

為此星雲大師說：「人唯有在工作裡，生命才有辦法安住，人活得才有意義。沒有工作是很無聊也很乏味的。」

第五章
富足的人生要兼有內財與外財

名利如浮雲，越早放下越自在

　　現實生活中的人們，能夠心甘情願放棄名利的人不多，甚至有很多人把名利看得比生命還要重要。一旦自己的身分或者地位達不到自己心目中的理想狀態，就會陷入一種極度苦悶的狀態中，那些無窮無盡的名利心讓他們變得瘋狂。

　　星雲大師認為，有些人以為金錢是第一位的，有了錢什麼都行得通，甚至還認為有錢能使鬼推磨。其實，不論財富到了什麼樣的程度，終究是要銷毀散失的。

　　俗話說：「身外財物，生不帶來，死不帶去。」我們每個人來到這世間的時候，什麼也沒有，所以最好也將空手遠離而去，即使有萬貫財富，絲毫也是無法帶走的，因為我們的生命當中無法承載太多的物欲和虛榮。可是在這個世界中，堅信「人為財死，鳥為食忘」的人很多，也有很多人為了名利而變得瘋狂。

　　在唐朝時，有一個叫宋之問的詩人，他很有才華，名氣也很大，他有一個外甥叫劉希夷，也是一個年輕有為的詩人。有一天，劉希夷剛剛寫了一首詩，叫做《代白頭吟》，就到舅舅家裡去請教。宋之問看到「古人無復洛陽東，今人還對落花風。年年歲歲花相似，歲歲年年人不同」這幾句詩的時候不禁拍手叫絕。於是宋之問趕緊問外甥：「這首詩別人看過沒有？」外甥說：「還沒有來得及讓別人看。」宋之問聽後心中大喜，對外甥說：「詩中的『年年歲歲花相似，歲歲年年人不同』這兩句太好了，不如讓給舅舅吧。」可是外甥劉希夷卻說：「這二句詩是我這首詩的詩眼，如果讓給您，這首詩讀起來就沒有什麼意思了。」

　　到了晚上，宋之問還是對這兩句詩念念不忘，為此他躺在床上怎麼也

睡不著覺。他在心裡盤算著，只要這首詩一面世，這兩句必定成為千古名句，寫這首詩的外甥也將立刻名揚天下，我一定要想辦法把這首詩占為己有。於是一個罪惡的想法在宋之問頭腦中慢慢醞釀，最後宋之問竟讓他手下的人把劉希夷給害死了。

但是最後宋之問還是沒能瞞天過海，他被朝廷定罪，流放到了欽州。當皇帝知道他的事情後，又把他賜死，好讓他對天底下的讀書人有一個交代。

宋之問本來也是一個有名的詩人，可是他竟然為了自己的那點虛榮心把外甥給害死了，自己最後也落得個身敗名裂的下場。

其實這正印證了星雲大師的話，我們的生活本來就是很平淡的，平平淡淡做自己的事情，平平淡淡對待一切。

曾經在大雁山有一位名叫佛光的禪師，他在此修行禪道已經有很長時間了。佛光禪師非常善於講禪法，他在講禪法的時候常常能夠把生活中一些事例與深奧的法理進行結合，然後再用非常簡單的偈頌表達出來。

有一天，有一位信徒從很遠的地方趕來向他請教，問道：「大師，我曾經聽說供養百千諸佛還不如供養一無心道人。我不知道百千諸佛有什麼過失，而無心道人又有什麼德性，為什麼要這麼說呢？」

這個時候只見佛光禪師用偈頌回答說：「一片白雲橫穀口，幾多歸鳥盡迷途。」

佛光禪師接著解釋道：「僅僅是因為天空多了一片白雲，歸巢的鳥兒就連自己回家的路都找不到了。因為供養諸佛，所以我們的心思全都在佛上面，反而容易導致自己的迷失；可是供養無心道人，卻可以用無心無念而超越一切。當然，百千諸佛固然沒有錯，可是更難能可貴的是無心道人能夠非常清醒認識自己。

第五章　富足的人生要兼有內財與外財

接著信徒又問道：「既然寺院都是清淨之地，為什麼我們還要在這裡面敲打木魚和皮鼓呢？」

佛光禪師聽完之後仍然用偈頌來回答他：「直須打出青霄外，免見龍門點頭人。」清淨的寺廟之所以要敲打木魚和皮鼓，當然是有更深一層的道理了。

魚在水中游的時候是從來不會閉眼睛的，所以敲打木魚就是告訴大家要勤奮修練，永遠不能夠倦怠；而打鼓是為了更好的來警示世人，也用來消災增福。

聽完佛光禪師的回答以後，信徒又問道：「在家也可以學習佛道啊，為什麼還要出家，並且穿上僧服呢？」

佛光禪師繼續用偈頌來回答，吟道：「孔雀雖有七色身，不如鴻鵠能高飛。」在家修行當然也很好，但是不如出家修行這麼專心致志，你看看孔雀的顏色雖然非常豔麗，可是它永遠比不上能夠高飛千萬里的鴻鵠。

信徒聽完之後頓時悟出了其中的道理。

在我們的周圍充滿了各種各樣的機會和誘惑，所以我們一定要銘記用心來掌握住自己的前進方向，萬萬不可被一些所謂的表面假像所迷惑，從而迷失了自己的前途。

其實很多名利都是身外之物，如果想依靠這些名利獲得快樂終究是不會長久，而真正的寶藏就藏在我們的心中，只要我們用心發現，它一定會成為我們一生中最寶貴的財富。

只有金錢的人生是不完整的

　　說到財富，人們首先想到的是金錢、房子、車子等等一系列物質的東西，甚至有人認為這是人生不可缺少的財富。但是對於人生而言，僅僅擁有這些財富不夠的，因為這些財富不過是在我們手中「暫時的保管」，它們更不會因為我們到來而高興，也不會因為我們的離開而悲傷。

　　一個人終於成為千萬富翁時，他發現自己的快樂越來越少。年輕時，他想讓家人過上好日子，所以拚命賺錢，很少回家和父母妻兒團聚。當他稍有成就回到家時，才知道父母早已過世，他已經失去了做孝子的機會。為此，他一直感到十分內疚。而幾個孩子卻因為甚少與他接觸，與他關係疏離，似乎只把他當作提款的機器。為此，他感到很寒心，失去了做父親的威嚴。

　　他眼看著自己的身體越來越羸弱，大把大把的金錢扔進醫院中，卻始終看不到療效。每天他獨自住在醫院中，來看望他的只有負責值班的醫生和護士。兒女們偶爾來一次，目的卻是想知道遺囑的內容，他們可以分到多少錢。他想不通，為什麼自己擁有了這麼多錢，卻絲毫沒有一點幸福感呢？

　　一天，他在不知不覺中走出了醫院，看到廣場有一個衣衫襤褸的乞丐，乞丐坐在陽光下，晒著太陽的滿足神情顯得格外耀眼，於是他走過去給了乞丐一百元，乞丐高興極了，連忙對他說：「謝謝。」區區一百元，就可以讓乞丐如此快樂，於是他問道：「你快樂嗎？」乞丐聽後，立即肯定點了點頭。「什麼事情讓你這樣快樂？」他問。「因為今天陽光明媚，我感覺很暖和，所以很快樂，再加上我已經有三天沒有吃飯了，就在這個時候，您給了我一百元，我當然快樂了。說不定明天還會碰上一個像您這

141

樣的好人，這樣我明天也是快樂的。」乞丐回答。

這個人聽完，他終於明白了為什麼自己如此富有，卻又感到如此貧窮，因為他除了錢，一無所有，而只有金錢，是不能帶給他任何快樂和幸福的。

星雲大師認為，人生的財富有很多種，如果僅僅擁有金錢，這樣的人生是不完整的人生。首先，人類最大的財富應該是身體。有人說：健康好比數字 1，事業、家庭、地位、錢財是 1 後面的 0，有了 1，後面的 0 越多越富有，反之，沒有了 1，則一切皆無。可有時候，人們往往都會忽略到前面那個 1，然後拚命去追求 1 後面的 N 個 0，到頭來，才發現自己沒有前面的 1 做支撐，後面的 0 再多也沒有任何意義了。

一個衣衫不整的書生站在波濤洶湧的海邊，正當他準備一步一步走進海水中，結束自己的生命時，一個留著白鬍子的老人路過於此。看到失神的青年，老人問道：「你這樣年紀輕輕，有什麼事情想不開呢？」

書生回頭看著老人，說：「因為窮，我爹生病了，我沒有錢給她治病；因為窮，娘在我很小的時候就離開了家；因為窮，我連妻子都娶不到。」

白須老人聽了，說：「我很有錢，現在我出 100 兩銀子，買你一根手指，你願意嗎？」

書生回答：「不願意！」

「那我出 1,000 兩銀子買你一隻手。你願意嗎？」老人笑著問。

「不願意！」書生肯定回答。

「好吧，那我給你 100 萬兩銀子，前提是立刻會變成 80 歲的老人，你願意嗎？」老人問道。

「80 歲，人都要死了，還要那麼多錢幹什麼？我當然不願意了！」書生不屑回答。

「那給你 1,000 萬兩銀子，要你現在就死掉呢？你願意嗎？」老人問道。

「不願意，人都死了，有錢了又有什麼用呢？」書生回答，語氣裡有些氣憤，他認為老人認為自己有錢，才對他說這些讓他感到受辱的話。此時，他已經忘記了，自己原本想要自殺。

「現在你還覺得自己很窮嗎？」老人繼續問道：「你已經擁有很多了。」說完，摸著鬍鬚慢慢的離開了。這時，年輕人才發現，老人的一條褲管是空的。

只有失去了健康，才能體會到健康的重要性。有了健康的身體，我們就有力量去賺更多的錢；如果沒有一個健康的身體，那麼賺再多的錢，我們又拿什麼去享受呢？

第二，人以誠為本，誠信也是人一大財富。尤其是對於做生意的人而言，為人誠信，才能為自己累積下雄厚的財富。相反，不講究誠信的人，即便是擁有了雄厚的財富也會因此而散盡。

第三，廣結善緣也重要的財富。一個人所結的善緣多了，財富也會隨之而增加。再多的金錢都會有用完的時候，但是結下的善緣卻不會平白無故消失。在我們遇到困難時，金錢不能解決的問題，善緣可以幫助我們解決。

因此，我們在生活中要廣結善緣，力所能及幫助他人，為自己積下功德。同時，不要把結善緣當作自己為了謀取金錢利益的手段，這只會讓我們失去這段善緣。

第四，智慧是財富的保險箱。為了防止金錢丟失，有人買了鎖，將錢鎖在櫃子裡；有人把錢放進銀行裡；有人甚至在自己的家裡裝上保險箱、防盜網……然而這些都不如智慧更加保險。徒有金錢，沒有智慧，金錢只

會越來越少；而有智慧存在，金錢遲早會被自己擁有。因此，智慧也是人生的一大財富，要重視智慧的累積。

只有金錢的人生只會越走越窄，而人生路應該是寬廣無限的，應該擁有更多的，金錢更重要的東西，這樣的人生才是豐富多彩的人生。

適度取財，陷入其中就是陷阱

獵人在捕殺野獸時，通常會設置一些陷阱，接著在陷阱周圍放一些野獸喜歡吃的食物，然後等著野獸自投羅網。通常，野獸會因為受不了食物的誘惑，葬送了性命。如果把食物換成金錢，則會有很多人和野獸一樣，受不了誘惑，而最終走進陷阱中。

金錢，是我們生活中很重要的一部分，不管是衣食住行，都離不開金錢的支持。擁有的金錢越多，能夠滿足的欲望就越多，正是因為金錢具有這種誘惑性，很多人因為貪戀金錢而走向罪惡的深淵。

兩個十分要好的朋友相約一起到縣城做生意，途徑一片樹林時，看見一個小沙彌從樹林裡慌張跑出來，二人忙問：「小和尚，你為什麼如此慌張？發生什麼事情了？」小和尚顫抖著聲音說：「我在樹林裡種樹，挖坑挖到一半，挖出來一箱金子。」二人聽後心中竊喜，這簡直就是送上門的好事。

於是他們問道：「你從哪裡挖出來的？」小沙彌聽到他們這樣問，勸說道：「我師父曾告訴我，金子有毒，會吃人的，你們還是不要去了。」小沙彌的回答更是讓兩個人高興不已，這說明這個愚蠢的小和尚，一定不會和他們爭奪這箱金子了。在他們的一再追問下，小沙彌說了金子的具體位置。二人聽後，飛快跑進了樹林中，找到了金子。

　　小沙彌果然沒有說謊，一箱金燦燦的金子就擺在他們眼前。這時，其中一個人說：「如果我們現在把金子運回家，一定會引起他人的注意，要是再被官府察覺，說不定還有牢獄之災。不如我在這看守，你先回去弄點食物來，等到晚上咱們再一起運回去。」另一個人認為很有道理，於是連忙回家準備食物。

　　守在金子旁的人想：與其兩個人分一箱金子，不如我趁他不注意，把他打死，這樣這箱金子就全部屬於我了。而另一個回家準備食物的人也在想：不如我在飯菜裡下毒，他死了，金子就全部是我的了。

　　大約過了一個時辰，回家準備食物的人提著飯菜來到了樹林中，正當他四處尋找朋友的身影時，忽然被人用棍子重重打在了後腦上，當場死亡。這人滿意看著倒在地上的朋友，端起他手中的食物，準備吃飽後就把金子運回家。沒想到剛吃兩口，就感到胃部劇烈疼痛，他才知道自己已經中毒。

　　第二天，小沙彌再次來到樹林中，看到死在金子旁的兩個人，雙手合十，念道：「阿彌陀佛，善哉善哉，師父說的果然沒錯。」

　　這世上的金錢取之不盡，用之不竭，但卻不完全屬於我們。星雲大師告誡人們：「金錢要用自己的，聚斂錢財更要取之有法。如果人一旦取了不義之財，無疑和官府勒索，與盜賊搶劫無異。」還有的人，雖然沒有因為得到金錢而不擇手段，卻因為自己對金錢無休無止的欲望，而斷送了自己的性命。

　　一個乞丐蜷縮在一間破廟中，餓得連抬手的力氣都沒有了，只能趴在佛像下面祈禱：「讓我發財吧，如果有了錢，我一定多做善事。」

　　佛祖聽到他的話後，出現在他面前，拿出一個錢袋，說：「這是一個魔法錢袋，這個錢袋裡面有一枚金幣，永遠也拿不完。但是如果你想花掉

金幣，就必須將錢袋扔掉。」說完，錢袋就放在了乞丐身邊，佛祖消失了。乞丐打開一看，裡面果然有一枚金幣，乞丐拿出這枚金幣，裡面立刻又出現一枚。整整一晚，乞丐都在不停地往出拿金幣，天亮後，乞丐身邊已經堆了一大堆金幣。

這時，乞丐忽然想到自己還餓著肚子，於是想要拿起金幣去買吃的，可是一想到花錢就必須扔掉錢袋，就無法再繼續拿金幣出來了。於是他強忍著飢餓，繼續往外拿金幣。又整整一夜過去了，金幣已經快把破廟堆滿了。可是乞丐仍舊沒有滿足，儘管自己已經被飢餓和疲倦折磨成皮包骨頭，眼窩深陷，頭髮花白。就這樣連著拿了三天的金幣，乞丐的錢已經多到可以成為世界上最富有的人，可是他還是不捨得將錢袋扔掉。

最後，乞丐死了，臨死前乞丐還保持著拿金幣的姿勢。佛祖再一次出現在乞丐面前，說：「原本是想救你一命，卻沒想害了你。罪過罪過。」說完，佛祖離開了，堆積如山的金幣也隨之消失了。

過度的欲望，就像是一張網，讓人深陷在金錢的索取中，無法脫身。要知道糧有千擔，不過是一日食三餐，家有萬貫，最終棲身的還是一張床。只有我們在得到後就知道滿足，並且知道界限，才能夠體會到知足的樂趣。

積聚金錢不是最重要的

星雲大師認為，在生活中，人們需要累積金錢，但是累積金錢不是人生最終的目的，而是在累積金錢的過程中，得到歡喜，得到尊重，得到禮貌，得到關懷，得到心安和得到慈悲。

從前有一個地主，祖上留給他很多財產，他整日擔心自己的財產會被

賊偷去，為此，他每天吃不好也睡不好，每隔半個時辰，就到放財產的屋子中轉一圈，看一看財產還在不在。如果他有事外出，不能及時回家查看，內心則像被千萬隻小貓抓撓一樣。

後來，地主的老婆給他出了一個主意，把所有值錢的東西都賣掉，然後把得到的金子埋到自家的後山上。地主認為這是一個好主意，當天就變賣了家中所有值錢的物件，換了一塊非常大的金子。夜裡，地主趁所有人都睡著後，獨自一人抱著大塊金子上了後山，在一棵大樹下挖了坑，然後費勁九牛二虎之力，將金子埋了進去。

起初兩天，地主不用整日惦記著金子，生活輕鬆了許多。但漸漸他又開始不放心，每天都要趁天黑到後山上看一看，看到金子還在，才能回到房中安然入睡。地主的行為引起了家中一個長工的注意，當地主再次去後山時，長工悄悄尾隨其後，發現了地主的祕密。當天夜裡，長工在地主睡下後，簡單收拾了行李，扛著鋤頭來到了後山上，挖出了金子，然後帶著金子遠走高飛了。

第二天，地主來到後山上，看到自己的金子不見了，癱坐在地上大哭起來，這時一個白須老者經過，問清了事情的原委後，對地主說：「你揀一塊石頭放在坑裡，就當作是金子。」地主聽後，生氣說：「石頭怎麼能和金子一樣呢？」老者笑著說：「你把金子放在土裡不用，這和石頭有什麼區別呢？」地主聽後，無言以對。

縱使黃金萬兩，埋在地裡，也和石頭沒有什麼區別，這樣做只會讓金錢失去了它原本的作用，聰明人只會讓金錢成為他們得到美好生活的手段，而不是成為他們生活的累贅。任何人都不能否決金錢的重要性，在當今社會中，沒有金錢，我們簡直寸步難行，但是人應該從得到金錢的過程中，使自己得到更多的有用經驗和教訓，而不是將自己變為賺錢的機器。

一個年輕人在河邊散步，忽然看到清澈見底的河底有一塊閃閃發亮的金子，於是連忙跳進河中，可他在河中摸索了半天，也沒有找到那塊金子，只好垂頭喪氣上了岸，坐在岸邊休息。

沒想到當河水平靜後，他又再次看見了水中的金子。這一次，他在岸邊看准了金子的位置，然後才跳下河，然而結果還和上次一樣，等到下水後，金子就不見了。年輕人只好再次上岸，等到河水平靜了，他又奇蹟般看到了那塊金子，遂又跳了下去。如此反覆，直到渾身再沒有一絲力氣。

這時，佛祖出現在他的面前，看著他渾身又溼又髒，問道：「年輕人，發生了什麼事情？」他便把在岸上看到金子，跳下水卻怎麼也找不到的怪事說給了佛祖。佛祖聽後，看了看河面，又抬起頭看了看樹，然後說：「金子不在水中，在樹上。」

眼中只看得到金錢，就會忽略很多更重要的事情。有人將累積金錢作為一生最重要的事情去做，結果卻落得勞而無功。所以星雲大師才奉勸世人，對待金錢要保持清醒，不要讓金錢腐蝕了我們的心靈。累積金錢永遠不是最重要的事情，重要的是我們在這個過程中得到了什麼，學到了什麼。

守住道德，財富自然會來

《大學》中講：「德是本，財是末。」也就是說，在追求財富的道路上，要以遵守道德為底線，在道德允許的範圍內獲得財富。俗話說：「君子愛財，取之有道。」所謂的「道」就是道德。

中國自古以來就是禮儀之邦，十分重視道德品格的教育，孔子曾說：「君子喻於義，小人喻於利。」一個沒有品德的小人容易趨近於利，在日常生活中常與人斤斤計較，缺乏仁愛之心，自私自利，沒有原則，偏離正道；

而君子則注重道德仁義，能夠掌握尺度，有所為有所不為，做事光明磊落。

清朝末年的五金大王葉澄衷，是中國近代史上著名的企業家。幼年喪父的身世，使他的少年時期一直在貧窮中度過。1853 年，年輕的葉澄衷隻身來到上海謀生路，起先他在一家小成衣鋪做了半年雜役，店主只提供一日三餐粗菜淡飯，沒有工錢。

後來葉澄衷來到法租界的一家雜貨鋪當學徒。由於他勤於用心，很快即學會了一些經商售賣的技能。每天清晨，店主都要他劃著一隻裝有雜貨的船，在黃浦江上嚮往來船隻上的水手叫賣兜售，直到傍晚才返回店鋪。一天中午，一位英國人雇葉澄衷的小船從小東門擺渡到浦東楊家渡。或許是因為有急事，船剛靠岸，那個英國人便匆忙離去，連自己的公事包都忘記了拿。當葉澄衷發現後，英國人早已不見蹤影，他遺落的包內不僅有數千元美金，還有鑽石戒指、手錶、支票本等許多值錢的物品。對於身為窮小子的葉澄衷而言，這無疑是一筆巨額的財富，有了這筆錢，他就不用為別人勤苦打工，可以自己做老闆了。

但是葉澄衷當時想到的只有英國人丟失了這筆錢後的焦急，於是，他沒有再拉別的顧客，也沒有回家，而是在原處等候那位英國人。沒多久天就黑了，此時葉澄衷已經餓得飢腸轆轆，終於，那位英國人滿臉沮喪出現了。看樣子他已經尋找了大半天，對公事包失而復得不抱很大希望。但他萬萬沒有想到的是，自己的包竟然會在舢板上，更沒有想到這個中國船工還一直在等著自己。當英國人打開自己的包，發現原物絲毫未動，不禁大為感動，為了表達自己的感謝之情，英國人立即抽出一把美鈔塞到葉澄衷的手中，卻被葉澄衷友好拒絕了。

當葉澄衷開船準備離去時，英國人連忙跳上小船，表示他願意協助葉澄衷開一家五金商店，並且負責提供貨源。這一回，葉澄衷愉快答應了。

葉澄衷利用這次機會成就了自己的事業。在日後的經營中，他一直秉持誠信寬厚的態度，贏得了消費者的信賴，也贏得了同行業人士的尊重。同時，他也沒有忘記用賺來的錢做善舉，幫助那些需要幫助的人，所以在寧波商幫中，一直流傳著這樣一句話：「做人當如葉澄衷」。

能夠在金錢面前不失原則，是可謂君子。有人說：「賺錢時心裡乾淨，花錢時心裡才能清靜。」然而仍然有些人，在金錢的誘惑面前，無德無道無良知，只要能賺到錢，就不怕做小人。有的當權者以權謀私，中飽私囊；有的經商者以次充好、以假亂真……凡此種種，無一不是喪失良知的表現，自然，他們也肯定會受到道德的譴責和法律的制裁。

星雲大師認為，「賢而得才財，則損其毒，最好礙財後更為努能；遏自得財，刪益其過，最好得財後能去愚痴。」就是說，在得到財富後不要被財富蒙蔽了雙眼，而是能夠用得其所，使自己變得更加賢明。人在意誠時，心才會正，才會讓自己的一切獲利手法符合道德規範的約束，使自己養成遵守道德規範的習慣，並懂得自己行為中涉及的種種道德問題。

財富不是衡量幸福的唯一標準

很多人習慣將金錢多少，作為衡量自己幸福的標準，例如：現在很多人把賺錢當做自己唯一的追求目標，似乎有了錢就有了一切。更有一些年輕女孩，把嫁入豪門當成是自己唯一的目標，在物質生活面前，愛情、尊嚴統統可以拋棄不要。

金錢真的有這樣的魔力嗎？當你把金錢作為衡量幸福的唯一標準時，你所有的煩惱，都會和金錢有關。其實，在人們追求幸福的過程中，金錢只在這裡面充當了一個很小的角色。

一個人獨自到沙漠去尋寶，在沙漠中遇到了沙塵暴，他的行李和事物都在沙塵暴中丟失了，在還沒有到達藏寶之處時，他已經又渴又餓，奄奄一息了。最後因為體力不支，倒在了沙漠中，在等待死神降臨的時刻，他向佛祖祈禱：「萬能的佛祖，求求你出現吧。」沒想到，佛祖聽到了他的召喚，立刻出現在他的面前，問：「年輕人，你需要什麼說明呢？」

「我只需要食物和水，哪怕只夠維持我的生命，其餘的我什麼都不奢求。」這個人說道。佛祖聽後，滿足了他的心願，給了他很多食物和水。精力充沛後，此人再次向沙漠深處走去，終於找到了寶藏，他連忙將衣服脫下來，把寶藏全部裝在自己的衣服中，然後滿足向回走。走到半途中，他再次因為飢渴而體力不支，他只好丟掉一部分寶藏，繼續前行。當身上的寶藏都扔掉時，他又一次倒在了沙漠上。

「萬能的佛祖，你能夠再出現一次嗎？」他再次禱告。結果佛祖又一次出現了：「年輕人，我只可以滿足你一個願望，你是要水和食物，還是要寶藏。」此人毫不猶豫回答：「我要水和食物，現在寶藏對我而言一點用途也沒有。」

當一個人因為飢餓掙扎在死亡線上時，擁有食物和水對他而言就是一種幸福。在這個世界上，不是所有的東西都可以用金錢來衡量，金錢可以買到寬敞的房子，卻買不到溫暖的家；金錢可以讓一個人身邊美女如雲，卻不見得能夠買到真正的愛情；金錢可以買到任何一種玩具，卻買不到快樂……金錢買不到的東西太多了，如果只把金錢當作衡量幸福的標準，那人生永遠不會快樂。

曾經有一個十分富有的員外路過一間破陋的茅屋，看見一個穿著充滿補丁衣服的人，正坐在茅屋外悠閒晒著太陽，嘴裡還哼著不知從哪裡聽來的小曲。

第五章　富足的人生要兼有內財與外財

員外想不通，一個人的生活都已經糟糕到如此地步，還有什麼可高興的呢？如果換做是自己，寧可選擇死，也不願意過這種生活。於是，員外停下來，問那個人：「你現在的生活很幸福嗎？」

「幸福啊！」此人回答。員外實在看不出他有什麼幸福，於是繼續問道：「哪裡幸福？」此人回答：「現在幸福。」

員外聽後，搖了搖頭無奈走了。對於這樣的窮人，他怎麼能夠了解幸福的含義呢？幸福應該是青磚紅瓦房百間，婢女家僕千人，出門轎子抬，美名無人不知不知無人不曉。然而，沒過多久，一場大火燒掉了員外的所有財產，樹倒猢猻散，婢女家僕統統離開員外另謀出路了。

可憐的員外孤身一人淪落為乞丐。一天，他再次經過那間破陋的茅草屋，窮人看到他乾裂的嘴唇，端出一碗水問他：「你認為什麼是幸福？」

員外眼睛盯著窮人手中的水，回答：「幸福就是你手中的這碗水。」

有多少金錢，並不意味著自己就能夠得到多少快樂，物質生活水準高，也不意味著生活就是幸福的。當你面對透支一空的快樂時，即使你付出你所擁有的財富的一百倍，恐怕也難以挽回了。

錢本身無罪，個人處理不好才有罪

有人說，金錢是萬惡之源，世界上最骯髒的就是金錢。實際上，金錢不過是商品交換的媒介，如果有一天商品交換不再需要金錢，它便不再具有任何價值。金錢沒有感情，沒有知覺，因此它不可能左右人的思想與行為。

真正影響一個人的是他的內心，他是否能在面對金錢時，把握分寸，做出正確的選擇，真正認識到金錢的作用。那些因為金錢而困擾，因為金

錢而成為拜金主義，甚至因為金錢而丟掉了身家性命的人，他們把所有的罪過都推到金錢身上，事實上，這只是他們沒有合理運用金錢的藉口。因此，面對金錢，貴在有一顆平常心，正確去對待金錢，運用金錢。

范蠡是越王勾踐的大臣，足智多謀，幫助越王打敗了吳王，成就了霸業。越王成功後，范蠡看出越王是能夠同患難，卻不能同富貴之人，於是選擇功成身退，一家人離開越國，到陶地做了一名商人。

陶地道路通暢，可謂是做生意的極佳地點，再加上范蠡的才能，沒過多久就累積了豐厚的資產，並且先後有了三個兒子。在小兒子剛剛長大成人後，范蠡的二兒子因為殺人被楚國扣押。在當時，凡是家有千金的犯人都不會在鬧市斬首示眾，因此，范蠡派自己的小兒子帶了一千鎰黃金去探望二兒子。大兒子知道此事後，頗為不滿，說：「我是家中的長子，現在二弟出了事，父親卻派小弟去解決此事。說明在父親眼中，我是一個不孝之子。」說完，便要自殺。其母見狀，連忙阻攔，並對范蠡說：「三兒尚小，不見得能擔此大事，不如還是讓老大去吧。」

范蠡無奈，只好同意讓老大去，並寫了一封信讓大兒子帶給自己在楚國的好友莊生，並囑咐道：「你到楚國後，把金子送到莊生家，一切聽從他的吩咐，千萬不要與他發生爭執。」得到老大肯定的回覆後，范蠡才讓老大上路。老大到了楚國，按照父親的囑咐，將父親的信和黃金如數送到了莊生家中。

莊生在楚國因廉潔正直而聞名，不管是國君還是平民對他都十分尊重，收到范蠡的金子後，他對自己的妻子說：「這是陶朱公（范蠡）的錢，你要收好，我們以後還要還給他，所以一分也不能動。」然後對范蠡的大兒子說：「你現在趕快離開，千萬不要留在這裡，即使在你弟弟釋放後，也不要問原因。」大兒子聽後，表面上滿口答應，實際上沒有真正離

開楚國，而是悄悄留了下來，並用自己另外帶的黃金賄賂了楚國的掌勢的達官貴人。

莊生為了解救范蠡的二兒子，找了一個機會進宮，見到楚王，以天象有變將對楚國有危害為由勸楚王實行德政，楚王對莊生的話深信不疑，決定大赦天下。被范蠡大兒子賄賂過的達官貴人立刻將這一消息告訴了大兒子，大兒子知道後，心想：既然國王要大赦天下，那就不用花那一千鎰黃金了，於是來到了莊生家，向莊生討要那一千鎰黃金。莊生見范蠡的大兒子沒有按照自己的計畫行事，十分生氣，認為自己的人格受到了侮辱，遂將一千鎰黃金還與大兒子，然後再次進宮求見楚王，並對楚王說：「現在，外面很多人都在議論陶地富翁朱公的兒子殺人後被關在楚國，他家派人用金錢賄賂君王左右的人，因此並不是君王體恤楚國人而實行大赦，而是因為朱公兒子才大赦的。」

楚王聽後大怒，於是下命令先斬掉范蠡的二兒子，然後再大赦天下。最後，范蠡的大兒子只能帶著弟弟的屍體回到陶地。回到家中，范蠡看著二兒子的屍體說：「我本意是讓小兒子去，因為他從小在富裕的環境中長大，金錢對於他而言，沒有什麼寶貴。而大兒子從小跟著我做生意，嘗盡人間冷暖，因此十分看重金錢，他肯定捨不得將一千鎰黃金拱手送人。哎，我日夜盼著的，也就是能夠見到二兒子的屍體了。」

為了一千鎰黃金而失信於他人，最後罔顧了自己親弟弟的性命，可謂是得不償失。財不聚集，是可恥的事，聚集後不知散財，也是可恥的事。

正如星雲大師教育我們：「懂得用錢的人，金錢是功德；不會用錢的人，金錢是罪惡。」正確的使用財富，財富才能發揮其積極的作用，為自己和他人帶來幸福。

富足的人生更需要節儉

節儉是中華民族五千年來的傳統美德，但現在人們似乎越來越不重視節儉，各種鋪張，浪費層出不窮。在人們的觀念裡，似乎節儉是小氣、吝嗇、摳門的代言詞。佛教一向崇尚節儉，他們認為節儉不但是一種美德，更是一種人生境界。

一日，朋友見弘一法師的毛巾因為用的時間太久，早已看出原本的顏色，於是買了一條新毛巾送給弘一法師，卻被弘一法師拒絕了，他說：「我這條毛巾還可以用，扔掉就可惜了。」朋友聽罷，只好將毛巾收回。

在普陀山居住期間，弘一法師每天早晨只吃一碗白粥，中午是一碗飯加一盤大眾菜，三十多年來，他已經習慣了這樣簡單的餐食，每次吃晚飯，他還會將碗舔一遍，唯恐浪費一粒糧食。如果看到他人浪費糧食，他還會訓斥道：「你是有多大的福氣，竟然這樣浪費。」即便是他的客人浪費，他都會這樣毫不留情指責。

還有一個得道高僧，他的徒弟因為吃到了不好吃的東西，而吐了出來，他什麼話也沒有說，默默將徒弟吐出來的食物撿起來，吃了下去。徒弟見狀十分慚愧，含著眼淚吃完剩下的飯，以後再也沒有浪費糧食。

也許有人認為，自己錢財很多，不需要節省；也有的人認為，自己一貧如洗，無從談節省。事實上，節省不分有錢還是沒錢，在佛教中，節省就相當於「惜福」，為自己累積功德，而不是單純的節約錢財。

星雲大師認為，節儉是獲得財富的一種途徑。這裡所指的財富不僅僅限於金錢，還包括時間、感情等一切能夠被我們擁有的東西，都值得我們去珍惜。因為人這一生的福報是有限的，如果只知道索取，卻不知道節儉，總有天會用完。就像我們在銀行存再多的錢，如果不知節儉，也有山窮水盡的時

候。做人是如此，管理一個家庭是如此，治理一個國家也是如此。

唐玄宗的三兒子李亨登基後，正是因為自身節儉的品，才令他坐穩了皇位，取得了不錯政績。

當初李亨做太子時，經常和唐玄宗一起吃飯。有一次，餐桌上準備了一些熟肉，裡面有熟羊腿，玄宗讓李亨把羊腿割開來。李亨就用手把羊腿分開了，因而手上沾滿了油，李亨便將手上的油擦到了旁邊放的餅上。唐玄宗看了有些不高興，覺得李亨有些浪費，結果李亨拿起了餅，有滋有味吃了下去，唐玄宗又高興了起來。

後唐玄宗去世，李亨繼位，正趕上天下不太平的時候，先後經歷了「安史之亂」、「宮廷政鬥」，他的處境可謂是內憂外患，日子沒有一天安寧。好在他不貪圖享樂，為人又節儉，才能使國庫充足，攘外又安內。

李亨手下的愛將郭子儀比李亨更加節儉，他經常讓人把書皮邊上多餘的紙裁下來，日積月累攢著，看完的公文之類的，也從不隨便丟棄，一併攢起來，等到年底，裝訂成冊子，繼續使用。

郭子儀因為節儉的秉性深得皇帝的喜愛，有此慘遭陷害，都是因為他節儉化險為夷。據說，郭子儀家的大門從來不關，一是為了證明自己十分節儉，家中沒有值錢的物件，二是證明自己對皇上忠心一片，沒有任何私心。

懂得節儉，我們的形象也會隨之而高尚，生命也會因為節儉而得到延長，因為時間就是我們的生命，我們珍惜時間，也就等於珍惜了生命。越是富足的人生，越要懂得節儉，越是節儉，人生也會越富足。

外財固然好，內財更微妙

　　星雲大師認為，一個人擁有財富是一件好事，但是比外在的財富更重的是擁有內心的財富，內心富有，是為真正的富有；內心貧窮，有再多的財富也是枉然。用中國古代的哲學家的觀念來說，就是貴為天子，未必是貴；賤如匹夫，不為賤也。

　　從前，有一位國王善心大發，命人將宮裡所有的黃金打碎，然後昭告天下，凡是有修道之人來到這個國家，每個人都可以來皇宮拿一把黃金。消息一經傳出，很快便被天下人得知，不久就傳到了佛祖釋迦摩尼的耳朵裡。

　　佛祖十分高興國王具有一顆樂善好施的心，但同時又惋惜國王只知形相上的金錢布施，而不知根本解決自性真如。於是，佛祖化身為修道者，來到了皇宮中化緣，當著國王的面，拿了一把黃金，轉身便走，沒走幾步，又折了回去，將黃金放下，嘆了口氣，準備離開。國王將這一切看在眼中十分不解，問道：「這位高僧，為何又把黃金放下呢？」

　　佛祖聽後，雙手合十回答說：「我乃是一個逍遙自在，不為物役的雲水僧，所以從來不為金錢所累。倘若我拿了這把黃金，蓋房子又不夠，放在身上又覺得不安全，想一想，還是不要的合適，所以又放了回去。」

　　國王認為此話很有道理，就問：「那你蓋一棟房子，要多少黃金呢？」「三把足矣。」佛祖回答。國王心想：這位高僧遠道而來，那就讓他拿三把黃金吧。得到了國王的允許後，佛祖拿了三把黃金，然而他又像上次一樣，剛剛轉過身，就再次將黃金放回了原處，然後說：「還是還給你吧，我不要了。」「為什麼又不要了呢？」國王不解問。「我又想了一下，三把黃金可以蓋一座房子，但是房子蓋好後只有我一個人住，萬一我遇到了病

第五章　富足的人生要兼有內財與外財

痛，沒有人照顧我，看護我；修道時遇到了困難，也沒有人和我一起同修共參。這樣的生活又有什麼意思呢？既然要蓋房子，就應該多蓋幾間，多找些人來住，這樣的話三把黃金就不夠了，所以還是不要了。」佛祖回答。

起初，國王認為佛祖有些貪心，轉念一想後，又認為他沒有只想著自己，還為其他人著想，實在難能可貴，於是問道：「那你需要多少黃金？」佛祖伸出五根手指頭，說：「五把就夠了。」國王點點頭，說：「好吧，成全你。」既然國王同意了，佛祖也毫不客氣，伸手便拿了五把黃金。然後向國王道過謝後，轉身離開。走出去一段距離後，又轉身回來，將黃金放在了原來的地方，對國王說：「我又想了想，還是不要了。」國王聽了，驚愕得站起來，問：「什麼！五把黃金還不夠嗎？」「是啊，雖然蓋了大房子，但是住了那麼多人，我們每天要吃飯，要穿衣，如果有人生病了，還要有醫療費用，五把黃金只能坐吃山空，怎麼能夠呢？」佛祖不緊不慢回答。

「那你究竟要多少才滿足？」國王強壓著內心的怒火問道。「我想七把應該足夠了吧。」佛祖回答。「那好吧，允許你再拿七把，這一次不要再貪心了。」結果片刻後，佛祖又將七把黃金放了回去，搖著頭說：「不要了，我還是不要了。」

這一次，國王再也無法控制內心的不滿，氣沖沖站起來，指著佛祖說：「豈有此理！難道你是要我把所有的黃金都給你嗎？」佛祖臉上毫無懼色，依舊用平和的語氣說：「陛下，就算是你把所有的黃金都給我，我也不會要了。」佛祖的話激怒了國王，「那你究竟要什麼？」國王有些氣急敗壞問道。

佛祖微微一笑，說：「身體穿上衣服，才顯得莊嚴，心要由道德、慈悲的衣服來莊嚴；身體靠吃飯食菜來維持，而這個心要以真理、佛法、禪悅為食；身體要住房子，心也要住房子，要住在永恆的真理裡面，住在不

生不死的地方。身體需要同參的照顧，心也需要共修的道友；無顛倒，無痴妄，無系縛，無一切執染，自然近道。」

國王聽了這一席話，幡然領悟，一個人擁有再多的財富，也不過是養了個早晚都要埋進土中，化作肥料的皮囊而已，對自己的心毫無作用。人修身固然重要，更重要的修心。看著國王若有所思的樣子，佛祖認為自己已經達到了目的，於是變回原本的面目，微笑著離開了。

外在的財富可能會隨著外界環境的改變而改變，可能因為各種意外而消失不見，但是內心的財富卻是任何人都拿不走的。

不要讓金錢束縛了自由

星雲大師認為，修道之人，不要追求過多的物質生活，這樣才能把主要的精力都放在道業上。所以，通常一個禪者身上所穿的衣服，用的被單加起來只有兩斤半。而世俗中人認為自己的物質生活用品累積得越多越好，殊不知，在累積物質生活的同時，也累積下了心靈的束縛。

有一個商人，生意十分興隆，累積下了不少的財富，雖然他請了很多帳房先生，但是仍舊會自己把每日的帳目再算一遍。隨著生意越做越大，帳目也越來越多，他每天都要算到半夜。白天還要早早起來料理生意，因為他怕夥計們偷懶，影響了他的盈利。

晚上算帳，白天又一刻得不到休息，因此他每天都感覺很累。更折磨人的是，他每天躺在床上，還會想第二天的生意，一想到第二天又有許多銀子進帳，他就興奮到睡不著。每當此時，他都能聽著隔壁那家窮人歡樂的笑聲，心中十分羨慕，一邊搖頭一邊嘆氣說：「他們每天只賺那幾個銅板，日子卻過得如此瀟灑和快樂。而我每天賺這麼多錢，除了累，就是擔

心，還不如他們窮人。」

我們為了活著而賺錢，不是為了賺錢而活著，當金錢已經成為一副枷鎖將我們緊緊拴住時，我們就要及時擺脫金錢的控制。

一個城裡人和村裡人是十分要好的朋友，一天，村裡人寫信給城裡人說：「親愛的朋友，許久不見，十分想念你。有空請到我家來做客，我保證你能夠享受到鄉間最美麗的風景，品嘗到最新鮮的蔬菜和果實，過著最悠閒自在的生活。」

城裡人接到信後，高興前往鄉下。村裡人看到好朋友後，十分開心，立刻將自家產的水果端上來，請城裡人品嘗。城裡人卻不甚稀罕，說：「這裡哪有你說的那麼好，你怎麼能在這裡過這種清貧的日子呢？還是你和我回城裡吧，讓你見識一下什麼是好生活。」村裡人欣然答應了。

到了城裡，村裡人住在豪華、乾淨的房間裡，唏噓不已，想像自己的破草房，冬天擋不住風，夏天還會漏雨，每天還要在地裡從早忙到晚，想到這些，村裡人覺得自己簡直太可憐了。

但是住了幾天，村裡人厭倦了這種生活，因為在城裡，即便是在自己家中，也要十分小心，因為那些傢俱都十分高級，不能碰到或是刮傷；吃飯時不能發出聲音，連勺子碰到碗底的聲音都不可以；每天睡覺前，還要檢查所有的門窗是否鎖好，唯恐被賊惦記。終於，村裡人提出要回到鄉下生活，雖然鄉下的生活清貧了些，卻自由和快樂。

什麼是美好的生活？是家財萬貫嗎？是住在金屋銀屋嗎？都不是，美好的生活是隨心所欲的生活，是沒有任何牽絆的生活。

一個漁夫終日以打魚為生，每天早早起床，捕夠了足夠生活的魚，他就躺在甲板上曬太陽，悠閒吹著口哨，做著美夢。

一個商人經過與此，見到如此生活如此閒散的漁夫，便問道：「你每

天打多少魚？」漁夫回答：「打夠一天吃的魚。」「你為什麼不多打一些呢？」商人不解問。「我為什麼要多打一些呢？」漁夫反問商人。

「因為那樣你就可以拿到集市上去賣，賺了錢換大船，打更多的魚，然後批發到各地。然後就可以開加工廠，只做魚子醬、魚罐頭，然後你就成為了這裡最富有的人，沒有人敢瞧不起你，接著你就可以離開這裡，搬到繁華的大都市去住。」商人說。

「這樣做又是為了什麼呢？」漁夫問。

「為了老了以後，每天晒著太陽釣著魚，躺在甲板上做美夢啊！」商人回答。

漁夫聽後，笑著說：「我現在過得不正是這種生活嗎？」

一個與世無爭的心態，才能體會到生活中那些簡單的快樂，人生變得簡單了，快樂也就隨之而來了。

金錢是可以滿足物質生活的要求，卻不能滿足心靈的需求，金錢帶來的物質生活越豐厚，對心靈的虧欠也就越多。在乎心靈自由的人，是不會在乎自己擁有多少金錢，更不會缺少金錢而擔憂，為得到金錢而欣喜。

人生不可太安逸，驚濤駭浪才有趣

安逸的生活是我們嚮往的，短暫的安逸生活能使我們得到休息和寧靜。但長期安逸的生活，會使我們感到寂寞，感到沒事可做，往往會失去理想。

假如將一隻青蛙突然扔進滾熱的水中，青蛙會一躍而出，逃離險境。但如果將青蛙放入冷水中，然後將冷水逐漸加熱，青蛙就會一邊享受暖暖的愜意，一邊失去危險來臨時的警惕，最終燙死在熱水中。

第五章　富足的人生要兼有內財與外財

人也是如此，如果處於安逸的環境中，就會失去憂患意識，無法預知危險的來臨，或者說無法在危險來臨之前，做充分的對抗準備。

闖王李自成自小耕作於田間，明朝末年，他首先攻進北京後，還以為天下已經太平，推翻明朝統治的大業已經鑄成，所以在京城中過起了歌舞昇平，天天過年的生活。他一邊做著當皇帝的美夢，一邊命人修造府邸，完全忽略了當時的緊迫形勢。於是，在明軍武裝捲土重來，清兵入關時，他帶領的起義軍輸得一敗塗地。

李闖王就是「死於安樂」的最典型的例子。與他恰恰相反是春秋時期的越王勾踐。當年勾踐被吳國囚禁，在艱苦的條件下，他臥薪嚐膽，養精蓄銳，終於達到了能夠和吳國抗衡的力量，於是一舉成為一代霸主。使勾踐奮發的，是亡國的屈辱，是復國的困難重重，如果沒有這些，也沒有後來的勾踐。

因此，人生要多一些磨難，多一些驚險，不要太過安逸，否則就會腐蝕了人們的靈魂，使人們逐漸變成一具行屍走肉。

一個人死後獨自走在通往閻羅殿的路上，路徑一座富麗堂皇的宮殿，他忍不住好奇進去觀看，只見裡面裝修十分別致，人們的生活也十分愜意。正當他「嘖嘖」讚嘆時，宮殿的主人出來了，邀請他住下來，並問他對未來的生活有什麼要求。

此人回答：「我辛苦勞累了一輩子，如今死了，只想過些安逸的生活，不要再每天工作了。」主人爽快答應了他，說：「那這個世界上，再也沒有任何地方，比這裡更適合你。這裡的房間隨便你挑選，這裡的山珍海味隨便你品嘗。」

剛開始的一段時間，此人每天不是吃飯就是睡覺，他從未享受過這樣的安逸，喜歡不得了。可是時間一長，他就覺得有些空虛了。山珍海味吃

得沒有味道，覺也睡得再也做不出美夢。他找到宮殿的主人，說：「這種每天吃吃睡睡的日子太無聊了，能給我找些事情做嗎？」主人說：「對不起，這裡沒有任何工作。」

於是此人又堅持了幾個月，最後感覺自己快要瘋掉時，他再次來到宮殿主人的面前，說：「我實在受不了了，我寧可下地獄，也不願意再過這樣的日子了。」宮殿主人聽後，臉上露出輕蔑的笑容說：「你以為你進了天堂嗎？這裡本來就是地獄。」

可見，安逸的生活比刀山火海還可怕，如歐陽修所說：「憂勞可以興國，逸豫可以亡身。」險惡的環境中，人們才會打起十二分精神去奮鬥；安逸的環境只會挫掉我們身上的銳氣，最終成為溫水中的青蛙。

如果此刻的你正身處富足的生活中忘乎所以，就一定要警惕了，不如找個機會讓自己過幾天清貧的日子，以振奮下自己的精神，免得在安逸中失去了前進的方向；而如果此刻的你正處在生活的磨礪中，也大可不必灰心，你現在所有的努力，總有一日會得到回報。

第五章　富足的人生要兼有內財與外財

第六章

交友講隨緣，成功離不開好人緣

在人世間，擁有朋友最快樂

　　有人曾說：在這個世界上，比沒有錢更難過的事情就是沒有朋友。朋友，確實是我們人生中不可缺少的一部分，沒有朋友的人生是孤獨的、是蒼白的、是殘缺的。真正的朋友就像是一種稀少資源，能夠擁有就是一種幸運，一種快樂。

　　古往今來，描述友情的詩句多不勝數，例如：「海內存知己，天涯若比鄰。」、「君子之交淡如水。」、「勸君更盡一杯酒，西出陽關無故人。」……都是膾炙人口的詩篇。同時，還有許多流傳至今的故事，例如：伯牙絕弦。

　　伯牙是戰國時期晉國的上大夫，春秋時期十分著名的樂師，琴藝高超，被人們尊稱為「琴仙」。一天，伯牙在彈琴的時候，幻想著做自己正在登高山。琴聲被鐘子期聽到後，鐘子期讚嘆道：「先生的彈得真好啊！只聽琴聲，我的眼前就出現了一座巍峨的大山！」接著伯牙又想著一望無垠的大海，鐘子期又說：「妙啊，這琴聲實在是太妙了，讓我彷彿置身於波濤洶湧的海邊！」

　　不管伯牙在彈琴時想到什麼，鐘子期都能從琴聲中領會到伯牙所想。有一次，他們二人結伴去泰山遊玩，途中突然天空下起了暴雨，他們只好來到一塊大岩石下面避雨。行程被大雨打斷，伯牙心裡感到很悲傷，於是拿出隨身攜帶的琴彈奏起來。開始彈綿綿細雨的聲音，後來又彈大山崩裂的聲音。每次琴聲有所轉變，鐘子期都能體會到伯牙內心的感受，也不禁跟著傷感起來。一曲終罷，伯牙放下琴感嘆說：「你真是我的知己啊！無論我心中想什麼，你都能透過琴聲體會出來。」

　　離別後，他們約定來年的中秋在江邊相見。第二年中秋，伯牙早早來

到江邊，卻遲遲不見鐘子期的身影。伯牙四處打聽後，才知道，鐘子期已經因為染病離開了人世，臨終前交代要把自己的墳建在江邊，這樣就能聽到伯牙的琴聲了。

伯牙聽後悲痛萬分，來到了鐘子期的墳前，彈奏了一首《高山流水》後，就在鐘子期的墳前將琴擊碎，說道：「在這個世界上唯一的知音已經不在了，我還彈琴給誰聽呢？」

我們是否也擁有伯牙和鐘子期之間一樣真摯的友情呢？如果擁有，此乃人生一大幸事。星雲大師認為，朋友可以分為四種，即：

- 有友如華。
- 有友如秤。
- 有友如山。
- 有友如地。

如華的朋友，就像是一朵鮮花，盛開的時候，戴在頭上，枯萎的時候，扔在地上；如秤的朋友，以輕重為標準，重要則近，不重則遠；如山的朋友，似一座寶藏，有取之不盡的好處；如地的朋友，就像土地滋潤著萬物一樣，時刻滋潤著我們，與我們在相互影響的情況下，相互勉勵，共同成長。

在這一生中，我們會遇到各種各樣的人，認識不同的朋友，不管是哪一種，我們首先都應該感謝上天賜了一個朋友給自己。然後，再針對不同的朋友，選擇不同的對待方式。

如華的朋友，在我們顯貴時，把我們視為貴人，視為他的驕傲，逢人便講，當我們平凡時，就避之不及，裝作不識。佛陀告訴我們，對待這類朋友，不必討厭他，但也不宜深交。

第六章　交友講隨緣，成功離不開好人緣

如秤的朋友，在我們名利雙收時，極度吹捧，諂媚奉承。當是當我們失意落魄時，他們便將我們視為牛糞，隨意踐踏，落井下石。對於這樣的朋友，不可招惹，也不可交往。

如山的朋友，能夠給予我們很多幫助，使我們獲益匪淺，對待這樣的朋友，要視他們為榜樣，向他們學習。

如地的朋友，時刻給我們最貼心的關愛，豐富我們生命的內涵，對於這樣的朋友，要以誠相待，好好珍惜。伯牙和鐘子期之間的友情，如山如地，是友情的至高境界，所以更要加倍珍惜。那麼我們怎樣做，才能讓友情猶如不滅的燈火呢？

在寺院中，一個小和尚坐在臺階上發呆，師父走到他的身邊問：「還有未了的塵緣嗎？」小和尚回答：「我想念我在塵世的朋友，師父，是不是出家人不能有朋友呢？」師父聽後，笑著對小和尚說：「出家人看淡一切，不是沒有友情，而是用淡然的態度去對待友情。所謂『君子之交淡如水』，越是真摯的友情，越是像水一樣永遠那樣清澈透明，即便是相隔天涯海角，永生不見，也不會因為時間和距離而淡忘。」

「可是，我出家不能經常陪在朋友身邊，我很怕因為他會因此忘記我。」小和尚傷感回答，似乎朋友已經忘記了自己。「友情之間不是朝夕相處，你打架，我幫架，你受了委屈，我替你出氣就能永久，而是要遵從四攝法相處。」師父緩緩說道。

「四攝法？這是什麼法呢？」小和尚不解問。「四攝法就是：布施、愛語、同事、利行。布施是指相互幫助，不管是物質上還是精神上；愛語是在對方難過失落的時候，說一些鼓勵、讚嘆的話語；同事是指站在對方的立場上，設身處地為對方著想；利行則是指對待朋友要真誠，不要存有私心，相互忍讓，相互信任。」師父回答。

　　真正的友情就是深埋在土中的寶藏，只要我們不忘記，並用心呵護，就會成就。選擇了對的朋友，可以快樂一生，珍惜來之不易的友情，才能在有限的時間裡，獲得更多珍貴的友誼。

被人利用其實是一種享受

　　說到被人利用，恐怕是所有人都不願意發生的事情，甚至有人在被利用後，還會產生仇恨和報復的心態。然而在人際交往中，相互利用是不可難免的事情，我們可能隨時隨在全然不知的情況下，成為了別人的一顆棋子。

　　其實被人利用了，大可不必感到羞恥，星雲大師認為：被人利用也是一種享受。為什麼這樣說呢？因為人和人之間沒有永遠的朋友，也沒有永遠的敵人，只有永遠的利益，說得直白一些，人和人之間都是一個相互利用的過程，當一個人能夠被他人利用時，只能印證一個事實，就是這個人有存在的價值。正如常言所說：「不怕被利用，就怕我沒用。」確實是這樣，別人的需求，決定著我們的價值，所以被利用不見得是一件壞事。

　　一個學生在還未學成畢業時，就想要提前步入社會，因此他把所有的心思都用在了找工作上，為了能夠找到好一點的工作，他開始走後門、拉關係，不放過任何一個面試的機會。但是卻收效甚微，連續面試幾次都失敗了，但他卻沒從失敗中學到任何的教訓。同時，學業也因為久不溫習而逐漸荒廢。

　　學校的老教授知道他的事情後，語重心長對他說：「你還是一個學生，現在的任務是好好學習，不要整天為了找到一份好工作而東奔西走。」學生卻聽後，反駁道：「您不是常說實踐是學習的最終目的嗎？如果我現在

就能找到一份好工作，那我為什麼還要學習呢？」

對於學生的回答，老教授搖了搖頭，卻也沒有再說什麼，而是將他帶回了自己的辦公室，從辦公室的抽屜裡拿出一個精緻的盒子，盒子裡裡面裝著許多珠子，然後對學生說：「這些珠子都是我精心收藏的，我可以無償送給你一顆。」說完，從盒子裡拿出一顆珠子，對年輕人介紹了這顆珠子的顏色、光澤等，說得天花亂墜，但學生一眼就看出那個珠子遠不如教授說得好，甚至像一個仿造拙劣的次品，這樣的珠子要它來有什麼用呢？

老教授見學生似乎並不喜歡這顆珠子，於是又拿起另外一顆珠子作了一番介紹，但是學生仍然沒有要。老教授又接連介紹了幾顆，學生沒有看中一個。老教授只好笑著將盒子給了學生，說：「想要哪顆珠子你自己挑吧！」年輕人接過盒子，毫不猶豫從其中拿出一顆，那是盒子裡唯一一顆珍珠，然後說：「我要這顆。」

老教授拍了拍學生的肩膀說：「你很會挑珍珠，但是別人也會。假如你只是一顆普通的玻璃珠子，你怎麼推銷自己都沒用；但如果你是一顆珍珠，別人不用挑，自然一眼就會選中你。」

如果我們是顆普通的玻璃珠子，只會被人棄之一邊；但如果我們是一個珍珠，就能夠為他人帶來許多利益，自然會被人搶著利用。同樣的道理，我們也只不會選擇那些對我毫無用處的東西。就像沒有人會去踢一條已死去的狗，因為去踢一條死狗浪費了自己的時間、力氣，而那條死狗不會有任何的反應。選擇朋友也是如此，如果一個人身上沒有任何可以利用之處，那麼他勢必沒有一個朋友。因此，我們想和一個人成為朋友，那麼我們必須能夠提供某種利益，滿足他的某種需求，這樣彼此之間才能建立親密的關係。

恐怕相信情感是純潔無瑕的人會對此種說法嗤之以鼻，他們認為利用

朋友是一種卑鄙的手段，是對友情的褻瀆。事實上，這是一種感情的誤解，利用是相互的，並不見得是一個人對另一個人的愚弄。當自己感到難過悲傷時，會找朋友傾訴，得到朋友的安慰時，悲傷便會減去大半。這個過程難道不是一個利用的過程嗎？我們利用朋友的安慰，使自己擺脫痛苦；朋友利用安慰我們，實現自己作為朋友的價值，要知道被人需要也是一種幸福，能夠獲得相應的成就感。

真心朋友不是絲毫沒有一絲利用的關係，而是在不會以傷害他人來獲取自己利益的朋友。沒有一絲利用的關係很難維持，因為一個人不可能對另一個人無怨無悔單方面付出一切，換做是自己都很難做到，又怎麼能去要求其他人做到呢？人與人之間只有相互利用，才能相互依存，只有允許自己被他人利用，自己才有理由去利用他人，不能被他人利用，自然也沒有資格去利用他人。所以，被人利用不是恥辱，而是一種肯定。

正如一句話所說的：「人生就像一塊地，被人唾棄和踐踏，但還是應該高興自己能夠被唾棄和踐踏。

想幸福，就要讓仇恨遠離自己

人與人之間相處，難免會出現摩擦，引致內心生出怨恨，產生誤會。有的是因為吃了虧，有的是因為話不投機。仇恨，是侵蝕友情的罪魁禍首，很多曾經是摯友，卻因為仇恨變成不共戴天的敵人。

星雲大師認為，仇恨、怨心都是不詳之事，應該化解為上策。仇恨要怎麼化解呢？有人認為以牙還牙是最公平的做法，即仇恨化解仇恨；有人則認為，以德報怨，用慈悲之心化解仇恨。不同的認知，會導致不同的結果，究竟哪一種才是最好的辦法呢？

很久以前，一個十分有錢的人家的太太沒有生育能力，但是夫家不能後繼無人，為了彰顯自己的賢慧，她親自張羅，為丈夫選了一名妾侍。這名妾侍年輕美貌，丈夫甚是喜歡，這讓太太心裡很不舒服。沒過多久，妾侍就懷孕了，太太想：若是讓這個孩子順利產下，自己今後在夫家更沒有地位了。於是她在妾侍的飯菜中放了墮胎藥，妾侍吃過就流產了。

妾侍第二次懷孕後，她又採用同樣的方式，使妾侍的孩子沒有保住。妾侍漸漸明白了自己兩次流產的原因，於是在第三次懷孕後，沒有與人說起，但最後還是被太太察覺了，太太再一次不動聲色在飯菜中下了墮胎藥，這一次因為懷胎時日已多，妾侍因為流產死掉了。太太假裝在妾侍面前悲痛欲絕，不知情的人看了，還以為是太太的親姐妹死掉一樣。而妾侍的亡魂卻因為死不瞑目而心懷怨恨，她暗自發誓，永遠都不會饒了太太，以及她所生下的孩子。

幾度輪迴，太太投作魚，妾侍就投作水鳥；太太投作麋鹿，妾侍又投做豹子。後來，太太投做一個官宦家庭的大小姐，嫁到了皇宮成為了皇帝寵愛的妃子，不久就誕下龍子。這時，妾侍投胎成為食人的妖怪，變身成為宮廷的法師，借著做法的名義追殺太太和她的龍子。太太十分害怕，抱著龍子逃出了皇宮，妾侍緊追其後。

路過一處寺廟時，太太看到廟中一位高僧正在宣揚佛法，於是立刻跑進去，希望能夠得到佛祖的庇護。妾侍追到寺廟外，因為自身是妖怪，所以不得入內，只好在廟外咆哮，發誓要吃掉她們母子，連骨頭也不剩。

高僧遂問太太她們之間的恩怨，太太從第一世開始，一五一十把情況稟明了高僧，高僧聽後，嘆了口氣，說：「冤冤相報何時了，仇恨必須要化解了，才能消失。」說完，他施法讓妾侍也來到了佛堂前。然後對她們說：「恨只能讓仇恨越來越深，唯一能夠化解仇恨的只有友情。」高僧的

一番勸解，讓她們找到了這麼多世都不曾快樂的原因，於是，她們終於原諒了對方。

如果用仇恨化解仇恨，那仇恨就是一個無限循環，永遠沒有停下來的時候。人雖然沒有輪迴，不會帶著仇恨投胎轉世，但是仇恨會影響下一代，歷史上國與國之間的廝殺，父債子還，為父報仇的悲劇，不都是仇恨的延伸嗎？佛說：「應以慈惠戰勝嫉忿，以善勝惡，以布施勝自私，以真實勝虛誑。」化解仇恨，讓仇恨停止的方式只有仁愛。

一個小和尚在挑水回來的途中，不小心踩到一條蛇，蛇立刻反擊，咬傷了小和尚。小和尚回到寺院處理好傷口後，就拿起挑水的扁擔，準備打死那條咬傷他的蛇。

這一幕被正在參禪的智慧法師看見，他叫住了怒氣衝天的小和尚，問道：「你準備去做什麼？」

「師父，弟子被一條蛇咬了，我要去報仇。」小和尚回答。

「哦，那你是在哪裡被咬的？」智慧法師問道。

「就在寺院後山坡的草地上。」小和尚說。

「你的傷口現在還痛嗎？」智慧法師接著問。

「現在已經不痛了。」小和尚如實回答。

「既然已經不痛了，你為什麼還要去打牠呢？」智慧法師問小和尚。

「因為牠咬傷了我，我恨牠。」

「牠咬傷了你，你就恨牠。而你踩到了牠，牠咬了你，也是恨你的表現。你是人，牠是動物，牠不懂得放下仇恨，你也不懂嗎？」智慧法師說。

「就算我放下對牠的恨，也非要打死牠不可，這樣才能避免別人不被咬傷。」小和尚振振有辭說。

「你的仇恨還是沒有化解。世人對待仇恨通常有三種方式：一種是記在心裡，等於在自己心裡種了一棵仇恨的種子，隨著種子生根發芽，自己終日生活在恨意帶來的痛苦中；第二種是選擇忘記，這等於在自己心中種下鮮花的種子，花開後，自己能夠享受到快樂；第三種是選擇和仇人和解，主動原諒對方，相當於摘下內心的花朵，戴在對方的頭上。當你能夠做到第三種境界，你就和聖人相差不遠了。」

小和尚聽後，陷入了沉思中。一個月過後，寺院後山坡的草地上出現一條蜿蜒的小路，因為高於地面很多，再也沒有人被草地中的蛇咬傷。

許多痛苦的根源，就在於人們放不下內心的仇恨，似乎是在懲罰傷害自己的人，而事實上卻是早懲罰自己，因為恨一個人，最痛苦的終究是自己。如果做不到聖人的程度，就把一切交給時間，時間是證明和沖淡一切的良藥，讓時間來撫平仇恨，不要因為仇恨而斷送一段美好的友情。

朋友之間不能缺少信任

星雲大師認為，人與人之間最可貴的就是信任。小時候的快樂很多來自於我們單純的心靈，不管是任何人，只要能夠與我們一同玩耍，便能夠成為我們的朋友。然而，隨著年齡的增長，我們接觸的事情複雜了，於是很容易把原本單純的事情變得複雜化，交朋友也不似從前那樣簡單。

試想：如果我們身邊沒有一個可以說知心話的朋友，如果我們面對任何人都要帶上厚重的面具，這樣的人生怎麼會有樂趣可言呢？可以說，相互信任是成為朋友的基石。

在一個古老的國度中，一個叫做郅的年輕人因為失手打傷了皇親貴族，被國王處以死刑。在獄中，郅想到自己年邁多病的老母親，不禁痛哭

失聲，母親將他撫養長大，他還未曾盡過一點孝心，如果能夠在行刑前再看望母親一眼，也算是今生無憾了。

於是，郅懇求國王能夠允許他與遠在百里之外的母親見最後一面，以表達他對母親的歉意。國王被他的孝心感動，准許了他的請求。但國王也提出了一個要求，就是要郅找一個人來替他坐牢，這樣就可以避免他逃跑，看似簡單的要求，但卻那麼難以做到。因為這是性命攸關的事情，也許還會因此而成為替死鬼。

正當郅為此而煩惱時，郅最好的朋友蒙來獄中看望他，得知這一切後，蒙當即表示願意替郅坐牢，讓郅能夠回到家中看望母親。蒙的舉動引起了全國上下的騷動，人們紛紛表示蒙一定是瘋了，否則怎麼會做出這樣瘋狂的舉動，幾乎每個人都在等著看蒙被騙上斷頭臺的結局。

日子一天天過去，行刑的日子越來越近，而郅卻一直不見回來，老百姓們開始為蒙祈禱，祈禱這個可憐的人在來世做人時，不要再如此輕信與他人。行刑的日子到了，郅仍舊沒有回來，蒙被推上了斷頭臺。此刻，有人罵他是「傻瓜」，有人對他投以同情的目光。但是在蒙的臉上找不到一絲慌亂，也找不到一絲悔恨，那神情就像他要奔赴的不是黃泉，而是家鄉。行刑的人員等到最後一刻，也不見郅歸來，只好將繩索套在了蒙的脖子上。就在這千鈞一髮之際，遠處忽然傳來了馬蹄聲，還有郅的聲音：「我回來了！我回來了！」

人們簡直不敢相信眼前的一切，郅渾身裹著泥巴，騎在一匹瘦弱的白馬上，一路揮舞著手中的鞭子，出現在了眾人的面前。到了絞刑架前，郅一個箭步沖上去，與蒙緊緊擁抱在了一起。

最後，郅被處死，在場的人無不留下深情的淚水，不是為郅的死，而是為郅和蒙那感人肺腑的友情。

為了朋友，可以將自己的生死置之度外，這是多麼深入骨髓的信任，正是有了這份信任，友情才堅不可摧。不要讓朋友間信任因為時間、距離而改變。假如把友情比作一棵樹，那麼這棵樹上，最美麗的果實就叫做 -- 信任。

　　有句詩說「海內存知己，天涯若比鄰」，有可以信任的朋友，哪怕只有一個，我們在成功路上都不再是單槍匹馬。

說話助人，一門永遠學不完的學問

　　人與人之間相處離不開交流，要交流就要使用語言，說話人人都會，可是要想把話說好，就不容易了。同樣的話，不同的人說出來，會產生不一樣的結果。一句話能成事，一句話也能敗事。

　　懂得說話技巧的人，往往僅憑著一張嘴，就能夠解決很多疑難問題，不但能夠為自己建立廣闊的人際關係，還能為他人提供幫助。

　　蘇秦是著名的謀略大師鬼谷子門下的學生，學成後，蘇秦將繼位不久的秦惠王作為自己的遊說對象，力勸秦惠王統一天下，然而秦惠王對他的建議並不贊同，認為秦國統一天下為時尚早，所以回絕了他。蘇秦為此大受打擊，回到家中後，便廢寢忘食學習，並結合當時的時局制訂了一系列的作戰方針。

　　再次做好準備後，蘇秦來到了弱小的燕國，將如何使燕國強大的計策告知了燕文侯，並強調唯有齊楚燕韓趙魏六國合縱聯手，才能對付強大的秦國。燕文侯聽後，對蘇秦的建議大家讚賞，出重金資助他到趙國，遊說趙王。趙王聽過蘇秦的一番言論後，頓時茅塞頓開，立刻將蘇秦封為武安君，賜予他數不清的財富，要他帶著到其他國家遊說。

此後，蘇秦開始周遊各國，憑藉自己的三寸不爛之舌，使得六國諸侯對他言聽計從，很快取得六國相印，過著榮華富貴的生活。在他執政的 15 年裡，秦國一直對六國有所忌憚，不敢進犯一步。

可見，會說話是一種社會生存技能，能夠使人處處順利，有時還能夠逢凶化吉。在人際交往中，能夠左右逢源，贏得他人的好感和信任，這樣的人不管到了哪裡都會受到歡迎。但並不是人人都具備能說會道的本領，對於不會說話的人而言，常常是多說多錯，不但幫不了別人，還會害了自己，說了不如不說。

但與人相處，免不了開口說話，南宋著名理學家朱熹說：「辭達則止，不貴多言。」意思是說，只要表達清楚了自己的意思就好，不必滔滔不絕說不停。佛門常教人們要「少說一句話，多念一聲佛」；維摩居士說：「一默一聲雷」；星雲大師也認為，話要謹慎說，才不會讓人覺得輕薄。話不在多，而在於是否貼心與恰當，是否能夠對人發揮實質性的幫助。這就要求我們做到以下四點：

- **在他人窘迫的時候為他人解圍**：當別人尷尬的境地時，不要取笑他，而是應該及時說一些幫助他解圍的話。
- **當他人感到沮喪時，給予對方鼓勵的語言**：有時候，幫助不一定是物質或是體力上的，言語上的鼓勵更加能夠振奮人心，令人信心大增。晉武帝剛剛稱帝時，曾占卜得到一個「一」字，這讓晉武帝心中十分不安，因為按照當時的說法，占卜得到的數字，就是帝王能夠傳宗多少代的數字，而且中國向來以三、六、九為吉祥數字，可是自己偏偏得了一個「一」字，恐怕是不祥之兆，大臣們也為此感到不安。
正當大家都束手無策的時候，侍中裴楷站了出來，對皇上說：「臣聽聞，『天』得一就清明，『地』得一就安寧，『神』得一就靈妙，『穀』

得一就充盈，『萬物』得一就化生，『君侯帝王』得一就天下統一，人民歸心。」短短幾句話，晉武帝立刻開懷大笑。

· **在他人感到迷茫的時候，給予提示性的語言**：一句提點的話，也許能夠為迷惑的人解開心中的謎團，有時還能讓人重新找到生活的希望。

· **當他人感到無助時，說一些支持他的話語**：無助的人自信心也隨之而下降，在這個時候如果能夠聽到一些支援自己的語言，對增長他們的自信心有極大的幫助。

所謂良言一句三冬暖，惡語半句六月寒，這就是話語的力量，想要學好說話助人這門學問，還需要我們不斷鑽研、不斷修習。

把朋友當作自己的一面鏡子

人們常說：「物以類聚，人以群分。」若想看一個人的品格如何，就要看他身邊的朋友。他身邊的朋友是什麼樣子，他大概也就是什麼樣子。

一個農夫到集市上買騾子，他挑中了一頭看起來比較健壯的騾子，賣主不停誇讚這頭騾子是多麼能幹，農夫耐心聽完，說：「能不能幹我自然會知道。」然後又說道：「如果這是一頭好吃懶做的騾子，我可要退還給你。」

賣主心想：他肯定看不出來，等他看出來的時候我早就回家了，於是爽快答應了。

農夫把騾子牽回自己的家中，然後把牠和其他的騾子安排在了一起，讓牠自己去尋找夥伴。只見那頭騾子在騾子群中轉了一圈又一圈，然後站在了一隻平時不幹活只知道吃的騾子旁邊。這個人見狀，立刻牽起這頭騾子回到了集市上，還給了賣主。

賣主很好奇問他：「你怎麼知道這頭騾子好吃懶做呢？」

這人就把自己鑒別的方法告訴了賣主。賣主有些不相信：「你這個方法可靠嗎？」

這人說到：「不必懷疑！以我的經驗，自己是什麼樣，就會選擇什麼樣的朋友。」

這就說明：朋友是我們的一面鏡子。我們可以透過朋友來審視自己，哪裡是優點，哪裡是缺點，然後從朋友的身上更好認清自己，所以要利用好朋友這面鏡子，以此來發現自己身上存在的不足之處。

每個人，或多或少都會有些朋友。有多少個朋友，就有多少面鏡子。當我們以那些優秀、勤奮，頗有成就的朋友作為鏡子時，可以學習他們的品德、覺悟、風範，提高自己的思想境界；可以從他們的奮鬥歷程中受到鼓舞和啟發，增強自己對人生、對生活的信心；還可以借鑑他們的成功經驗，運用於自己正在進行的事業和工作實踐。

齊國的宰相晏子，是一個身材短小，其貌不揚的人。而為晏子駕車的車夫則是人高馬大，儀表堂堂的人。車夫為自己能夠給宰相駕車而自豪不已，更何況宰相的身形樣貌不如他，而自己又坐在宰相的面前，這是何等的風光榮耀。

有了這樣一份差事，車夫日漸驕傲。有一天，車夫回到家中，看到他的妻子正在收拾行李，連忙上去問出了什麼事情。車夫的妻子一邊哭一邊說：「我實在無法忍受了，你只是一個車夫，就自認為了不起，趾高氣揚全寫在臉上。而晏子身為一個治國之才，卻那樣謙恭，毫不張揚坐在後面。你每天和晏子在一起，卻絲毫沒有將他作為你的目標。所以，每當看到你駕車時的樣子，我就覺得是一種恥辱。」

這件事傳到了晏子的耳中，晏子提拔了那位車夫，給他指派了更好的

工作。他人感到不解，做一個車夫都招搖至此，做更好的差事豈不是更加氣焰囂張？晏子回答說：「因為他有一個好妻子，有這樣的妻子在他身邊，時刻警醒著他，他會變好的。」

「以友為鏡」我們才能夠知道自己與朋友的差距在何處，才能夠將朋友作為參照物，時時鞭策自己，以他們為榜樣，提高自己。當我們遇到一些不如我們，甚至堪稱「損友」的朋友時，我們可以從他們失敗的教訓中，給自己敲響警鐘，在今後的生活中，遇到類似的狀況，就能夠避免。許多英雄最害怕的事情不是失敗，而是失去對手，因為沒有對手，就沒有了可以「照清」自己的「鏡子」，生活對他們而言，就是孤單而寂寞的。

同時，我們也是他人的鏡子。如果我們想成為他人眼中楷模，就要提高自身的能力，不管是事業上、還是道德上，都要高人一籌；如果我們不思進取，就很可能成為他人眼中的反面教材。儘管他人以我們為鏡，但是壓力卻在我們身上，時刻激勵著自己前進。

請客吃飯在交友中自有大乾坤

中國是飲食文化的大國，飲食文化源遠流長，在很多歷史文獻中，都有關於飲食的概述。可以說食禮是一切禮儀的基礎，經過孔子、孟子、荀子不斷完善，儒家思想的飲食之禮逐漸成為了文明時代的行為規範。

飲食發展至今，已經不再是單純的果腹之用，而是漸漸發展成為人際關係中不可缺少的調和劑。飯局中最著名的千古一宴的鴻門宴，完美展示了飯局文化的精深之處，劉邦透過鴻門宴轉變了自己被動的處境，使項羽放鬆了對他的警惕，為將來成就帝業蓄積了強大的力量。而項羽則在這場飯局中，失去了斬除劉邦的最佳時期，可謂是「成也飯局，敗也飯局」。

在現代社會中中，朋友之間增進感情需要請客吃飯，家中有紅白喜事需要請客吃飯，追求意中人也需要請客吃飯，請客吃飯已經成為開始一段感情以及增進一段感情的重要手段。正如俗話所說：「在餐桌上，比在會議桌上更容易解決問題。」可見，吃飯不但是交際應酬，也是求人辦事的好時機。

一個人家中辦喜事，準備宴請村中的父老鄉親到家中吃飯。請客那天，相親們都陸陸續續到了，但還有一部分沒有來。眼看開席的時間就要到了，此人心中不免有些著急，說道：「該來的怎麼還不來？」這話被旁邊的一個人聽到了，對方心想：他說這話的意思是我不該來了，於是起身便走了。此人一看人還沒到全，就又有人走了，不禁說道：「不該走的又走了。」眾人聽到這句話，心想：看來是該走的人是我們，於是便紛紛離開了。

說錯了兩句話，得罪了前來赴宴的所有人，可見請客吃飯不是簡單吃吃喝喝，而是自有一番乾坤在其中。星雲大師認為，請客吃飯時，賓客更加在意的是賓主的心意，而菜餚怎樣則位居其次。因此，賓主要格外注意請客吃飯時的相關事宜，只有做到面面俱到，才能使請客吃飯發揮有利的效用。

- **熱情比美味更重要**：想必大家都會有這樣的體會，在一場飯局中，如果主人始終是一副冷冰冰的態度，就會影響自己進食的心情，從而再美味的菜餚也會食不知味。
- **不要忽略環境的重要性**：雖然吃飯只會用到嘴巴和手，但卻是全身心的享受，所以，如果環境不好，我們的態度再熱情，菜餚的味道再美味，也會影響客人的心情。因此，在請客吃飯之前，最好先營造一個好的環境，例如，擺一些鮮花，保持空氣流通等，都可以讓賓客感覺到我們的用心良苦。

- **要使客人從中體會到快樂**：俗話說：「酒不醉人人自醉。」意思是說，不在於酒的好壞，而在於喝酒人的心情。吃飯也是如此，主要是讓客人體會到快樂，放一些音樂或說一些幽默的話語，都會令客人感到這是一場愉快的聚餐。

- **不可忽略客人的尊嚴**：被人邀請是被人尊重的表現，身為客人都會十分重視。因此，在宴席中，我們要使每一個客人都有賓至如歸的感覺，不要忽略或是冷落某一位賓客，這會讓對方感到十分尷尬，從而自尊心受挫。

- **讚美可使菜餚更加美味**：愛「美」之心人皆有之，沒有人不願意聽讚美之詞，如果我們能夠說一下讚美的語言，則會令客人十分受用。但需要注意的是，讚美之言不可胡亂說，要有一定的根據，否則就會有拍馬屁的之嫌。只有真誠的讚美，才會令人滿心歡喜。

　　總而言之，請客吃飯既要請得合情合理，又要讓人卻之不恭，受之還無愧，如果能夠達到相見甚歡意猶未盡，還想再一次相聚在飯桌上，就達到了請客吃飯的目的。

平常心看他人，人人都是好人

　　不同的人看相同的人，會得出好人和壞人的不同結果。有的人看好人是好人，看壞人也是好人，有的人看好人是壞人，看壞人還是壞人。原因就在於在評判一個人時，我們已經先將自己置身於一個立場當中，帶著有色的眼睛去看待他人，這樣怎麼能夠了解真正的對方呢？

　　一位妻子總是認為自己是最愛乾淨的人，自己的家也是最整潔的家。一天對面搬進了新鄰居，每天新鄰居都將洗乾淨的衣服掛在陽臺上。這位

妻子忍不住向丈夫叨嘮道：「這個女人一定很懶，衣服總是洗不乾淨。」丈夫聽後，看了看她並未作出相應的回應。

然而，妻子嘮叨的次數多了，丈夫不免感到厭煩。忽然有一天，妻子發現對面陽臺上的衣服乾淨了，於是連忙對自己的丈夫說：「謝天謝地，那個女人終於能把衣服洗乾淨了，否則我都恨不得替她去洗。」丈夫無奈搖了搖頭說：「不是對面女人將衣服洗乾淨了，而是我今天一大早，將我們家的玻璃擦乾淨了。」

當隔著一扇玻璃看人時，我們最好先看看自己的玻璃是否乾淨，不要把自身的污點加諸到別人身上。某種程度上，這扇玻璃代表著我們的內心，內心不能做到公正看待每一個人，自然也就不能客觀評定他人。

三國時期，東吳的孫權向來以善識人才著稱，周瑜死後，魯肅向孫權推舉龐統。起初，孫權很高興自己又得一人才，但是當他看到龐統後，卻不甚高興。因為龐統長相醜陋，橫眉短鼻，黑面短髯，再加上龐統不贊同周瑜的一些觀點，孫權便認為龐統只是一個狂士，沒有什麼大不了。

後來魯肅又為龐統說好話，稱讚其在赤壁之戰中曾獻連環計，立下了奇功，孫權卻依舊不為所動，並將龐統趕出江南。無奈魯肅只好又向劉備推舉龐統，結果劉備和孫權一樣，因為龐統的長相不願重用他，而是只讓其做個小小縣令。後來還是張飛了解了龐統的才能，極力向劉備推薦，劉備才將龐統提升為副軍師。

一向能夠慧眼識才的曹操也曾犯過這樣的錯誤，當年張松千里迢迢到許昌打算進獻計策給曹操時，曹操見其長相猥瑣，額鑱頭尖，鼻惬齒露，身短不滿五尺，言辭又激烈，便心生厭惡，不但沒有聽取張松的計謀，還將他趕出國門。還好劉備看出張松是個人才，並委以重任，最終取得了進取西川軍事上的優勢。

人們常常會因為一個人的容貌而斷定一個人的品行，這是以偏概全的做法，晉代學者葛洪曾說：「看一個人的外表是無法識察其本質的，憑一個人的相貌是不可衡量其能力的。」確實如此，有的人空有華麗的外表，卻腹內空空，而有的人其貌不揚，卻滿腹經綸。因此，在還沒有進行深入了解時，不要將自己的想法加在他人身上，從而忽略了他人真正的本質。

　　一日，一休禪師正在寺中打坐，一個衣著鮮亮的年輕人走了進來，用傲慢的語氣說：「我是京都高大人的信使，我們老人明天壽辰，請方丈明早到府上主持法事。」說完，還未等一休禪師回話，就轉身離開了。

　　第二天，一個衣著襤褸，渾身散發著臭氣的老乞丐出現在高府門前，守門的人看到了，連忙向哄蒼蠅一樣讓乞丐趕快離開。乞丐不但不肯，還說：「你們主人請我來的。」守門一聽嘲笑道：「你也不看看自己的樣子，我們主人地位何等尊貴，怎麼會請你來，趕快滾，否則我們不客氣了。」乞丐不肯走，還和門外的幾個人爭執起來，爭吵聲引起了高大人的注意，他出來看到是一個乞丐，厭惡說：「趕快將其趕走，不要弄髒了臺階。」傭人得到指令，蜂擁而上，連推帶搡，將乞丐趕到了街尾。

　　過了一會兒，從寺院方向抬出了一頂大轎子，轎子上坐著身披袈裟一休禪師。轎子到了高府門前時，高大人連忙出來迎接，不料一休大師卻拒絕進入廳堂，只是站在門廊中，說：「貧僧就站在這裡吧，不要弄髒了您的廳堂。」

　　高大人以為一休禪師在開玩笑，趕忙笑著說：「怎麼會呢？您是全國聞名的禪師，能夠光臨寒舍，高某不勝榮幸。」「是嗎？」一休禪師淺淺笑著說：「大禪師也和普通人一樣，一張皮囊而已，令你敬畏的，不過是我身上的袈裟而已。」說完，將袈裟脫下扔與高大人，轉身離開了。

　　星雲大師認為，只以眼睛和耳朵去辨別一個人，只能知其一，不能知其

二，為自己的六識所蒙蔽，是盲聾之徒的愚痴短見。佛教從不主張以貌取人，外表穿得如何高貴，除去衣裝後，每個人都是一樣的。我們要用平常心去看待一個人，這樣每個人在我們眼中才都是一樣的，沒有高低貴賤之分。

讓空杯心態做自己永遠的朋友

《尚書·大禹謨》中雲：「汝惟不矜，天下莫與爭能；予惟不伐，天下莫與汝爭功。」是說一個人不能驕傲自滿，這樣天下便沒有人能夠在他面前逞能；也不能炫耀自己，這樣就沒有能夠與他爭功。

星雲大師認為，在人生的道路上，自滿是阻礙自身進步的最大障礙。所以，應該讓空杯心態與自己形影不離。

一個沿街乞討的少年餓暈在一家寺院門前，被外出歸來的澄真大師撞見，於是連忙將其背進寺院中，餵以米粥。小乞丐清醒後，澄真大師見其聰穎勤快，便將其收留，為他剃髮沐浴後，小乞丐成為了一個小和尚。

每天澄真大師都會講一些佛法給他聽，小和尚頭腦十分靈活，接受和領會問題十分快，後來澄真大師又教他寫字念書，誦讀經文。小和尚每每學會幾個字，便會拿著筆到處亂寫，每懂得一些禪理，就會向其他僧人們炫耀。有時候，澄真大師為了鼓勵他，說一些誇獎他的話，他便更加洋洋得意，大肆炫耀。長此以往，他的前途必將毀於此。

澄真大師看在眼裡，心裡開始琢磨著怎樣改變和遏制小和尚這種行為和作風。一天，澄真大師得到一盆朋友送來的夜來香，小和尚在一旁看得歡喜，澄真大師便將這夜來香送給了小和尚，並叮囑他在值更的時候，注意觀察一下花卉的生長狀況。第二天一早，小和尚就抱著那盆夜來香一路招搖來到澄真大師面前，說：「師父，你給我的這盆花簡直太奇妙了。它

在晚上開放，香氣四溢，美豔絕倫，可是一到了早晨就合住了花苞⋯⋯」

澄真大師聽後，問道：「它開花的時候吵到你了嗎？」「沒有，當然沒有。」小和尚興奮回答說：「它開放和收攏的時候都特別安靜，靜得可以聽到針掉在地上的聲音。」「原來如此，為師還以為它在開花時候會炫耀一番呢？」澄真大師說道。小和尚聽罷，知道師父借花來教育自己，臉一下子就紅了，以後再也不會事事炫耀，心浮氣躁了。

我們若是像小和尚一樣，知道一星半點就洋洋自得，則永遠無法走到更深更遠的地方，這不僅僅是一個初出茅廬的新人應該注意的地方，不管取得了多大的成就，一旦自滿起來，都會得到同樣的結局。

五代十國後蜀第二任皇帝孟昶，16歲即位，愛好文藝辭賦，資質端凝，少年老成，個性果斷，除暴安良。身為一國之君，他衣著樸素，興修水利，注重農桑，實行「與民休息」政策。後蜀國國勢在他的管制下十分強盛，一度將北線疆土擴張到長安，可謂是一位勵精圖治的好皇帝。

各種歌風頌德的聲音傳到孟昶耳朵裡，他漸漸自滿起來，對政事不聞不問，將所有事宜都交由寵信王昭遠處理，自己則酣歌恒舞，日夜娛樂，為了打球走馬，搶占農民的土地；在生活上也日漸奢華，因為害怕夏天的暑熱，孟昶命人在摩訶池上，建築了水晶宮殿；他的寵妃喜歡牡丹花，他便開闢宣華苑，命人不惜重金收集牡丹花。

百姓的不滿聲此起彼伏，而孟昶卻只知吃喝玩樂，結果在與宋師的大戰中全軍覆滅，被宋師包圍，孟昶不得不投降，後蜀就這樣被北宋滅亡，次年，孟昶鬱鬱而終。

即使地位已經是萬人之上，如果太過驕傲自滿，也會招來滅亡的結局。不管什麼時候，對於誰而言，自負都是一種毀滅，會讓一個人逐漸走向失敗，使之前的一切努力付諸東流。同時，自負也是膚淺的體現，那些

學識豐富的人，往往都十分謙卑，所以他們才能不斷完善自己。

扁鵲醫術高明，是齊國著名醫生，齊國的國君要封扁鵲為「天下第一神醫」，扁鵲知道後，連推脫道：「臣不敢稱天下第一，因為我的兩個哥哥都比我醫術高明。」國君聽了很不解：「那我為何沒有聽說過他們呢？」

扁鵲答道：「我二哥扁雁能夠治大病於小恙，那些重大疾病只出現微小症狀之時，就能加以診斷並及時根治。所以他只是在家鄉的村裡小有名氣，村裡人知道有小毛病可以去找二哥。而大哥扁鴻的醫術更加出神入化，能夠防病於未然，只要看人一眼就可以判斷出這個人可能得什麼毛病，然後在其得病之前就及時治療。所以只有家裡人知道大哥的醫術高明，連村裡人都不知道大哥的水準。而我，既不能治大病於小恙，又不能防病於未然，等到我妙手回春時，病人已經病入膏肓了，所以我的兩個沒有名氣的哥哥才是神醫，而我只能做名滿天下的名醫。」

名醫扁鵲尚能如此謙虛，我們普通人更沒有資格狂妄自大了。當然，讓空杯心態做自己的朋友，並不是說要我們否決以前發生的一切，甚至否定自己過去的成績，而是要我們不驕傲自大，在去除糟粕留其精華的基礎上，用一顆虛懷若谷的心去接納更加精深的學識。

留餘地給他人，才能為自己守住安心

人生好比行路，總有與人狹路相逢的時候，有人說：「狹路相逢勇者勝。」時至今日，應該變成「狹路相逢智者勝」，即不需要武力，就能夠讓事情得到解決。因為鷸蚌相爭，漁翁得利；兩虎相鬥，兩敗俱傷，說的都是相互爭鬥導致雙方受傷的結果。

一位在朝中位高權重的大臣，十分喜歡下棋，而且自認為棋藝精湛。

有一日，他門下的食客賈某前來拜訪他，他要求對方與他對弈一局。

賈某心想這是一個展示自己才華的好時機，於是一開局就咄咄逼人，使大臣毫無招架之力，心神失常。賈某看到大臣如此著急，格外高興，故意露出破綻，大臣看到，還以為自己可以轉敗為勝，沒想到這只是賈某設下的一個陷阱，大臣不但沒有扭轉了局面，反而輸得更慘。賈某見大臣果真中計，得意洋洋說：「您還不認輸嗎？」大臣聽後，感覺很沒面子，轉身進了內廳。

賈某在外面等了許久，也不見大臣出來，只好獨自離開。自那以後，每當賈某前來拜訪，大臣都不再見他，自然他也無法受到提拔，終身作為一名食客，才華毫無施展之地，鬱鬱而終。

如果將人生視為一盤棋局，人就好比棋局上的旗子，一門心思想要置對方於死地，最後常常是自己身陷囹圄。《天龍八部》中，慕容複在與蘇星河對弈珍瓏棋局時，一心想贏，最後卻深陷其中，被迷惑了心智，險些斷送了自己的性命。而木訥的虛竹，卻用以退為進的方法，贏了數十年來都無人能破的珍瓏棋局。下棋一方面是為了娛樂，一方面是為了爭個輸贏，若是沒有輸贏，下棋就失去了意義。但是贏一步是贏，贏一百步也是贏。為什麼要贏一百步，讓對方潰不成軍，而不是只贏一步，給對方留個面子呢？

有人說：「在你向上爬時，對周圍的人好點，因為掉下來時，還會遇到他們。」當然不一定會掉下來，但是別忘了他們在你身後，隨時可以扯你的後腿，或是在你背後放冷箭。正如俗話所說：「退一步海闊天空。」星雲大師認為，預留一些給人，別人總是歡喜的。說話時不要說太長，留一些機會給別人說。人和人相處，就像房子和房子之間的距離，相互留一些餘地，才能給照射進陽光，使空氣更加清新。

張英是清朝的大學士，他在京城做官時，收到一封來自家鄉的信件，

妻子在信中說了與鄰居一家因為一堵牆而起了糾紛的事情。原來鄰居家蓋房，向外擴張了三尺，這樣就占用了張英家的地方。

張英思量再三，回了信給家人，信上只有一首詩，「千里來書只為牆，讓人三尺又何妨；萬里長城今猶在，不見當年秦始皇。」意思是勸妻子息事寧人。妻子收到信後，認為相公說得很有道理，於是撤回了訴狀。而鄰居見張英家撤回了訴狀，想到自己的行為，羞愧難當，立刻將牆拆掉，在原來的位置重新壘起。

張英並不是懦弱才選了退讓，而是心胸寬闊，不願與人計較，這是大智若愚的體現。在人際關係中，就算是最好的朋友之間，也會出現摩擦，與其咄咄逼人，一定要拼個你死我活，不如給對方留餘地，為自己留條後路。若想與他人和平相處，就要擁有一個良好的人際關係，在不違背原則的情況下，主動讓步，即便是終身讓步，也不過百步而已，對自己而言不會產生什麼損失，卻少去了很多恩怨和煩惱，得到了許多尊重和感激。既顯示了自己包容的胸懷，也體現了大家風範。

據《宋史》記載，有一次，宋代第二位皇帝宋太宗在北陪園與兩個重臣一起喝酒，邊喝邊聊，兩位重臣借著醉酒，竟在宋太宗面前比起功勞來，並且越比越起勁兒，最後竟鬥起嘴來，完全不顧及君臣之理。站在一旁的內侍認為他們有失禮節，請奏宋太宗將他們處死，宋太宗卻沒有同意，還命人將他們二人送回家中。

第二天，兩位重臣回想起當時的狀況，立刻進宮向宋太宗請罪。宋太宗看著他們誠惶誠恐的樣子，淡淡說：「昨天朕也喝多了，記不清發生過什麼事情了。」

一個國家的領導者如此，才能得到國民的愛戴，治理國家是這樣，與人相處也是這樣，得饒人處且饒人。若是碰上對方咄咄逼人的時候，自己

退一步反而比相互爭鬥更具有力量，正如星雲大師所說：「在遇到波瀾的時候，唯有用豁達的胸襟面對，才能讓生活充滿朝氣。」

多聽別人說的話，這是你的機遇

俗話說：「不聽老人言，吃虧在眼前。」這裡所指的老人，不是白髮蒼蒼的老人家，而是經驗豐富的過來人。在我們所結交的朋友中，不乏一些閱歷豐富，見多識廣的人，與這些人相處，就要學會傾聽，這是我們少走彎路，獲得人生智慧和經驗的有效途徑。

很久以前，一個外國使者向國王進貢了三個小金人，並出了一道題給國王，即找出這三個小金人最有價值的一個。

國王看了許久，也沒能看出這三個小金人有何不同，於是找來王國中最有名的金匠，讓其對小金人進行估值。金匠左量右測，沒有發現不同之處，於是又仔細研究做工，結果依舊沒有發現不同之處。這讓國王感到有損顏面，泱泱大國之中，居然沒有人能夠解出其中的奧祕。

這時，一位年邁的大臣主動找到國王，說他有辦法辨別出好壞。國王聽後十分高興，連忙命人將使者請到大殿中來，然後讓老臣去找出其中最好的一個小金人。只見那個老臣拿著三根稻草，分別塞進小金人的耳朵裡。第一根稻草從第一個小金人的左耳朵進去，從右耳朵出來。第二根稻草從小金人的耳朵進去後，從嘴巴出來了。第三根稻草從小金人的耳朵進去後，掉進了肚子裡，不但沒有出來，而且沒有發出一點聲響。

老臣做完，滿意笑著對國王說：「第三個小金人最有價值。」使者聽後，連忙鼓掌表示贊同，國王爭回了顏面，高興之餘，重重有賞了這個老臣。

每個人都是兩隻眼睛，兩個耳朵，一張嘴巴，就是我們多看、多聽、

少說，這其中最重要的就是會「聽」。但世間有萬物，有些值得聽，有些不值得聽。星雲大師認為，要多聽好人好事，少聽是非隱私；多聽他人的意見，才能改過自身的不足；多聽他人的困難，給予即時的幫助。唐朝的太宗皇帝李世民，就是一個能夠聽取他人意見的明君。

一次，唐太宗問大臣魏徵：「為什麼歷史的君主，有的明智，有的昏庸？」魏徵回答：「能夠聽取各方各面意見的君主，就是明智的君王，例如，堯和舜；只聽取一方面話的君王，就是昏庸的君王，例如，秦二世、隋煬帝等。作為君王，能夠採納下面的意見，那麼下情就能上達，這樣便沒有人能夠蒙蔽您。」唐太宗聽後，連連稱讚魏徵回答好。

又有一次，魏徵和唐太宗因為一件公事而在朝堂上爭得面紅耳赤，唐太宗爭論不過魏徵，想要大發雷霆，卻又害怕自己在其他眾大臣面前失去了善於接納意見的好名聲，於是只好忍住不發。下朝後，唐太宗滿腹怒氣來到長孫皇后面前，說：「這個鄉巴佬，實在不知道天高地厚，總有一天我要殺了他！」長孫皇后很少見到皇上發這麼大的火，便問道：「是誰惹得皇上這般生氣呢？」

「還不是那個魏徵，今日竟公然當著眾文武大臣的面反駁我，讓我顏面喪失，怎能不氣憤！」唐太宗依舊十分生氣回答。長孫皇后知道了原由，一聲不吭走進了內殿，換了一身朝拜的服裝走了出來，跪在唐太宗面前，說：「恭喜皇上！」唐太宗此刻丈二和尚摸不著頭腦，疑惑問：「你這是在做什麼？又恭喜我什麼？」

長孫皇后說：「自古以來，每一個英明的天子身邊都有一個乃至幾個正直的大臣輔佐，現在陛下有魏徵這樣正直的大臣，說明了陛下是一個英明的天子。我理應向陛下祝賀！」長孫皇后的一席話，就如一盆冷水，將唐太宗滿腔的怒火熄滅了。

後來，魏徵病死，唐太宗失去了一個直言納諫的忠臣，十分難過，對著鏡子說：「用銅做鏡子可以知道自己是否穿戴整齊；用歷史做鏡子，可以了解國家興衰的原因；用人做鏡子，可以發現自己哪裡做得不對。魏徵死了，我失去了一面寶貴的鏡子啊！」

往往人們在身居高處時，都聽不進旁人的勸說，認為自己所有的決定都是正確的。其實不然，一個人的地位越高，在他身邊進讒言的人也就越多，倘若他不能認真聽取他人說的話，勢必會導致自己失敗。

任何人都是如此，不要認為說得越多，越能體現自己的能力，真正有智慧的人，會少說多聽，在別人的話語中，找到自己成功的契機。

誤會常在，給別人一個解釋的機會

幾乎每個人都害怕被他人誤會，當受到他人的誤解時，恨不得多長幾張嘴來為自己辯解。但是當我們誤會了他人時，卻往往堅持己見，不願意給他人澄清的機會。也許是面子在作祟，也許是太過於相信自己的判斷。

不管是出於什麼原因，我們都應該給對方一個解釋的機會，否則很可能會因為誤會一直存在，而使我們失去一段珍貴的友情。

很久以前，一個小國家的王去世了，把王位留給了大兒子。新王剛剛登基，人心不穩，很多意圖不軌的人，想要伺機謀權多位。新王有一王妃，長得美豔絕倫，新王很寵愛她，但是這個女人卻心如蛇蠍，她生怕自己王妃的位置會被他人搶去，所以暗中慫恿新王將那些企圖謀反之人以莫須有的罪名處死。

新王為了鞏固自己的地位，想都不想就按照王妃的話做了。一時間，朝中人心惶惶，心中雖有不服，但是也不敢再表現出來。新王的母后是一

位十分明智之人，她聽說了新王登基後的殺戮行為後，語重心長對他說：「你父王在世的時候，向來以仁為治國之根本，他把王位傳給你，是欣賞你是一個博愛之人。有些事情適可而止吧，否則會造成相反的作用。」

新王聽罷，心中有些慚愧，恭恭敬敬回答母后說：「兒臣知錯了，還請母后不要為此傷及身體。」接著王的母后說：「我已經命人飛鴿傳書與你弟弟，他正從邊塞趕回來，到時候可以輔佐你。」新王很高興弟弟能夠回來保護自己，因為弟弟是這個國家中最英勇善戰的人，手下的將士千千萬，如果弟弟回來了，就沒有人再敢有異心了。

當新王將這個好消息告訴給王妃時，王妃不但沒有為王感到高興，反而顯得憂心忡忡。新王的母后一向偏袒小兒子，而與新王關係有些疏遠。先王在世時，她還曾推舉小兒子做未來的王，但不知何種原因最後還是傳給了大兒子，朝中的人都在紛紛議論說新王並不是他母后的親生兒子，因為再此之前，新王的母后與先王的另一個妃子一同懷孕，而那個妃子卻因難產而死，腹中胎兒也不保。

再加上，新王的母后一直對他太過嚴格，卻對弟弟寵愛有加，如此種種讓人難免不起猜測之心。現在新王的弟弟要回來了，難免不是新王母后策劃的一場陰謀，她想要小兒子奪權稱王。王妃想到這裡，心中一顫，那樣自己的王妃的地位就不保了，說不定還會成為階下囚。因此，王妃立刻對新王說：「弟弟手中握有兵權，母后又極度寵愛他，萬一他要起兵謀反，我們這樣豈不是要坐以待斃，不如我們趁他還沒有回來，暗中派人將他殺掉。」

新王從未想過要殺害自己的弟弟，於是堅決反對王妃的意見，他認為母后不會做出這樣的事情，弟弟更不會對自己有謀害之心。王妃見新王不肯聽她的意見，只好暗自在自己心中盤算。過了一段時間，新王的弟弟果

真回來了，他們兄弟二人許久未見，因此格外親切，把酒言歡到深夜，一直到二人都醉倒在地，王妃見狀，便命人將新王與其弟送回各自的房中休息，而自己則以給新王準備醒酒湯為名，悄悄潛入了新王弟弟的房間，趁著對方酒醉不醒時，用一把鋒利的匕首插在了新王弟弟的胸膛上。然後裝作若無其事的樣子回到新王身邊，與新王相擁而眠至天明。

新王起來後第一件事情，就是聽說弟弟被人殺害，不敢相信事實的他連忙跑到弟弟的臥房，果真看到弟弟胸口插著匕首，死在床上。還未等新王反應過來，母后已經走過來，重重的一巴掌打在了新王臉上，說：「原來我看錯了你，還以為你能夠成為一個仁君，卻沒想到你連自己的弟弟都不放過。你怎麼下得去手啊？怎麼下得去手！」說完，母后便因為傷心過度而暈了過去。從那以後，便再也不肯見新王。新王為了向母后解釋，曾在母后的殿外跪了整整一夜，可是母后仍舊不想見到他。

為此，新王得了心病，身體也越來越差，第二年便病死了。臨死前，他曾命人將他抬到母后的殿外，希望母后能夠在他死前見他最後一面，可是最終也沒有等到。一連死了兩個兒子，新王的母后更加難過，她常常一個人失神在宮中走來走去。忽然有一日，她在花園中聽到一個聲音說：「早知道他這麼短命，我就不會對他弟弟痛下殺手了。直接勾引他弟弟，這樣他死後，我說不定還能當個王妃。可惜啊！」新王的母后此刻終於明白自己錯怪了兒子，但是已經陰陽兩隔，自己連對兒子說「對不起」的機會都沒有了。

因為一個誤會，這個母親的餘生將在後悔中度過。在生活中，各種各樣的誤會時有發生，也許只是一句話，也許只是一個表情，都會讓會錯意的人產生誤會。星雲大師認為，有了誤會要給對方一個申辯的機會，使誤會及時解開，不要因此而產生隔閡。

第七章

成功道路漫漫，莫爭一時輸贏

生活本來平平常常，把吃苦當吃補

　　有人喜歡吃甜，有人喜歡吃辣，還有人喜歡吃酸，卻很少有人喜歡吃苦，因為苦的口感不好，吃了後讓人感覺不到飲食的快樂。可是人生就像一盤百味菜，酸甜苦辣，味味俱全，不能因為自己的喜好不同，就只選擇一種口味，需要每個都品嘗才可以。

　　回到我們的現實中會發現，凡是帶有苦味的食物，都對人體有一定的好處，食物中最常見的有苦瓜，富含多種維生素，食用後有去火排毒的功效。人們常說：「良藥苦口。」越是苦的藥，對病情的幫助就越大。苦的好處不僅僅體現在飲食上，還有生活中遇到的苦難，同樣對人們有很大的幫助。

　　韓信年輕時，因為家境貧寒，又不懂得溜鬚拍馬，所以無論他為官還是為商，都無法做出成績，生活十分困苦，同時還要忍受著其他人的欺負。

　　一日，他佩戴著寶劍走在路上，一群惡少看見了，擋住了韓信的去路，不僅當眾羞辱他，還對他拳腳相向。其中一個惡少說：「你長得身體高大，還總喜歡帶著寶劍，但實際上就是一個膽小鬼，如果你不服氣，就用你的寶劍來刺我啊。如果你不敢，就要從我的胯下爬過去。」說完，便紮了一個穩實的馬步。

　　對方人多勢眾，而韓信卻是形單影隻，最後他彎下腰來趴在地上，從那名惡少的胯下爬了過去，周圍的人哄堂大笑，羞辱的語言更是不絕於耳。遭受了羞辱後，韓信更加勤奮學習，後來在討伐秦王的起義中起到了重要的作用，被劉備重用。

　　此時的韓信已非彼時的韓信，他再次找到了那個讓他有胯下之辱的惡少，惡少原以為韓信是來報仇，嚇得渾身顫抖。卻沒想到韓信是來感謝

他，如果不是他當年的侮辱，韓信也不會發奮圖強，取得後來的成就。

生活中的「甘甜」能夠讓我們體會到快樂，生活中「辛辣」可以讓我們體會到暢快，而生活中的「苦難」則可以消解我們的戾氣，磨練我們的忍耐力，更懂得甘甜的可貴。

不同的人對待苦難有不同的態度，有人將苦難當是一味十全大補湯，從苦難中磨練自己的意志，累積豐富的人生經驗，就如韓信。有的將苦難當作是一種不幸，整日唉聲嘆氣，抱怨命運不公，結果日漸消沉，最終一事無成。

星雲大師認為：修行之人不吃苦，就不能成佛。縱觀古今那些成功人士，有哪個不是從血汗、委屈、辛苦、忍耐、痛苦中累積而成？偉大的人物永遠都不可能從平庸中產生。

法空禪師是寺院中能夠的首座和尚，每天做著一些粗重的工作，照顧寺內僧人的飲食起居，僧人都十分尊敬他。有一年大旱，糧食顆粒無收，老百姓也沒有錢捐香火，寺中的糧食有限，僧人們吃了上頓沒有下頓，一個個餓得面黃肌瘦。

一天住持不在寺中，一群僧人對法空禪師說：「首座，我們餓得都走不動了，您就煮點麵湯給我們吃吧。」禪師聽後，便從櫃子中拿出油麵，放進鍋裡給大家做油麵湯。麵湯剛剛煮好，住持就回來了，他看著鍋中的油麵，嚴厲問：「今天有施主設齋供養大眾嗎？」禪師低著頭回答：「沒有。」「那鍋裡的麵湯從何而來？」禪師回答：「最近大家都吃不好，身體虛弱，所以弟子把儲藏的應急油麵拿來煮了。」

住持聽後，並沒有因為法空禪師的誠懇而原諒他，反而更加生氣，說：「讓你保管櫃子的鑰匙，是信任你，而你卻監守自盜。拉出去杖責三十，逐出師門。」眾僧人都為法空禪師求情，住持卻絲毫不為所動。禪

師受完刑後，交出了櫃子的鑰匙，就便離開了寺院。但他並沒有走遠，而是住在了寺院外的一件小屋中，每天跟著依舊跟著眾僧人一起聽住持講法。

一天住持下山，無意中碰到了住在小屋中的禪師，問道：「你在這裡住多久了？」禪師回答：「半年之久。」「這房子是屬於寺院的，你住在這裡向寺中交過房錢嗎？」住持接著問。「沒有。」禪師誠實回答。「既然沒有還敢住在這裡？要繼續住，就要交房錢。」住持說完便走了。

此後，法空禪師為了交房錢，每日下山為人誦經、化緣。這一切住持都看在了眼中，後來住持感到自己就要離開人世了，將住持的位置傳給了法空禪師。

法空禪師沒有將苦難看作是不幸，反而當作鍛鍊自己的修行的大好時機，所以他的道行越來越高，通過了住持的考驗。

俗話說：「吃得苦中苦，方為人上人。」一個能夠吃苦的人才，才能夠做出常人做不到的事情。艱難困苦本就是人生的一部分，沒有人能夠逃掉。與其排斥，倒不如心甘情願接受苦難的滋養。

不投機取巧，守住本分，定能成功

在成功的道路上，每個人都希望能夠找到捷徑，如果利用自己的聰明才智縮短成功的距離，這是能力的表現；但如果運用小聰明，透過投機取巧來獲取成功，那就萬萬不可了。

蘇東坡是北宋的大文學家，他天資聰明，小小年紀便過目成誦，出口成章，後來官拜翰林學院，在宰相王安石的門下做事。起初，王安石很器重蘇東坡的才華，但蘇東坡卻自恃聰明，幾次出言譏誚王安石。漸漸地，王安石對蘇東坡態度冷淡起來，蘇東坡也因此被貶官。

　　在湖州做了三年官後，蘇東坡任滿回京，想到自己當年年少輕狂，對王安石多有得罪，於是便到宰相府拜見。當時王安石正在午休，僕人將蘇東坡帶到了王安石的書房等候。閑著無事的蘇東坡看到桌子放著一張紙，紙上是王安石寫的一首為完成的詩，題目為〈詠菊〉。詩句只寫了兩行，「西風昨夜過園林，吹落黃花滿地金」，蘇東坡看了不禁笑著說：「沒想到三年之後再見，他竟江郎才盡，寫了兩句便接不下去了。」然後再細讀那兩句詩，發現兩句詩竟然不通，在蘇東坡看來，西風多盛行於秋天，但是菊花開在深秋，而且最能耐久，不容易掉落。想到這裡，蘇東坡提起筆來，在詩句的後面添了兩句「秋花不比春花落，說與詩人仔細吟。」寫完後，蘇東坡才感到不妥，恐怕又會因此而得罪了宰相，想要撕掉又不成體統，於是只好把詩稿放回原處，悄悄離去。

　　第二天，蘇東坡得到消息，自己再次被貶官，成了黃州團練副使。在黃州的日子裡轉眼到了深秋，忽然有一天刮起了西風，滿園的菊花隨風飄落，瞬間枝頭花朵全無。此時，蘇東坡才明白過來自己被降職不是王安石公報私仇，而是自己確實錯了，心中愧疚萬分，尋思找個機會向王安石賠罪。這時，他想起王安石曾託自己帶三峽中峽之水用來沖陽羨茶，但因為自己心中一直不服氣，所以將此事拋在了腦後。這是一個不錯的賠罪機會，於是趁著冬至送賀表到京城，蘇東坡經四川出發，然後獨自駕一扁舟順江而下，為王安石取水。卻沒想到自己因為連日的奔波，在船上睡著了，等醒來時，已經是下峽。如果沿途返回，又怕耽擱了進京的時間，只好聽當地一老人的話，於是盛了一瓷壇下峽水回京了。

　　到了王安石的府邸，蘇東坡想起去年改詩之事，羞愧不已，連忙跪地向王安石請罪。王安石念在蘇東坡之前並未見過菊花被西風吹落，便原諒了他。蘇東坡將整壇水獻上後，王安石便取出煮沸沖陽羨茶，沖好後問蘇

東坡：「這水是哪裡的水？」蘇東坡心想：想那中峽和下峽的水也沒有區別，不如騙他說是中峽的，也好過關。於是回答：「巫峽。」王安石聽後，說：「是嗎？你又來騙我了，你這是下峽之水，竟然還冒充是中峽之水。」

蘇東坡聽後大驚，急忙辯解自己是聽了當地人的讒言。只是不知道同是一江水，宰相是如何分辨出來的？王安石語重心長告訴他：「讀書人要腳踏實地，不可道聽塗說，凡事都要經過自己的觀察，才能下定論。我若不是看過菊花飄落，又怎會在詩中那樣寫呢？三峽水性之說，出於《水經補注》，上峽水太急，下峽水太緩，惟中峽緩急相半，如果用來沖陽羨茶，則上峽味濃，下峽味淡，中峽濃淡相宜，今見茶色半天才現，所以知道是下峽的水。」然後王安石打開書櫃，對蘇東坡說：「這裡的書，你隨便挑出一本，念其中的上一句，我便能接出下一句，如果有半句答不上來，我甘當無學之輩。」

為了考倒王安石，蘇東坡專挑書櫃中積了很多灰塵的書，然後隨便翻開一頁，念了上半句，王安石果真接出下半句。至此，蘇東坡才真正被王安石的才學所折。

蘇東坡作為一代大文豪，寫出那麼多膾炙人口的詩句，卻連續三次因為不守本分而被貶官。人的成功離不開自身所具備的智慧，這種智慧是大智慧，而不是小聰明，蘇軾以為同是一江水沒有分別，想要瞞天過海，卻還是被見多識廣的王安石識破。因此，要以認真的態度對待成功，不能夠抱有一絲僥倖心理。

上帝要在 100 個孩子中選一個孩子當天使，為了能夠找出最適合當天使的人選，上帝給每一個孩子一盞燭臺，對他們說：「一百天後，我會再來找你們，到時候誰的燭臺最乾淨，誰就能成為天使。」

孩子們都希望自己能夠成為天使，於是每一個都很努力擦燭臺，幾乎

每天都要擦上好幾遍，燭臺一個比一個乾淨。這就這樣堅持了一個多月，孩子們都漸漸失去了耐心，窗外的鳥兒叫，林間的兔子跑，遠比擦燭臺更加有吸引力。他們想：反正燭臺已經這麼乾淨了，等上帝來時再擦，也是一樣乾淨的。於是他們將燭臺放置了一邊，任由其落上了厚厚的灰塵。

這其中只有一個小男孩堅持每天擦燭臺，儘管他的燭臺已經乾淨到閃閃發亮，他也沒有放棄。那些放棄了擦燭臺的孩子笑他是一個「傻瓜」，因為即便他天天擦，上帝也看不見，還不如和他們一起玩兒，等上帝來時再擦也不遲。但這個小男孩卻不肯聽夥伴們的話，繼續每天擦燭臺。

然而，令所有人沒有想到的是，上帝在 99 天的時候，再次到來了，那些貪玩的孩子還沒來及把燭臺擦乾淨，只能眼睜睜看著上帝將天使的光環，帶在了每天擦燭臺的那個小男孩頭上。

即便是上帝不會時時監控，也應該憑藉自覺性，完成上帝給予自己的任務。就算投機取巧可以成功，也是短暫的成功，經不起時間的考驗。正如星雲大師認為的那樣，想要功成名就就一定要付出實實在在的行動，只靠投機取巧，是無法成功的。

不貪圖虛榮，成功者都從務實開始

務實是中國農耕文化較早形成的一種民族精神，王符在《潛夫論》中說：「大人不華，君子務實。」王守仁在《傳習錄》中說：「名與實對，務實之心重一分，則務名之心輕一分。」意思都是在著重說明「務實」的重要性。

星雲大師認為，成功就應該實事求是，不要貪慕虛榮，打腫臉充胖子。否則就像一棵沒有根基的大樹，經不起風吹雨打，很快就枯萎。

第七章　成功道路漫漫，莫爭一時輸贏

　　有三個愛狗之人聚在一起，分別說起自己的養狗經歷。其中一個人說：「我十分愛狗，為我的狗買了一個許多漂亮的衣服和美味的狗糧。」另一個人聽了，不屑說：「你這也算愛狗嗎？我才是愛狗之人，我不但為狗狗提供了漂亮的衣服和美味的狗糧，還專門為它蓋了寬敞舒適的狗屋。」

　　最後一個人聽了，心裡很不是滋味，因為他的狗狗既沒有漂亮的衣服，也沒有美味的狗糧，更沒有寬敞舒適的狗屋，如果他說出實情，一定會被另外兩個人看不起，於是他說道：「你們這些算什麼？怎能和我比？我的狗狗活潑好動，為了讓它有足夠的空間活動，我特地將我的房子換成了大房子。」

　　那兩個人一聽，立刻哈哈大笑起來，異口同聲說：「你就別吹牛了，你看你的狗，尾巴總是上下擺，就說明了你住的屋子特別小。如果真如你所說，你的狗的尾巴一定是左右擺的。」此人原本想借機炫耀一番，結果卻被取笑了一番。

　　不肯實事求是，貪慕虛榮最終只會鬧出笑話，貽笑大方。古往今來，每一個成功者無一不是注重務實才能取得成功。孔子曾說：「知之為知之，不知為不知。」也是在告誡人們要實事求是，不要不懂裝懂，否則永遠無法取得進步。

　　一個名喚方啟子的年輕人在中藥店中做夥計，每天跟在掌櫃身邊學習如何抓藥。一天掌櫃有事外出，讓他暫時看管藥鋪，並囑咐說：「如果有不懂的地方，儘管向熬藥的師兄請教。」方啟子滿口答應，心裡卻想著自己表現的機會終於到了。

　　掌櫃沒走多久，就來了一個抓藥的顧客，此人要抓「牛膝並雞爪黃連」，並且很著急的樣子。方啟子想這牛膝並雞爪黃連不就是牛的膝蓋，雞的爪子，還有黃連嗎？於是讓顧客等在櫃檯，自己來到了院子中，牽出正在

吃草的耕牛，二話沒說，就把牛的一條腿砍了下來，然後取出牛膝蓋骨。接著又抓出兩隻雞，切下雞的雙腳，然後與黃連包在一起，交給了顧客。

傍晚時分，掌櫃回到藥店中，問起這一天的情況，方啟子一五一十告訴了師傅，並等著師傅的誇獎，沒想到師傅聽後，氣得打翻了茶杯，並罵道：「如果顧客要知母、貝母，不還要把你母親抬出來不成？」

為了表現自己，不知道的事情卻不願意請教他人，看似是在維護自己的自尊，實則只會讓自己的自尊更加一文不名。玄奘大師曾說：「言無名利，行絕虛浮。」意在告訴人們，虛榮只是一時的，只有務實才是永恆的。

一日，一個老者到花園中散步，原本應該是姹紫嫣紅、百花爭豔的時節，這個花園卻處處顯現出衰敗的樣子。茂盛生長的橡樹因為自己沒有松樹高大挺拔，對自己灰心喪氣，死掉了；而松樹卻嫉妒葡萄可以結出很多果實，自己卻只會長葉子，也死掉了；葡萄卻因為自己只能待在架子上，不能像桃樹一樣站在地上，懊惱之極，死掉了；桃樹則認為自己開出花朵的顏色沒有牽牛花的嬌豔，而心生鬱結，最終也死掉了；牽牛花雖然還沒有死，卻一直病快快的，因為它恨自己沒有丁香花的芬芳……幾乎每一種植物都在想著一些不切實際的事情，而忽略了自己的成長。

只有角落中一株小草，長得極為茁壯，老人感到很奇怪，於是蹲在小草旁邊問個究竟。原來小草茁壯成長的原因，是因為小草認為人們如果想要看到橡樹、松樹，想要看到各種花，聞到各種香，就會再次種上，而自己作為一棵小草，能夠帶給人類最大的福利，就是做一棵小小的安心草。

故事藉小草，道出了務實的真諦，就是從自己的實際情況出發，不要好高騖遠，不要心浮氣躁急於求成，更不要為了顏面而盲目逞能，與他人攀比。認識自己，只做自己，做自己最擅長的事情，才是最正確的行為。

不爭眼前利益，長遠心最無敵

俗話說：「人無遠慮必有近憂。」成功路漫漫，如果看重眼前的利益，很容易忽略了長運發展，作出因小失大的事情。

當年，劉備為了讓曹操放鬆對自己的防備，終日在菜園種菜，一副胸無大志的樣子，保住了自己的性命。如果他為了眼前的利益，與曹操一爭高下，恐怕早已被曹操殺掉了。但是生活中偏偏有些人，容易被一時間所關注的事情蒙蔽了眼睛，一葉障目不見泰山，更看不見遠方美麗的風景。

有兩個人在沙漠中迷失了方向，很快他們隨身攜帶的事物和水就快沒有了。這時，佛祖出現在他們面前，手裡拿著一根魚竿，還有一簍魚，佛祖要他們各自選擇一樣。

其中一個人心想：現在餓著肚子，傻瓜才有閒情逸致釣魚。於是搶先選擇了一簍魚，而另外一個人選擇了魚竿，然後便分道揚鑣。選擇魚的人撿了一些柴火將魚煮熟，美美地飽吃一頓，然後繼續上路。然而，沒等他走出沙漠，就已經餓死在空空的魚簍旁。

另外一個選擇了魚竿的人，一直忍著飢餓向前走，終於看到了不遠處有一片湖泊，他用最後的力氣走到湖邊，釣上來一條魚，然後填飽了肚子。就這樣，他在湖邊待了三天，準備了充足的事物和水後，再次上路。終於走到了附近的一個村莊中，在那裡娶了一位賢慧的妻子，過起了幸福安定的生活。

當面臨著一項選擇時，我們不能僅僅立足於現在，應站在人生的天秤上，衡量彼此輕重後，才會得到不一樣的結果，也許這個結果並不是現在我們最想要的，但是卻一定是對我們將來有益的。過分關注現在能夠得到什麼，往往會導致自己短時間內盲目，等到明白過來時，為時已晚。

劉文靜是唐代初期的謀臣，在李世民起兵反隋時的多次戰爭中屢立奇功，可以說是唐朝的開國元勳。但是李淵即位後，對劉文靜並不重用，只給了他一個小小的尚書做。而對裴寂寵愛異乎尋常，不但授予他右丞相，每次在朝堂之上，皇帝都與他同登御座，退朝後相攜入宮，對他的話言聽計從。

裴寂的資歷與劉文靜相比要淺許多，是經過劉文靜的介紹才加入反隋的行列，但裴寂善於巴結李淵，為博李淵歡心，還私自將隋煬帝的宮女送給李淵，與李淵在酒桌上稱兄道弟，深得李淵的信任。為此，劉文靜心中很是不服，處處與裴寂作對。

一天在朝堂之上，劉文靜受到了裴寂的奚落，回到家後還餘氣未消，不但用刀砍倒了家中的柱子，還發狠誓一定要殺掉裴寂。卻不想這話被劉文靜的一個失寵小妾聽到了，並將這話告上了朝廷。當朝廷對劉文靜進行審問時，他將自己內心的想法托盤而出：「想當年起兵時，我的地位在裴寂之上，如今他裴寂得皇上恩寵賜予高官，而我的官職比他小很多，心中有不滿，酒後失言也是常情。」李淵聽了劉文靜的申辯後大怒，要定劉文靜謀反之罪，將他處死。

許多大臣都為劉文靜求情，希望皇上能夠網開一面。但李淵覺得劉文靜與自己不夠親近，對他一直不放心，想找個藉口將他除掉。皇上的心思只有裴寂看了出來，於是裴寂順著皇上的心思說：「劉文靜確實立過大功，但現在有了謀反之心，今後必定是後患，絕不能姑息。」裴寂的話無疑火上澆油，皇上立即下旨將劉文靜處死。

如果劉文靜懂得不爭一時的輸贏，一切從長計議，也不至於落得身首異處。古人云：「不謀萬世者，不足謀一時；不謀全域者，不足謀一事。」很多人急切追求短期的效果，而忽略了長遠的影響，可謂是得不償失。

楚漢相爭之時，項羽為了證明自己的霸主地位，擺下鴻門宴，在宴席上對劉邦百般侮辱，並欲殺之。劉邦在張良和蕭何等人的協助下，一直表現卑躬屈膝，明明先占領了長安，卻選擇退避三舍，將王位拱手相讓於項羽。然後遠走漢中巴蜀，勵精圖治，明修棧道暗渡陳倉，最終逼得項羽烏江自刎。當時劉邦率先進入長安，也是為了自身的利益著想，但是他能夠根據事態的發展，為了長遠的利益，寧可在當下吃一些虧，果斷放棄已經到手的好處，這樣的做法可謂是高瞻遠矚。

星雲大師也曾教導人們：不要因為忙於枝節小事而忘了宏偉的目標，也不要因為貪圖眼前的利益而忽略了生命中其他更加重要的東西。

等待成功，就好像水到渠成

我們經常可以看到一些成功人士討論自己的成功之道，說起來似乎風輕雲淡，但是成功並非易事，就像歌中所唱：「沒有人能夠隨隨便便成功。」確實是如此，任何人的成功都不是一蹴而就的。

一個年輕人歷盡千辛萬苦找到了隱居深山中的青雲大師，希望能夠得到大師的指點，找到成功的途徑。

青雲大師得知年輕人的意願，便將他帶到後院，後院中有一座笨重的大鐘，那鐘要三四個人一起敲，才能敲得響。然而，青雲大師只是手中拿著一個小鐵錘，一下接一下敲著那口大鐘，而大鐘一直紋絲不動。年輕人心想，這麼小的錘子怎麼敲得動這麼重的鐘呢？更何況大師這樣年邁的老人。半個時辰過去了，年輕人的腳站得有些酸痛，想要離開，卻又不甘心沒有得到大師的指點，只好忍痛站在一旁繼續看著。

大師一直不緊不慢，持續而有節奏地敲著鐘。忽然，年輕人看到大鐘

輕輕動了一下。起初，他以為是自己看得時間長了有些眼花，於是連忙揉揉眼睛再仔細看，那個鐘果真動了，而且幅度越來越大，直到後來發出洪亮的「噹噹」聲，那聲音在山中迴盪，久久沒有散去。年輕人簡直不敢相信自己的眼睛，看似那樣不可能發生的事情，竟然就這樣出現在自己眼前。

只是年輕人不知道青雲大師想要透過此舉告訴他什麼，所以靜靜等候在一旁。終於，大師走了過來，笑著對他說：「在成功的道路上，你必須要有足夠的耐心去等待成功的到來，如果沒有，就只能用一生的耐心去面對失敗。」年輕人聽後，立刻恍然大悟。

一切事情的發展都是一個水到渠成的過程，成功也是如此。在成功的道路上，若還沒有學會走，就想要跑起來，那注定要栽跟頭。成大事者，首先要戒驕戒躁，等一切條件都成熟了，才能穩步前進。否則，只會使自己之前所做的努力功虧一簣。

春秋戰國時期，有一個名為養由基的楚國人，此人射術了得，具有百步穿楊的本領。傳說，就連深山中的飛禽走獸都知道養由基的本領。有一次，他陪同楚王出行，樹上的兩隻小猴子看到了養由基，還未等他拿出弓箭，就已經嚇得瑟瑟發抖了。

一個叫做王玨的人聽說了養由基的事蹟，下定決定要拜他為師。起初，養由基並無收徒弟的心思，但是這個王玨幾次三番苦苦懇求，養由基見他心意如此誠懇，便答應了收他為徒。正式開始教王玨後，養由基先拿了一根繡花針給王玨，讓他放在離眼睛幾尺近的地方，盯著針眼看，王玨連著看了兩三日，心中很是不解，於是問養由基：「師傅，我是來學射箭的，為什麼要盯著針眼看？」養由基告訴他：「我這就是在教你射箭，你只管盯著看就對了。」

王珥不敢違背養由基，於是又盯著看了幾日，漸漸地，再次感到了厭煩，心想：這個養由基是不是不願意教我射箭，所以故意讓我這樣做。於是，心中的怨氣越發多了。後來，養由基終於不再讓王珥看針眼，而是讓他手裡端著一塊大石頭，而且手臂必須伸直，這個訓練看似簡單，實則很累。王珥心裡又多了一分委屈，於是便氣憤離開了。養由基看王珥不懂得自己的苦心，想必他也不想再接受自己的教導，便沒有做阻攔，任由王珥離去。

王珥離開養由基後，轉而拜其他人為師，但是皆因為自己不能安下心來練習而沒有學成，時間浪費了許多，最終卻一事無成。知道最後，王珥也不知道自己失敗的原因是不能夠腳踏實地從一點一滴做起，直到有所作為。

現在的生活節奏越來越快，比起古人，現代人的心態更加浮躁，越來越多的人都加入了急功近利的隊伍，為了能夠早點成功，甚至使用不正當的手段。但是卻忘了，事情的發展都有既定的規律，違背了自然的規律，又怎麼能夠成功呢？

鳥兒築巢，要自己一天一點用嘴巴銜來泥巴和枯草，不可能一下子就能有了安樂窩；農民種地，必須要等到莊稼自己長大成熟，揠苗助長只會得到適得其反的後果；人要生育，必須要經過懷胎十月，才能得到一個健康的寶寶。

追求成功也是如此，速度太快了，容易摔倒；但是也不要速度太慢，否則就會被他人搶先一步。要自己掌握好節奏，使一切皆在自己的掌握之中，讓成功水到渠成。

把身上的「疙瘩」打磨光滑

　　走在追求成功的路上，就像是大海中行舟一樣，處處暗藏風險，時時有阻力。如果我們樹敵太多，難免會為自己招致一些不必要的麻煩。

　　有人生性耿直，喜歡直來直往，凡事不會拐彎抹角，這必然會經常碰壁，一事無成。人們常說「和若春風」，就是告訴我們做人要外「圓」，即為人處事講究技巧，要善於圓潤的處理問題，從而使自己進退自如、遊刃有餘

　　三國時期，劉備落難投靠曹操，受到了曹操真誠款待。但是曹操猜疑心極強，劉備為了防曹操謀害，在許都住下後，就佯裝出一副胸無大志的樣子。每天在自家後園種菜，親自澆灌，以此迷惑曹操。

　　一天，曹操興致極好，將劉備邀至家中飲酒。席間，曹操談起誰為當世之英雄。劉備細數袁術、袁紹、劉表、孫策、張繡、張魯等人，但均被曹操一一否決。曹操認為，真正的英雄應該是胸懷大志，腹有良謀，有包藏宇宙之機，吞吐天地之志。劉備忍不住問：「那您認為誰能算得上這樣的英雄？」曹操說：「當今天下，只有你我才是真英雄。」

　　曹操的話如五雷轟頂般在劉備頭頂炸響，他棲身許都本是韜光養晦之計，如今曹操竟說自己是英雄，莫非曹操已經洞悉了自己的心思，想到這裡，劉備心中一慌，竟嚇得把筷子掉落在地上。曹操連忙問劉備怎麼把筷子弄掉了，正當劉備不知如何收場之時，大雨將至，打了一個響雷。劉備邊低頭撿筷子邊說：「是被雷聲嚇到了」。曹操問：「打雷有什麼可怕的？」劉備說：「我從小害怕雷聲，一聽見雷聲只恨無處躲藏。」曹操聽罷，開懷大笑，自此認為劉備胸無大志，想必日後也不會有什麼出息，便沒有將劉備放在心上。

第七章　成功道路漫漫，莫爭一時輸贏

　　這便是真正的英雄，能夠做到寵辱不驚，不管內心多麼波濤起伏，都不會表現出來。只有這樣喜怒不喜形於色，才不容易被人看穿心思，才能夠成大事。更重要的是，我們心中的情緒是自己的，沒有理由讓他人來承受，同時，喜怒哀樂都表現在臉上，也會讓人覺得太過淺薄。這類人並不是老謀深算，擁有極深的城府，而是他們懂得如何在社會中更好的生存，是一種智慧的人生態度。

　　凡是成功者，很少會受到外界的影響而喜怒無常。在古代，太子能夠順利登基當上皇帝，很重要的一個因素在於太子是否會拋光養晦，收斂鋒芒。如果太子太過於鋒芒畢露，處處彰顯的自己的才華，就會被皇上誤解為「逼父退位」的意思，最後被廢黜；但如果表現太過愚笨，就會被皇上認為沒有治理國家的才能，同樣也會被廢黜。

　　唐朝時期，順宗成為太子後，經常說一下豪言壯語，儼然天下已經是他的天下，皇上還未退位，他就謀算著怎樣進言進行改革了。他的幕僚知道後，勸說道：「身為太子，首先要盡孝道，多向父皇請安，問起居飲食冷暖之事，不宜多言國事，況且改革一事又屬當前的敏感問題，如若過分熱心，別人會以為你邀名邀利，招攬人心。如果陛下因此而疑忌於你，你將何以實現自己的抱負？」太子聽聞，恍然大悟。後來皇上在晚年荒淫無道，順宗始終保持沉默，皇帝退位後，順宗繼承皇位，開始實施自己的抱負，成了一名賢德的皇帝。

　　對於有遠大志向的人而言，彎腰並不是卑躬屈膝，而是一種以退為進的智謀。莊子曾說到一種鳥，這種鳥善於服從，別的鳥飛，它也跟著飛，別的鳥傍晚歸巢，它也跟著隊伍既不爭先，也不恐後，所以它很少受到同類的排擠和威脅。如果做人也能如這種鳥一般，對我們而言有極大的益處。然而，有的人卻不明此理，一旦取得了一些成就，就開始囂張跋扈。

　　雍正皇帝登基初期，朝廷動亂，各種流言蜚語紛沓而至，身為雍正的得力幹將，年羹堯可謂是立下了不少汗馬功勞。雍正對他的寵信幾乎到了熾熱癲狂的程度，先是命其接替允禵管理撫遠大將軍印務，後因平定西藏時運糧及守隘之功，封三等公爵，世襲罔替，加太保銜，接著又因為平郭羅克功，晉二等公，最後平青海功，進一等公，給一子爵令其子襲，外加太傅銜。他的親屬、家僕也因為他得寵，而透過保薦官做到道員、副將。

　　但年羹堯是一個不知好歹的人，依仗著皇上對自己的恩寵，漸漸得意忘形，霸占了蒙古貝勒七信之女，斬殺提督、參將多人，甚至蒙古王公見年羹堯得先跪下，許多朝中大臣對年羹堯的行為一忍再忍，最後忍無可忍，彈劾他的奏章紛紛出現在皇帝面前。面對年羹堯「罄竹難書」的罪行，雍正下旨查辦，最後定罪九十二款。年羹堯被收押後，在獄中自殺，他的家人也因此被牽連，最終落得家破人亡的結局。

　　一個人功勞再大，地位再顯赫，如不知道「彎腰」做人，圓滑處事，必將會招致禍端。成功之人，應如老子那樣，無為而民自化，好靜而民自主，無事而民自富，無欲而民自樸。

成功大道中要有合作與分工

　　有首童謠是這樣的：「一個和尚挑水喝，兩個和尚抬水喝，三個和尚沒水喝。」為什麼和尚越多，反而卻沒有水喝了呢？這就涉及到合作的問題。

　　古時候流傳著一個「五官論戰」的故事。

　　嘴對鼻子說：「你有什麼本事啊，憑什麼位置要在我之上？」鼻子聽後自然不服氣，反駁道：「我能夠聞到氣味，而你只能吃東西，我的地位理應比你高。」

說完，鼻子對上面的眼睛說：「你有什麼能力，居然在我之上？」眼睛不屑說：「我能夠看到人間的萬物，只要我願意，整個直接都能夠囊括其中。而你只能聞到氣味，我理所當然要比你地位高。」

　　鼻子覺得有道理，於是對更高一層的眉毛說：「你有什麼本領，憑什麼凌駕於我們之上？」眉毛微笑著說：「我也不想和你們爭，但我不知道如果我跑到鼻子下面，這張臉還能不能出去見人？」

　　這就好比我們每個人都具備一定的能力，只有相互合作才能夠取長補短，使能量發揮到最大。相傳釋迦牟尼問他的弟子：「一滴水怎麼才能不乾涸？」弟子們面面相覷，無法回答。釋迦牟尼說：「把它放到大海裡去。」一滴水只有和其他眾多的水滴合作起來，才能形成汪洋大海，否則就只有等待乾涸的命運。在成功的道路上也是這樣，只有合作才有力量，只有合作才能取得成功。

　　很久以前有一個國王，王后為他生下了十個兒子，而且各個本領高強，難分伯仲。但是這十個兒子每個都想成為未來的王，所以相互之間勾心鬥角，絲毫沒有親兄弟的情誼。每次見面後，不是冷嘲熱諷，就是明爭暗鬥。不見面的時候又相互挑撥，在國王面前說彼此之間的壞話。

　　這讓國王很難過，他經常教導十個兒子要團結起來，家庭才會幸福，國家才能長治久安。但是十個兒子把父親的話當成耳邊風，完全沒有放在心上。眼看著國王一天比一天衰老，身體漸漸不再健朗，他擔心自己死後，十個兒子會自相殘殺，於是他找來朝中最聰明的大臣，將自己的顧慮講給了大臣。大臣聽後，略微沉思了一下，對國王說：「陛下，微臣有一個好辦法。您是否聽過一根筷子和十根筷子的故事？就是說一根筷子輕輕就被折斷，而十根筷子綁在一起，就很難折斷。」國王認為大臣說得很有道理，同時也明白了大臣想要表達的意思。

　　時間一天天過去，國王感到自己的生命就要走到盡頭，他將十個兒子叫到了床邊，然後命人在他們每個人面前擺放兩支箭。接著命令十個兒子拿起其中一支折斷。兒子們感到很疑惑，但還是照做了，一支箭被輕鬆折斷了。這時，國王又命令他們將剩下的十支箭綁在一起，然後折斷，這一次，每個兒子都用盡了渾身的力氣，也沒能將箭折斷。在滿頭大汗之際，他們忽然明白了父親此舉的意思。

　　國王用盡最後一絲力氣說：「一支箭，輕輕一折就斷了，可是合在一起的時候，就怎麼也折不斷。就和你們兄弟一樣，不團結的話，很容易被人打敗，但是你們團結起來，就沒人是你們的對手。」說完，國王就咽氣了。十個兒子也不再鬥氣，而是將力氣聯合起來治國，國家在他們齊心合力下，比老國王在世時更加繁榮昌盛。

　　在成功的道路上，果真是團結起來力量大。與此同時，星雲大師認為，成功只有合作還是不夠的，還需要有分工。合作是大家團結一致發揮最大的能量，而分工則是讓人們在團結的基礎上，選擇自己最擅長的方面去做，這樣才是對人力資源最合理的利用。

　　一間房子忽然起火，房子裡面住著瞎子、啞巴和瘸子。人們心想，這下完了，一個看不見，一個不會喊，還有一個走不動，他們必定要葬身火海了。然而令人沒有想到的是，他們竟奇蹟般逃了出來。

　　只見啞巴背著瘸子，瘸子在啞巴的背上牽著瞎子，一邊指引啞巴找出口，一邊引領者瞎子前進，就這樣他們毫髮無傷逃了出來。

　　俗話說：「尺有所短，寸有所長。」任何人只有適當發揮自己的才能才會覺得受到了尊重。只有在合作的基礎上各司其職，讓每個人做自己最擅長的工作，才能逐漸配合出默契。

從微不足道開始建立大成就

荀子在《勸學》中說道：「不積跬步，無以致千里；不積小流，無以成江海。」意思是告訴人們，學習不是一朝一夕的事情，而是要透過不斷累積，哪怕每天只累積一點點，時間長了，也會是很大的收穫。然而有些人卻很少關注微小的事情，在他們看來那些微不足道的事情根本不重要。

張乖崖是宋朝時期崇縣的縣令，在當時軍卒侮辱將帥，小吏侵犯長官的事時常發生，張乖崖認為這種現象必須遏制，於是便著手開始進行整治。

一日，他正在衙門周圍巡視，忽然看見一個小吏從衙門府的庫房中偷偷走了出來。張乖崖立即喝令小吏站住，小吏一慌張，從頭上圍著的頭巾中掉下了一文錢。張乖崖問他這錢是怎麼回事，小吏支支吾吾半天也說不清楚，最後才承認是自己在庫房中偷的。

張乖崖將小吏帶回了衙門內，並下令拷打。小吏對張乖崖的判決很不服氣，爭辯道：「一文錢算得了什麼？你只能打我，不能殺我。」這話激怒了張乖崖，再次判道：「一天偷一文，一千天就是一千文。」說完，就當場斬了這名小吏。

因為一文錢被判了死刑，似乎有些冤，可當我們向長遠看時，就會發現這一文錢背後隱藏著強大的力量，這一文錢可以累積成十文錢，十文錢又可以累積到一百文錢，等到一百文錢了，這錢還是個小數目嗎？我們追求成功時也是同樣的道理，每天邁上一個臺階，一百天之後就是一百個臺階，至少有五層樓的高度了。

在通往靈山朝聖的路上，師徒二人日夜兼程趕路，經常餓一頓飽一頓，最後徒弟因為體力不支而暈倒了，等他醒來後，他發現自己趴在師父的背上，而師父正在艱難一步一步前行。

徒弟心中大為感動，但是又害怕自己拖累了師父，使師父無法完成朝聖的誓願，於是。請求師父將他放下。師父卻回答說：「徒兒，靈山是我們的目的地，朝聖是我們的誓願。我們現在已經走在了朝聖的路上，靈山早已經在我們心中，如此佛陀也就在眼前。我們如此虔誠的心，佛祖不會怪罪我們。就這樣一步一步走吧，總會到達的。」

只要不停下腳步，哪怕每次只邁一小步，總有達到目的的時候。佛教常常教導人們：勿以惡小而為之，勿以善小而不為。宮殿的雄偉壯觀，也是由一塊一塊的磚累積而成，沒有這些磚，再華麗的宮殿也只能出現在想像中。佛陀曾說：「僧家修行，所念的每一聲阿彌陀佛都是善的累積．」對我們世俗中的人而言，做好我們手中的每一件小事，都是成功的累積。

小時候的童第周是一個好奇心十分強的孩子，經常會問父親一些稀奇古怪的問題。一天，童第周看見屋簷下的石階上有一排整齊排列的小水坑，引起了他的好奇心，這是誰鑿出出來的呢？有什麼用呢？急於想知道答案的童第周找到了父親，說出了自己的疑問。父親很高興兒子這麼好學，於是耐心講解給他聽：「那些小坑坑不是人鑿出來的，而是下雨時，屋簷滴下的水砸出來的。」

父親的解釋讓童第周更加不明白了：「水那麼柔軟，而石頭那麼堅硬，怎麼可能將石頭砸出小坑坑呢？」父親笑著回答：「一滴水當然不行了，但是天長日久，點點滴滴不停敲打，不但能打出小坑坑，長久下去，還能砸出一個大洞呢！」童第周聽後若有所思點了點頭。

上學後，童第周的學習成績不是很好，便漸漸失去了學習的興趣，想要輟學。父親知道後，對他說：「你還記得『滴水穿石』的事情嗎？水滴透過堅持不懈的努力都能夠滴穿大石，你的恆心還比不過水滴嗎？學習是一個累積的過程，只有堅持下去才能獲得成功。」

父親的鼓勵使童第周重新拾起信心，經過他長期不斷努力，終於成為名揚海內外的生物學家。

事無巨細，積少成多，每天勤奮一點點、每天完美一點點、每天主動一點點、每天學習一點點、每天創造一點點……堅持每天多學一點，就是進步的開始，哪怕是 1% 的進步，就沒有什麼能夠阻止我們達到 100% 的成功。

自己的大腦也要隨時更新

人生百忌，最忌不時時進修，社會是不斷向前發展的，任何事物都處在不斷變化之中，太陽每天都要重新升起，樹木無時無刻不再成長，作為主宰世界的人類，如果我們固步自封，不肯更新自己，就會滑入社會的底層。

也許有人認為現在的自己很成功，很偉大，所以只需要維持現狀就好，不需要再嚴格要求自己進步。事實並非如此，也許現在的我們是最成功的，但並不代表若干年後，我們仍舊是最成功的，因為總有人再不斷向前走，如果我們停住了腳步，自然會被他人趕上。因此，為了不被社會淘汰，我們要隨時更新自己的大腦，跟上社會發展的腳步。

有一個小和尚自認為頭腦愚笨，所以從來不用功讀書。一天，老禪師檢查眾僧人的功課時，發現小和尚不但忘記了從前學過的知識，就連剛剛學過的也沒有記住。老禪師十分生氣，便讓小和尚跟著他來到禪房內，從櫃子中取出兩隻碗，每只碗中放半碗水，然後把其中的一隻碗放在門口的臺階上，另一隻碗讓小和尚端在手裡，站在門外，不停晃動。

小和尚以為這是老禪師對自己的懲罰，小心翼翼照做，既要碗中的水

保持蕩漾，又不能灑出來。兩個時辰過去了，小和尚的手都快凍僵了，老禪師才終於走了出來，手裡拿著放在臺階上那半碗水讓小和尚觀察，小和尚看到那半碗水早已凍成了一塊冰，而自己手中的水絲毫沒有冰凍的痕跡。小和尚恍然大悟，從那天起一直用功學習。

如果因為天生愚鈍就自暴自棄，就永遠無法有聰穎的一天；如果天生聰穎，卻沒有繼續深造，遲早也會變得愚鈍。在這個知識大爆炸的年代，誰也不敢保證自己所學的知識一輩子都夠用，停下腳步已經不是停止，而是倒退。因此，只要一息尚存，就要不斷尋找突破自己。

一天，舍利弗與佛祖聊完佛法後，內心一直被佛陀所說的那些簡單而又深刻的道理所陶醉，他一邊走路一邊回想，臉上洋溢著滿足而純真的神情。一個人從舍利弗身邊路過，見他這般高興，不禁問道：「舍利弗，你得到了什麼寶貝，為何如此高興？」

舍利弗說：「剛剛與佛祖聊法，佛法的美妙而神奇，就如同無價之寶啊！」此人聽後，嘲笑道：「你都這把年紀了，還在吮吸師父的乳汁啊？難怪像孩子一樣笑呢！」舍利弗聽了不但沒有生氣，反而樂呵呵說：「你所接受的教義，是邪惡的，猶如變了質的壞牛奶一樣，所以你一旦喝夠了，就知足了，不想再喝了。而我所聽聞的佛法，深邃無限，奧妙無限，回味無窮，越品越有滋味。所以，佛法就像營養豐富、口感醇厚的好牛奶，喝多少都是新鮮的，而且越喝越想喝。」

舍利弗對佛法孜孜不倦的追求，使他在佛教中的造詣極高，成為佛陀十大弟子之首，並且擁有上百名弟子。

俗話說：「活到老，學到老。」只有不斷學習，我們才能不斷挑戰更高級的工作。不管我們擁有多麼高的智商，擁有多麼出眾的能力，但是只要我們停下前進的腳步，就永遠無法取得突破。

星雲大師有一個徒弟十分好學，從臺灣大學畢業後，又到夏威夷讀碩士，然後到耶魯讀博士，這一學就是很多年。學成歸來後，此徒弟問星雲大師：「師父，接下去我該學什麼？」星雲大師回答：「學做人。」

人生沒有終點，每一個終點都是新的起點，世間萬物，我們所要學習的事物數也數不清，所以我們不能滿足於現在所學到一切，而是要不斷更新自己的大腦，成為一個善於學習的人，前途才會一片光明。

機遇不是等來的，能者自己創造

在成功的道路上，機會十分重要，所謂時勢造英雄，把握住一個好機會，人生就能夠發生翻天覆地的變化。有的人憑藉一個機會鹹魚翻身，有的人憑藉一個機會一步登天，而有的人卻總是抓不住機會，還要怪罪老天只眷顧運氣好的人。

星雲大師認為，機會需要緣分，也需要自己去創造。生活中許多事情我們必須要耐心等待，而有的事情就需要我們積極去爭取，去創造，機會就屬於後者。我們也可以去等待，但是等待是沒有終止的，我們不知道什麼時候才可以等到，而且很多時候，當我們意識到那是一個機會時，機會已經從後門溜掉了。所以，與其等待不如創造。

一個優秀的大學畢業生在找工作的過程中處處碰壁，一份份簡歷如石沉大海般與去無回。一天，他在翻看報紙時，意外發現這家報社正在招聘編輯，這正是他夢寐以求的工作，而招聘已經進行了兩天，現在投簡歷，再等著人事部來電話預約面試，那又會耽誤很多天，也許這幾天中他們已經物色到了合適的人選。於是，他準備第二天直接去面試地點。

第二天早晨，當他趕到面試地點時，那裡已經有十多個人排隊等候

了。怎麼才能在這麼多人中取勝呢？不能浪費這個來之不易的機會。經過短暫的思考，他在一張紙上寫了一段話，然後囑咐身後的人幫他保留位置，他則走到隊伍的最前面，對正在招聘的人員說：「請把這張紙交給你們的負責人，這件事很重要。麻煩您了，十分感謝。」對於他的請求，招聘人員不知作何回應，但是看到他認真的神情，文質彬彬的外表，招聘人員答應了他的要求。

毫無疑問，他這一舉動給招聘人員留下了深刻的印象。當招聘的負責人打開紙條後，有這樣一句話寫在上面：「尊敬的先生，我是排在 31 號的應聘者，請您在見到我之前，不要作出任何決定。」

當我們一切準備就緒的時候，機會還沒有找上門，那麼就是我們該去找它的時候了。然而，創造機會並不是一件容易的事情，有人曾說：「機會只給有準備的人。對於創造機會的人而言也是如此，沒有任何準備，就想要創造出機會，最後只會失敗。

在某個官府裡，有兩個僕人，其中一個僕人發現老爺對另外一個僕人很好，對自己卻不好，於是他暗中觀察那個僕人是用什麼方法讓老爺喜歡他的。原來這個僕人在每次老爺吐完痰後，都會悄悄用自己的腳將痰抹淨，老爺看在眼裡，自然樂在心裡。

為了討老爺歡心，他決定效仿此法。但是每次都被那個僕人搶先一步，始終等不到合適的契機。終於他絞盡腦汁想出了一個捷足先登的方法，就是老爺剛一吐痰，他就伸腳。他為自己想出的這個主意興奮不已。

第二天，他時刻觀察老爺的一舉一動，忽然老爺咳嗽了兩聲，他知道老爺就要吐痰了，等老爺剛一張嘴時，他立刻飛起一腳，心想：這次一定是我先將痰抹掉。結果卻是痰沒抹掉，他卻將老爺的牙踢掉了。

想贏得老爺的歡心，還有很多途徑，不一定在吐痰這件事情上。能夠

為自己創造機會固然是好的，但是創造機會也需要一定技巧，而不是一味生搬硬套。

首先，自己要具備創造機會的信心，有了信心才有機會；其次，要具備創造機會的能力，只有能力達標，才能創造出機會並很好駕馭機會；第三，個人要有理想，有了理想就知道自己應該從哪裡尋找機會，創造機會；第四，廣結善緣，先有播種才會有收穫，創造機會也是如此，要先準備出適合機會成長的土壤，創造機會才能事半功倍。

做一個聰明人，不要把生命都消耗在等待中，要一方面勤奮、精心累積，另一方面在尋覓機遇。當具備了一定程度的知識、能力時，機遇便會不期而至；當我們利用實力和機遇取得一些成績後，又會遇到質和量更高、更有利於自身發展的新機遇。

走在成功之路上懷有憂患意識

《孟子》中說：「生於憂患死於安樂。」意思是說逆境能夠使人奮發向上，安逸的環境能夠使人滅亡。《易經》中說：「君子，存而不忘亡，治而不忘亂，是以身安而國家可保也。」時刻懷有憂患意識，是一種生存智慧，是一種避免生命墮入危滅道路的智慧。

戰國時期，范雎以「遠交近攻」的謀略說服秦昭王，被秦昭王拜為客卿後，就一直為秦昭王出謀劃策，維護了秦昭王的絕對權威。後來，秦昭王又封范雎為應侯。這時，燕國人蔡澤來到了秦國，蔡澤十分能言善辯，他放出話說：「如果我能見到秦昭王，以我的才幹，秦昭王一定不會再重用范雎，並撤掉他的丞相職務。」此話傳到了范雎耳朵裡，范雎決定要會一會蔡澤。

蔡澤見到范雎後，毫不避諱說：「人們常說，太陽升到中天就會偏西，月亮圓滿便要虧缺，物盛則衰，這是自然間的規律。你現在位居高官，擁有功名利祿，秦王對你的信任自然不必多言，而這正是你隱退的最好時機，能夠保住你一生的榮華富貴。否則，災難必至。」

范雎以為是蔡澤故意恐嚇他，並未當真。蔡澤見范雎不信其言，繼續說道：「歷史上不乏這樣的例子，例如商鞅，他為秦孝公變法，結果卻慘遭車裂而死；白起率軍先攻楚國，後打趙國，長平之戰殺敵 40 萬，最後是被迫自殺；又如吳起，為楚悼王立法，兵震天下，威服諸侯，後來卻被肢解喪命；文種為越王勾踐深謀遠慮，使越國強盛起來，報了夫差之仇，可是最終還是沒能逃脫被越王所殺的結局。」

一連串的事例，范雎聽後不禁動容，對蔡澤終於有所信服。隨後，范雎聽取了蔡澤的建議，推舉蔡澤為丞相，而自己則宣稱身體不適，在功成名就之後選擇了退隱。

也許有人認為范雎太傻，在正值輝煌的時期，將一切拱手讓人。實際上卻是極為聰明的做法。《逸書》中說：「成功之下，不可久處。」也就是說在成功的道路上，要能夠居安思危，要有小心謹慎、如臨深淵、如履薄冰的心態，這樣才能避免大意而產生禍患。這不是一種畏懼、退縮的心理，而是因為富貴如刀兵戈矛，稍放縱便銷膏靡骨而不知；貧賤如針砭藥石，一憂勤即砥節礪行而不覺。在成功的時候，人往往容易自恃甚高，看不到自己的缺點，也看不到別人的長處，只有等到危機來臨時，才發現自己錯失得太多，而這時，一切醒悟都已經太晚。

如果沒有憂患意識，就無法意識到自身的能力是否還能跟上社會發展的腳步；沒有憂患意識，就等於喪失了把控自己未來發展的主動權。培養憂患意識，就等於在相當於培養自己的競爭意識，使我們知難而進，遇難而爭；

相當於培養超前意識，認識危機，方能未雨綢繆，提前預防；同時，這也是一種鞭策意識，能使我們產生緊迫感，不會沉浸在自滿中不能自拔。

唐太宗李世民曾在貞觀五年時，感慨道：「雖然國內相安無事，四夷賓服，但朕仍恐有做得不好的地方，所以日日慎重。」魏徵聽後，對唐太宗說：「內外治安，臣不以為喜，惟喜陛下居安思危耳。」

可見魏徵不但善於雄辯，更加懂得安而不可忘危的治國道理。對於一個國家的統治者是如此，對我們普通的個人也是如此。統治者沒有憂患意識則國亡，個人沒有憂患意識，則前途盡毀。

如果把人生比作一場宴席，我們只知大快朵頤，而沒有考慮席散後，自己該何去何從，就像是燕子將自己的窩搭建在門檻上，就像是魚兒將水窪當作家一樣危險。因此，樹立憂患意識，以清醒的大腦面對今後的形勢，將危險防患於未然，只有居安思危，才能臨危不亂。

讀再多的書，不如把一本書讀「活」

古人曾把一本好書比一劑良藥，確實如此，讀書就好比吃藥，能夠治愚。星雲大師人為，人生的起點，不是誕生，而是與好書結緣的那一刻；人生的終點，不是死亡，也是與好書結緣的那一刻。

從古至今，關於的讀書的名言警句多不勝數，劉彝說：「讀萬卷書，行萬里路。」顏真卿說：「黑髮不知勤學早，白髮方悔讀書遲。」蘇軾說：「發奮識遍天下字，立志讀盡人間書。」似乎讀得書越多，對自己越有益處。事實確實如此，讀書多，便能夠上知天文下知地理，博學而多才，但是如果樣樣只知皮毛，並不能起到多大的作用。蘇軾還曾說過：「舊書不厭百回讀，熟讀精思子自知。」想必是蘇軾在立志讀盡人間書後，發現一

本好書是百看不厭，每看一遍都能夠領略到更深一層意義。因此，要多讀書，更要讀好一本書。

宋太祖的乾德五年時，幾個大臣在一起談論起年號之事，太祖皇帝趙匡胤對「乾德」這個年號十分滿意。趙普是趙匡胤的大臣，十分擅長拍馬屁，看到皇帝喜歡「乾德」這個年號，便回憶了近幾年來發生的好事，並將這些好事歸功於趙匡胤改的「乾德」這個年號上。此舉對趙匡胤的讚賞不言而喻，趙匡胤心中自然十分歡喜。

這時，站在一旁的翰林學士盧多遜看不慣趙普的溜鬚拍馬，等趙普說完後，不動聲色說：「『乾德』這年號好是好，只可惜是偽蜀用過的年號。」趙匡胤一聽，連忙命人去查，結果「乾德」果真是前蜀的年後，而且還是亡國的年號，趙匡胤在眾人面前出了洋相，又羞又惱，便將怒氣發洩在了趙普身上。他將趙普叫到身邊，拿起毛筆，蘸飽了黑墨，然後在趙普臉上一陣亂寫亂畫，直到趙普滿臉滿身翰墨淋漓，畫罷，趙匡胤罵道：「你不學無術，怎麼比得上盧多遜？」趙普受此大辱後，下定決心發奮讀書，

趙普準備了一個大書匣，不許任何人打開，別人只能看見他每天從裡面拿出一本書來讀，卻不知道他讀的什麼書，只是漸漸地，趙普的學問越來越好，後來協助趙匡胤制定政策、祖宗制度，共同創造了中國歷史上經濟、文化發展的巔峰時代。

趙普死後，人們打開他的大書匣，裡面只放著一本《論語》，趙普以半部《論語》治天下的故事傳了開來，直到至今，還被人們津津樂道。

可見，一本好書足以讓人品讀一生。寥寥數五千言的《道德經》，像是一口深井，蘊藏豐富的人生智慧；不足百頁的《菜根譚》，走出國門，在日本掀起閱讀的熱潮。所以對待一本好書，要細嚼慢嚥，慢慢消化書中的內容，才能將書中所講到的智慧靈活運用到生活中。

第七章　成功道路漫漫，莫爭一時輸贏

　　一位老禪師坐在禪院的陽光下，一會兒看看經書，一會兒閉目養神。站在一旁的小徒弟看見了，以為師父看經書看得睡著了，畢竟師父年事已高，人容易疲憊，故而比較貪睡。小和尚擔心師父受涼，於是走進睡房，拿了毯子出來，輕輕蓋在了老禪師的身上。誰料老禪師並沒有睡著，還閉著眼睛微笑著對小徒弟說：「你以為我睡著了嗎？我還在讀經文呢！」

　　「可是方才見您閉著眼睛，我以為……怕你著涼，所以才……」小徒弟害怕師父責怪，吞吞吐吐說。「那是我正讀得沉迷、起勁兒的時候。不管讀什麼書，不能光知道讀，還要對書中的內容進行思考和領會，有時還要像牛吃草一樣反芻。」說完，老禪師睜開眼睛繼續讀起經書來。

　　常言道：「術業有專攻」，在任何一個領域中都有精通此道的專業級人士，只有成為這一領域的專家，才能具有權威性，才能超越其他人。讀書也是同樣的道理，同樣一本書，想要比他人從中獲得更多有用的資訊，就要比他人更仔細進行研究。

　　佛祖有一個徒弟叫做般特，他是佛祖的徒弟中生性最愚笨的一個。佛祖讓 500 個人輪流教他，他依舊什麼也學不會。無奈之下，佛祖叫來般特，一字一字親自教般特念一句偈：「守口攝意身莫犯，如是行者得度世。」然後對般特說：「你不要認為這首偈稀疏平常，你只要認真學會這一首偈，就已經是不容易了！」般特聽後，謹遵師父的教誨，每天翻來覆去念這一句偈，逐漸明白了這其中的含義。

　　一天，佛祖派般特到外面講法，人們早已對般特的愚笨略有耳聞，所以心裡都十分不服氣。般特卻並未理會他人不友善的對待，在講法前用慚愧而謙虛的語氣對眾人說：「我生來愚鈍，在佛祖身邊只學得一偈，現在給大家講述，希望靜聽。」說完便從容將自己從那句偈中悟到的道理講與大家聽，並講得頭頭是道，新意迭出。一首普通的偈，被般特說出深奧的佛法。

講完後許久，人們仍回味在般特的講解中，不僅感嘆道：「一首啟蒙偈，居然可以理解到這種程度，實在是高人一等啊！」自此，再也敢輕視般特，嘲笑他的愚笨了。

人生也可以形容成一本書，做人和看書是一個道理，與其做許多毫無成就的事情，不如踏踏實實將一件事情做好。就像一生只做一件事的數學大師陳省身那樣，專心一事，成就斐然；就像一生只愛一個人的作家沈從文那樣，情繫一人，此生不渝；就像星雲大師一樣，一生只研究佛法，將佛法的智慧發揚光大。

第七章　成功道路漫漫，莫爭一時輸贏

第八章

雖活在世俗中，但要有無畏的世俗心

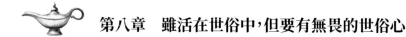

世事變化無常，不要懼怕

　　人生總是變化無常，因為無法預料，所以人們的心中總是充滿這樣那樣的恐懼，生怕有什麼巨大的變故會突然降臨。尤其是對死亡的恐懼，這幾乎是每一個世俗中人最不願意面對的事情，因為死亡的不可預知性，因為生命中還有許多未完成的夙願，所以死亡成了大多數恐懼的來源。

　　北宋有一名大將曹翰，此人久經沙場，殺人如麻，做起事來心狠手辣。當年正值北宋與南唐的對峙時期，在他的帶領下，千萬士兵如們猛虎一般占領了廬山之地。

　　當地的老百姓為了免遭殺戮，紛紛躲進廬山上的圓通寺內，當曹翰帶領千軍萬馬沖進圓通寺時，卻只看見一個老和尚坐在法座上誦經，其餘人早已不見蹤影。老和尚對曹翰的到來並不理會，非但沒有起身迎接，反而連眼皮都沒有抬一下。老和尚的蔑視讓曹翰勃然大怒，他立刻抽出寒光逼人的寶劍，架在老和尚的脖子上，大喝道：「和尚，你沒有聽說過殺人不眨眼的將軍嗎？」老和尚此時才慢慢睜開眼睛說：「你沒有聽過不怕死的和尚嗎？」老和尚那中視死如歸的從容和氣定神閑的安詳，竟使得曹翰有些心虛，他放下了手中的劍，環視一圈後，譏諷說：「既然不怕死，那寺院中的人呢？」老和尚回答：「只要擊鼓就會回來。」

　　曹翰聽罷，便拿起鼓槌敲起來，然而他敲了許久，也未見有一個人回來，老和尚注視著曹翰說：「你殺氣太重，連鼓聲裡都盡是殺氣。」說完，站了起來，親手擊鼓，鼓聲帶著一種安詳與寧靜傳到很遠的地方，不一會兒，寺院中的人就紛紛回到了寺中。曹翰被這一幕簡直不敢相信眼前這一切，但是卻實實在在發生在了他眼前。

　　老子曾說：「民不畏死何以死懼之。」就是說，如果一個人連死都不怕

了，那麼你用死來威脅他又有什麼用呢？人們之所以對死亡感到恐懼，是因為還沒有看透生死，當看透了生死，就能夠坦然面對一切艱難困苦了。

宋朝時期，宋徽宗得知芙蓉道楷禪師人品高潔，道行高超，於是賜予禪師紫衣，並親自擬定封號「定照禪師」，以作褒獎。但是芙蓉道楷禪師卻不領情，拒絕道：「貧僧乃出家之人，只願專心致志修禪，這些世俗的名利對我沒有什麼用途，還是請皇上收回吧。」

宋徽宗沒有想到芙蓉道楷禪師這樣不識抬舉，同時感到有損自己的尊嚴，頓時雷霆大怒，並命人將道楷禪師收押在大理寺，嚴屬查辦。此時道楷禪師沒有任何恐懼，坦然接受了懲罰，戴上枷鎖，踏上了流放荒漠的道路。

任何人都會生老病死，不管是心理上還是生理上，都會經歷一些苦難，每個人對此的心態都不盡相同。有的人心態樂觀，將生死置之度外，因此這個世界上沒有什麼能夠令他們恐懼；而對於心態不好的人而言，死亡就是失去、黑暗、痛苦等一系列負面情緒的代名詞，因此生活中的一點變故都會讓他們感到恐懼，這種心理會一直影響著他們的生活。

道楷禪師面對被流放的處罰，能夠泰然若之接受，可見道楷禪師對待死亡時的豁達態度。星雲大師認為，死亡是人類不可避免的終點，但卻不是人生的最終目的，我們不能改變自己生命的最終走向，但是卻可以透過完善生命的過程，從而得到自己想要的結果。

莊子曾在去楚國的途中撿到一個骷髏，當時莊子用馬鞭敲了敲骷髏頭的側邊，問道：「不知閣下是為何而死，是他殺，是自殺，還是因為某種不可預知的因素而死呢？」說完，就將骷髏頭當做枕頭，枕在頭下睡起覺來。

夢中，這個骷髏頭對莊子說話了：「先生之前所問的那些話，其實都是活人的拘累。對於我們死人而言，一切都如浮雲一般飄渺，可以說就是君王也達不到我們的境界。」莊子對此卻不太相信，於是說道：「假如讓

你再次活過來，你願意嗎？」骷髏聽後，搖搖頭說：「我怎麼能夠放棄現在的悠閒生活去在世為人，經歷世人的痛苦呢？」

人們對死亡的恐懼，並不是因為死亡本身具有可怕性，而是人們無法控制自己的內心，即便是死亡並不恐懼，只要心裡感到害怕，也會認為死亡是恐怖的。因此，放鬆自己的心態，在活著的時候好好享受生活，豁達面對一切，那麼生死也就沒有區別了。

人生順境逆境皆歡喜

人生是一條蜿蜒的曲線，有高峰，也有低谷，心態好的人即便是處於低谷中，也不會因此而憂慮和慌亂，依舊會用高峰時期的心理去對待生活；心態不好的人，則會終日愁眉苦臉，失去往日的意氣風發。

事實上，不管是順境還是逆境，都應該用正常的心態去對待。因為身處順境得意忘形，則容易毀掉自己的前程；但如果在逆境時沉淪頹廢，也必定不會有大作為。因此，星雲大師認為，處順境時不可得意忘形，處逆境時不可行為失檢。

有一位老人在趕集的途中，不慎丟失了一匹良馬，鄰居們聽說後，均為老人感到惋惜，可是老人卻絲毫沒有流露出心疼的樣子，反而勸慰大家道：「不過是丟失了一批馬，也不見得是壞事。」

結果真讓老人說對了，沒幾日那匹馬自己回來，而且還帶著一頭健壯的騾子，這次鄰居們轉惋惜為羨慕，心想：這老頭還真是幸運。可是老人卻沒有大家想像的那樣開心，反而語氣平靜說：「未見是好事啊。」

老人的兒子很喜歡的那頭騾子，每日騎在騾子身上玩耍，結果不小心從騾子上摔了下來，摔斷了腿。這可真是太倒楣了，鄰居們紛紛前來探

望，發現老人不但沒有因此而難過傷心，反而還樂呵呵對大家說：「這也許不是一件壞事。」鄰居們簡直不敢相信，看起來如此慈祥的老人，竟是這樣一個狠心的爹。

這件事情過去沒多久，爆發了一場戰爭，國家四處徵用壯丁為國效力，許多年輕人上了戰場，便沒有再回來。而老人的兒子因為腿疾無法打仗，所以避過了一劫。

塞翁失馬焉知非福，我們永遠都無法預測下一秒將發生什麼。有的人追求權利，因為得到而開心，結果卻因為意外而失去，此時便心灰意冷，沮喪萬分，他們為了錢財而大悲大喜，情感完全被外物所控制，但外物卻不會因為我們心情的起伏變化而做出任何改變。因此，不必過意在意順境還是逆境。

郭子儀是唐朝著名的大將，在安史之亂中立下了卓越的戰功，為鞏固唐朝的政權可謂立下了汗馬功勞。為此得到了唐肅宗的重用，封他為汾陽郡王。唐代宗登基後，對他也十分賞識，賞他丹書鐵券，日後即便他犯了大罪也能夠免去死罪。

後來唐德宗又賜封號「尚父」給郭子儀，以示對其的尊重。郭子儀所受到的恩寵可謂是達到了高峰，但是郭子儀卻沒有居高自傲，更沒有借此而索要更多的特權。當年唐代宗要封他做尚書令時，他還一再推脫，說：「這是過去太宗做過的官職，所以後來各朝都不設置此官，怎可讓我來破壞這個規矩呢？這些年來，由於戰爭，封賞官爵浮濫，如今叛亂稍平，應該審查整頓，請從我老臣做起。」

郭子儀用自己的顯赫身分，做了群臣的榜樣，皇帝也不好強加於他，只好對他更加重用。而郭子儀也不負聖恩，在維護國家統一上貢獻了很大的力量。

人生就應該坦然面對一切順境逆境，佛教信奉有因必有果，種什麼因就得什麼果。所謂心態決定思想，思想決定行為，行為決定習慣，習慣決定性格，性格決定命運。無論在什麼環境下都要保持平靜的狀態，保持樂觀的心態，這樣才能收穫一個樂觀的結果。

珍惜眼前的一切，順境也好，逆境也罷，現在所擁有的，就是最好的。以這樣的心態去面對生活，不管生活的本來面目是什麼樣的，對我們而言都是快樂的。寵辱不驚，閑看庭前花開花落，這是多麼高的人生境界。

選擇要選擇得心甘情願

人生有時就像在做選擇題，經常面臨著各種各樣的選擇，有的選擇是自己心甘情願，有的選擇則是迫不得已，不管是哪種情況，人生都是一條有去無回的單行道，我們都不能後悔自己的選擇。

常言道：「選你所愛，愛你所選。」也就是說，一旦做出了選擇，就要心甘情願的接受，不要因為後悔而中途放棄，更不要因此而怨天尤人，因為一切皆是我們自己的選擇。

心理學家曾做過這樣一個實驗：首先讓接受測試者經歷被電擊的痛苦，然後記錄下每個人被電擊時的主觀感受、行為反應和生理變化。然後，讓部分接受測試者分成三組經歷第二輪的電擊，並且每一組都有不同的選擇原因，第一組是在能獲得金錢回報的基礎上做出的選擇，第二組是在為科學做貢獻的社會壓力下的選擇，第三組則是個人自願的選擇。

測試結果表明，第三組的測試人員認為第二輪的電擊沒有第一輪那樣痛，並且其行為反應和生理變化也較第一輪平靜了很多。而第一組和第二

組人員的反應則與第一輪電擊時沒有太大差別。

可見，即便是一件痛苦的事情，只要是自己心甘情願的選擇，自己就願意承擔後果，那麼過程也不會令人覺得痛苦，同時，對我們的身心健康也十分有好處。

我們無法選擇自己出身，因為那是在我們出生之前就已經成為既定事實的事情。但是我們可以在生命開始的那一刻，選擇我們未來的人生道路，我們可以選擇積極向上的人生，也可以選擇愚昧自私的人生，可以選擇快樂幸福的人生，也可以選擇痛苦寡歡的人生。然而，在不斷追求的過程中，由於種種原因，總是會發生一些事與願違的事情，有的人希望得到成功的人生，卻因為智慧不足，顛倒黑白，結果誤入了歧途。

星雲大師認為，人們所想要選擇的，但卻還沒有得到的，是因為缺少一些因緣，這些因緣是我們過去沒有做到的。對於未來的一選擇，只要我們從現在開始播種，就能夠在面臨選擇時得到自己想要的結果。

道理就如同學生學習一樣，有的學生因為沒有考上好的大學而沮喪，認為結果並不是自己意料中的選擇，事實上，是自己在過去的學習沒有盡到應盡的努力。此時他能夠做的只有利用大學時間充實自己，在下一個選擇來臨之前做好所有的準備。任何事情都是同樣的道理，工作是如此，感情是如此，人生更是如此。

很久以前，有一個以養河蚌為生的人，他立志要養出世上最大最美的珍珠。每天天一亮，他就到海邊去挑選沙粒，一邊挑一邊問那些沙粒願不願意成為一顆珍珠，幾乎沒有一個沙粒說「願意」。很多天過去了，在養蚌人快要絕望的時候，一個小小的聲音說：「我願意。」養蚌人聽後欣喜不已，其他的沙粒聽後卻笑這顆沙粒太傻，竟然自願鑽到河蚌的殼子裡，遠離親人朋友，隔絕了陽光雨露，終日與潮溼黑暗陰冷為伴，甚至連呼吸

都不能暢快。同伴的嘲笑並沒有動搖小沙粒的決心，它義無反顧與養蚌人離開了。

很多年過去了，沙灘上的沙粒有的被海水沖進了大海中，有的被帶去很遠的地方，鋪成了萬人走過的道路，有的還懶懶躺在沙灘上，只有那顆願意成為珍珠的小沙粒已經成為珍貴的飾品，被那些雍容華貴的夫人戴在頸上，出入在各種高檔奢華的場所。

任何選擇只要是心甘情願的，我們都會盡自己最大的努力去完善它，就算這個選擇在所有人眼中都是錯誤的，我們也要堅持走下去，否則我們就無法知道自己究竟錯在哪裡，永遠都會徘徊在失敗中。然後，我們在不斷反思中完善整個過程，最終總會得到一個正確的結果。當然，為了避免自己走彎路，我們還是要在選擇之前，做出縝密的判斷，做出當下最好的選擇，一旦選擇了，我們就沒有資格再後悔。

幾個弟子向佛祖請教人生真諦的問題，佛祖指著前方的一片樹林說：「現在正是果實成熟的季節，你們從樹林的這頭，各自沿著一排果樹走到樹林的那頭，途中摘一個你們認為最大最好的果實。記住，不許走回頭路，不許作第二次選擇。」

弟子們聽罷紛紛出發，一路上，他們都十分認真選擇著，當他們到達另一頭時，佛祖已經等在那裡了。「你們是否已經選擇好了令自己滿意的果實？」佛祖問。弟子們個個低下頭，不言不語。「怎麼了？難道你們對自己的選擇不滿意嗎？」佛祖繼續問。「師父，您再給我們一次選擇的權利吧。」其中一個弟子說道，「我剛進樹林時，就看到了一個有大又好的果實，但是想著後面還有更好的，就沒有摘，結果走到最後再也沒發現比那個更好的了。」

另一個弟子聽罷，立刻搶著說：「我與師兄的情況恰恰相反，我一進

樹林就看見一個又大又好的果實，於是就摘了下來，結果走到最後，才發現比它好的還有很多，但是也不能後悔了。所以，您就再讓我們選擇一次吧。」「是啊，師父您就再給我們一次選擇的機會吧。」所有的弟子異口同聲說道。

佛祖微笑著卻很堅定搖著頭說：「假如這是你們的人生，還有第二次選擇嗎？這就好比人生路一樣，當我們選擇了一條路後，發現走錯了，但是既然已經走過，就沒有必要懊悔了，我們能夠做的只有繼續向前走。」

有些選擇就像魚和熊掌，不管選擇哪一個，放棄哪一個，我們都會為失去的那個而失落，甚至是痛心，這樣只會讓我們在失去一個後，又忽略了另外得到的一個。因此，既然選擇了，就要學會接受，不要為了不能選擇的事情徒增煩惱。

如果我們的人生都是由自己心甘情願做出的選擇，或者是我們能夠將其視為自己心甘情願的選擇，那麼人生將多一分安心，少一分苦楚。

自我健全，戰勝干擾

生活中有這樣一類人，他們似乎永遠沒有自己的主見，別人做什麼，他就做什麼，別人說什麼，他就信什麼。追根究柢，還是因為這類人還沒有形成健全的人格。

一群螞蟻在山腳下玩耍，其中一隻螞蟻建議：「我們一起爬到山頂上玩玩吧。」眾螞蟻都很贊同，於是它們便聚集在一起相伴著往山頂上爬。爬著爬著，其中一隻聰明螞蟻忽然覺得很荒唐：「我們為什麼要頂著烈日爬山呢？」大家都覺得它說得很對。於是螞蟻們都停下來了，只剩下一隻最小的螞蟻還在緩慢向上爬著。

有的螞蟻勸它停下來，有的螞蟻則嘲笑它愚笨，而小螞蟻卻像沒有聽見一樣，繼續向上爬。終於，它爬到了山頂。螞蟻們看見了，都十分佩服它。等到它下來以後，大家紛紛上去問它：「是什麼力量支持著你爬上去呢？」

小螞蟻不但沒有回答問題，反而露出十分不解的神情，這時候大家才明白，原來小螞蟻是個聾子，它看到大家都在爬山，於是也跟著爬。當大家都停下來時，它卻因為沒有聽到大家說話的聲音，所以一直爬到了山頂。

假使小螞蟻不是聾子，它聽到了大家的議論，是不是會停止繼續攀爬的腳步呢？一個人若不能正確認識自己，健全自己的身心，則很容易受到外界的干擾，很多時候，他人的議論、他人的說法、他人的觀點、他人的態度都會對自己的心情和行為產生極大的影響。這樣怎麼能健全自我呢？

《大學》中說：「修身齊家治國平天下。」就是說人只有先完善自身，才能處理好家庭中的關係，繼而才具備治理國家的條件，最後才能平定天下，這一切都要以完善自身為基礎。修身也就是自我健全，曾子曰：「吾日三省吾身。」這就是自我健全的方法，每天進行自我反省，這樣才能認識到自己的不足和缺點，從而修正和改進自己。

一個小偷悄悄潛入他人家中行竊，不小心被抓住後，挨了一頓暴打。正當他灰頭土臉往回走時，看見一隻狐狸叼著一塊肉走過來，路過河邊時，狐狸看到河裡有魚，便將肉放下，跳下河去捉魚。正巧這時，飛來一隻烏鴉，將狐狸的肉叼走了。

狐狸在河中沒有捕到魚，反倒被潛伏在水中的鱷魚咬了尾巴，上岸後才發現先前的肉也不見了。小偷看到此景，不禁嘲笑狐狸說：「貪嘴的狐狸，扔掉自己的肉去捕魚，結果魚沒捕到，現在兩手空空不說，還被咬了尾巴。真是太可笑了！」

　　狐狸聽後反過來嘲笑道：「你也好不到哪裡去，本想偷幾個錢度日，卻不想被棒打了一頓，兩手空空不說，還要搭進不少療傷的錢。」一席話，讓小偷啞口無言了。

　　小偷嘲笑狐狸的時候，不曾想到自己正和狐狸犯著一樣的錯誤。如果我們不經常反省自己，就會鬧出和小偷一樣的笑話來。每天起床照鏡子時，不要只照容貌、衣著，同時也要照一照自己的內心，內心是否也像外表一樣整潔？如果不是，就要立即對內心進行「清洗」了。

　　星雲大師認為，有一類人不僅不肯反省，還會可以隱藏自己的錯誤，這樣的人是無法修正自己的。錯誤不是掩飾就可以消失，只有正視錯誤，然後改正錯誤，我們的身心才能越加健全，擁有明辨是非，獨立思考的本領。

　　一日，掌管世人生死的判官來到人間，對兩個即將死亡的人說：「你還有三個月的壽命，三個月後你聽到一串鈴聲，就是你生命終結的時候。」

　　第一個人聽後，嚇得惶惶不可終日，每天醒來第一件事就是數一數自己還有幾天的壽命，然後就是豎起耳朵聽外面是否傳來了鈴聲。這使他茶不思飯不想，看著自己一生累積的財富，心中像打翻了五味瓶，不知該怎麼辦。三個月過去了，判官來到他家，剛一搖響鈴鐺，他就死了。

　　第二個人得知自己還有三個月聲明後，他先是感到難過，但是馬上就覺得難過也於事無補，不如好好利用這三個月。於是他把自己一生的積蓄都拿出來，一部分幫助那些需要幫助的人，一部分留下來為大眾做一些善事，例如鋪路修廟等。他的善舉迎來了老百姓的讚揚，不管他走到哪裡，都對他盛情款待。

　　三個月的期限到了，判官再次來到他面前，此時他正在和鄉親們慶祝新橋搭建成功，場面十分熱鬧，判官搖了幾次鈴，他都沒有聽到，判官只

好無奈回到了地府，他就這樣活了下來。

　　積德行善能夠讓人的內心更加充實，塑造出高尚的人格。第二人透過做善舉，使自己的身心更加健全，所以他才能夠戰勝判官的干擾。我們對待人生也應該如此，只有戰勝外界的干擾，才能健全自身。

拚命爭名利，不如輕鬆賺歡喜

　　莊子曾說：「至人之用心若鏡，不將不迎，應而不藏，故能勝物而不傷。」意思是一切隨緣，不要刻意求取，貪念不斷，這樣才能避免煩惱滋生。

　　生活中，人們的煩惱大致來源於兩個方面，一方面是自身的欲望，一方面是外在的名與利。有的人為此奔波了一生，卻苦惱了一生；有的人卻對此漠不關心，反而輕鬆快樂了一生。

　　一位年近七十的老伯在老街上經營一家茶館，他從不站在門口吆喝著招攬客人，而是坐在茶館中，聽著廣播，喝著紫砂壺沏的茶，有時還會半躺在老籐椅打盹。這樣做生意的方式，使得他的盈利只夠自己的日常開銷，但是老伯對此卻十分滿足。

　　一天，縣城中小有名氣的古董收藏家走進茶館歇腳，無意間看到老伯手中的紫砂壺，眼前頓時一亮，那紫砂壺古樸雅致，紫黑如墨，像是清代的文物。於是，他激動走過去，向老伯借紫砂壺一看。仔細打量一番後，發現在壺嘴的內部有一個印記，是清代著名制壺家戴振公所制。戴振公因為手藝精湛，被冠以捏泥成金的美稱。所以，這個紫砂壺可謂是價值不菲。

　　此人越看越喜歡，決定以十萬元的價格買下來。當他與老伯商量此事時，老伯有些猶豫，因為這個紫砂壺是他祖父留下來的，他們祖孫三代，

一直用這個紫砂壺喝茶，他已經用了將近 60 年，從不知道這個壺這樣值錢，一時間他也不知該作何決定。

晚上回到家後，老伯竟不知道將紫砂壺放在何處，以前都是隨手放在床邊的桌子上，然後躺在床上一邊看電視，一邊喝茶。現在他沒躺一會兒就要起身看看，只要紫砂壺還好好在桌子上，他才能再次安心躺下。更讓老伯煩惱是這個消息迅速在人們之間傳開來，大家紛紛登門拜訪，有人問他還有沒有更值錢的寶貝，有人向他借錢，甚至半夜有小偷光顧，老伯之前平靜的生活完全被打亂了。

又過了幾天，那位古董收藏家來到了老伯家中，這一次他帶了 20 萬。老伯再也無法忍受了，他叫來所有的人，然後拿起砍柴的斧頭，向紫砂壺砸去，轉眼間紫砂壺在眾人驚愕的眼光中成了一堆碎片

沒有了紫砂壺，再也沒有人來打擾老伯的生活，他依舊靠開茶館為生，生意依然那樣不溫不火，但是老伯卻生活很平靜，一直活到了一百多歲。

內心的束縛大多來自於對名利的追求，放棄了名利也就贏得了內心和生活的平靜。對於生活在世俗中的我們而言，放下名利，就意味著我們要克服現實生活中的許多障礙，尋求內心的平衡，使靈魂得以超越世俗，以俯視的姿態看著大千世界。這樣就能夠剔除掉生活中很多浮躁與淺薄，避免愚蠢和荒謬出現在自己身上。

一位已經 120 歲高齡的老人常常對開玩笑似對人說：「閻王爺太忙了，把我給忘記了。」許多人慕名而來，向她討教長壽的祕訣，她總是笑著說：「如果有祕訣，我現在就是世界上最老的富婆了。」

據老人講，她這一輩子從來沒有揣測過別人的心思，更未算計過他人，也沒有在乎過自己能活多久，只是認為身體健康是上天賜予她的福

分，她應該珍惜。在老人 95 歲那年，一個中年人找到老人，表示願意每月支付生活費，直到老人去世，但條件是老人去世後，必須將老人所住的房子留給他。老人對這個要求欣然接受了，並與中年人簽訂了具有法律效應的協議書。

中年人本以為已經 95 歲的老人活不了幾年，自己很快就能夠得到一棟房子。然而令他沒想到的是，老人身體一直健朗，反倒是自己的身體越來越差。後來他整日盼望老人能早些死去，甚至暗自詛咒老人。結果老人依舊活得很好的，他卻先死掉了。在十年的時間裡，他付的贍養費早已超過了老人房子的價值。

可以看出，老人的生活一直很快樂，即便是有人覬覦她的財產，也絲毫沒有影響她的生活。這樣豁達開朗的人，自然不會被名利的所困擾，不會陷入名利的圈圈。在他們眼中，看到的只有快樂和幸福，而那些總為名利而傷神的人，是無法體會到這樣豁達的生活的。

人活一世，要淡泊名利，才能活得自在，只有學會停停腳步，才能欣賞到小橋流水的美景，才能體會到微風佛面的愜意。費盡心機去追求名利，卻失去了人生的快樂，可謂是得不償失，與其如此，還不如鬆綁自己，輕鬆獲得歡樂。

無求品自高，人生不可失威嚴

生活中，但凡是那些讓我們敬佩之人，都是無欲無求之人。有的人不貪慕財富、淡泊名利，所以他們能夠做到樂善好施，贏得人們的尊重。有的人不貪生怕死，所以他們能夠捨身取義，在人們心中樹立起威嚴的形象。

星雲大師將此稱之為氣節，他認為義，是禮義廉恥的綱目之一，所以

一個人，乃至一個民族，最不可失去的就是氣節。有氣節，才會有令人敬佩的浩然之氣；有氣節才能不為富貴所誘惑，不為強權所屈服，不因貧賤而自輕。不管是在人生的低谷還是高峰，都能夠用一種剛正不阿的姿態傲立於世。元朝的民族英雄文天祥有詩云：「人生自古誰無死，留取丹心照汗青。」可謂是「氣節」二字的真實寫照。

屈原出生在戰國末年楚國的貴族家庭，是著名的詩人，他自幼勤奮好學，立志要有一番作為。早期，他的才能得被楚懷王認可，任左徒、三閭大夫。國家有什麼大事，楚懷王都會與屈原共同商議，還讓屈原參與法律的制定，屈原主張章明法度，舉賢任能，改革政治，聯齊抗秦。那時楚國在屈原的努力下，國力有所增強。

但是楚懷王身邊除了屈原這個忠臣外，還有許多奸臣，例如，令尹子蘭、上官大夫靳尚和楚懷王的寵妃鄭袖等人，他們收受了秦國李儀的賄賂，從中挑撥楚懷王和屈原的關係。昏庸的楚懷王聽信了讒言，再加之屈原性情耿直，楚懷王對屈原越來越疏遠。後來秦國要與楚國簽訂黃棘之盟，屈原極力反對，楚懷王絲毫聽不進屈原的進言，徹底投入了秦國的懷抱。與此同時，楚懷王還將屈原驅逐出郢都，屈原開始了被流放的生活。

楚懷王投靠秦國後，才發現自己中了計，但為時已晚，最後囚死在秦國。楚懷王死後，頃襄王即位，他繼續對屈原進行迫害，將屈原流放到更遠的江南。西元前 278 年，秦國大將白起帶兵南下，攻破了楚國國都，看著自己的國家破敗，屈原的政治理想徹底幻滅，對前途感到十分迷茫，於是選擇了自殺。

在自殺前，屈原遇到一個漁夫，漁夫勸他要想開一點，不要自討苦吃，但是屈原卻表示寧可死，也不能使自己的清白之身被世俗玷污，不能讓自家幾代蒙受世俗之哀。說完，屈原便投江而死。

第八章　雖活在世俗中，但要有無畏的世俗心

老百姓為了紀念屈原，在屈原死的那天，包許多粽子扔進河裡餵魚，希望魚兒不要咬壞了屈原的屍體。後來漸漸形成一種習俗，每年的這個時候，老百姓都會包粽子、划龍舟，以此表達對屈原的敬仰與懷念之情。

孔子曾說：「禮義廉恥，國之四維；四維不彰，國乃滅亡。」意思是說，人寧可為義而死，也不能無義而生。屈原捨生取義，在世人心中留下了光輝的形象。氣節除了體現在愛國中，還體現在社會活動中，甚至體現在生活中的點點滴滴。

最早的田園詩人陶淵明就是一位有氣節的志士，他不為五斗米折腰的故事，被傳頌至今。當年，陶淵明在彭澤當縣令，冬天時一名官員來視察，這名官員性格傲慢且粗俗，他剛到彭澤縣，就命令縣令陶淵明前來見他。

陶淵明心中很反感此官員假借上司的名義發號施令，但卻不得不馬上動身前往。這時陶淵明身邊的人說：「見到對方要十分注意，否則他會在大人面前說你的壞話。」陶淵明聽後，立刻脫下官府官帽，說：「我豈能為五斗米向如此小人折腰。」說罷便寫了辭職信，從此隱居山林，過著「採菊東籬下，悠然見南山」的生活。

陶淵明到了晚年的生活很困難，一場大火使他的全部家當毀於一旦，一家人的生活更是貧困交加，此時的陶淵明沒有想過要求助於他人，最後在病痛中去世。陶淵明注重氣節，捨官從文，官場上少了一名清官，文壇上多了一名詩人。可見有氣節的人，不管在什麼位置上，都會成為令人尊敬的角色。

擁有氣節，就能擁有積極向上，不畏艱難的勇氣，這是一種內心的修養，是一種不計得失的大氣，是看淡名利，威武不屈，富貴不淫的正氣。可以說，氣節是一個人的立身之本，發展之基，沒有氣節的人無法得到他人的信服，自然也無威嚴可言。

先做自己的主人，再做他人的「主人」

　　佛語云：「沒有天生的釋迦，也沒有天然的彌勒。」意思是說任何人的成就都是靠自己的努力得到的，而不是生下來就是如此。每個人出生時都是一樣，但是最終成為一個什麼人，就要看自己怎樣掌握人生了。

　　在白山寺中有一位書法極好的禪師，一日一個小和尚看見此禪師的書法，欽佩不已，於是請求禪師教他書法。禪師欣然答應，要他先從「我」字練起，並給小和尚找來幾位書法名家所寫的「我」字，供小和尚參考。

　　小和尚認真寫了一天的「我」後，自認為「我」已經寫得很工整了，於是拿到禪師面前，請禪師指點。禪師只看了一眼，就說：「太過潦草，繼續練。」小和尚接連練了幾日，自己覺得滿意了，又再次拿給禪師看，禪師隨手拿起，看了兩眼說：「力道不夠，繼續練。」小和尚只好回去接著練，這次他一鼓作氣練了近一個月的時間，已經將幾位名家的「我」字模仿得惟妙惟肖後，再次拿給禪師看，這一次禪師仔細看了一會兒，拍著小和尚的肩膀說：「不錯，進步很大，但是還沒有掌握『我』字的要領，還需要繼續練習。」

　　終於得到了禪師的褒獎和鼓勵，小和尚十分高興，練起字來自然更加用心。每天他一邊揣測禪師的指導，一邊凝神練習。半年之後，他再次將自己寫的「我」字拿給禪師看，這一次，他只拿了一個「我」字，但禪師看後十分滿意說：「你終於寫出自己的『我』了。」原來這個「我」字，和之前小和尚臨摹的「我」完全不相同，每一筆每一劃都是小和尚創造出來的新寫法。

　　一個「我」字看似簡單，但是要真正寫好，卻十分不容易。就如我們做自己一樣，一個人能夠真正認清自我，掌控自己，做自己的主人，並不

是一件簡單的事情。同時，也只有做了自己的主人，才能決定自己的命運。

很多人認為自己的命運是由上天決定的，因此每當遭遇了挫折，就當是命運對他的捉弄，從而抱怨上天的不公；還有人認為自己的命運能夠依靠萬能的佛祖得以改變，殊不知佛祖之所以能夠成為佛祖，也是透過自身不斷修行而成。

相傳，宋朝的卜術大師邵康節能夠預知人的命運，為人消災解難。這天，一人找到邵康節大師，問起：「這個世界上到底有沒有命運？」「當然有。」大師回答。「既然有命運，那人們為什麼還要奮鬥？等著命運的安排就好了。」此人繼續問。

邵康節大師沒有直接回答他，而是抓起他的左手，對他說：「人的手上有生命線、事業線、愛情線。」然後又讓他將手握起來，攢成拳頭後，接著問：「那些命運線在哪裡？」此人回答：「在我手裡。」說完後，此人恍然大悟，原來命運就掌握在自己手中。

星雲大師也是這樣認為，人的一生，不管是喜怒哀樂，還是成敗得失，都應該在自己的操控之中，自己做自己的主人，這樣才能創造出屬於自己的，獨一無二的人生。既然命運之線都掌握在自己的手中，當我們再次遭遇了挫折時，就不要抱怨上天的不公，因為能夠改變我們命運的，只有自己。

一位得道高僧經常雲遊四海，普度眾生。一天，他在路上遇到殺人搶劫的江洋大盜，於是對大盜說：「你在謀殺你自己！」大盜聽過後不以為然：「我明明在殺別人，怎麼能說是害自己呢？」高僧回答：「害人如害己。」

說完，高僧繼續向前走，遇到一個正在田頭偷懶大瞌睡的大漢，於是對他說：「你在謀殺你自己。」大漢覺得很荒謬，說：「我不耕地而已，怎

麼能說是謀殺自己呢？」高僧回答：「時間不等人，季節更替瞬息間，你荒蕪了田地，來年顆粒無收，不就是在謀殺自己嗎？」

接著，高僧遇到一個蹺課，貪圖玩樂的學子，於是說道：「你在謀殺你自己。」學子聽後覺得可笑：「蹺課就是謀殺自己嗎？那那麼多目不識丁的人，豈不是都要死掉？」高僧回答：「光陰似箭，浪費光陰就是謀殺自己。」

只要遇到那些荒廢生命的人，消極面對人生的人，高僧都會對他們說：「你在謀殺你自己。」

可見，人生的成敗完全在於自己如何掌控。我們積極向上，善待生命，就能得到成功的人生；如果我們消極悲觀，不珍惜生命，就會得到一個失敗的人生。

人生所有的道路，不管是崎嶇還是平坦，都只有自己走過才能體會。一個人只有做了自己的主人，掌握了自己的人生，才有能夠幫助他人，做他人的「主人」。

要讓自己擁有真正的慧眼與慧心

人們常說：眼見為實。所以凡事都要親眼看過才肯相信，難道眼睛看到的就一定是真的嗎？不僅其然，孔子曾說：「我親眼看見的事情也不確實，何況是道聽塗說呢？」

有一次，孔子學生顏回在為孔子煮粥，忽然發現有塊髒東西掉進了鍋裡。於是連忙用湯勺把它撈起來，準備將其丟掉。可是又覺得丟掉未免可惜，畢竟一粥一飯都來之不易，於是就把它吃了。恰巧這時孔子走進廚房，還以為顏回在偷食，就把他狠狠的教訓了一頓。顏回立刻為自己辯

解，經過解釋，孔子才明白是自己沒有弄清楚事實，冤枉了顏回，於是說出了上面那句話。

　　任何事情的發展都是一個流動的過程，而有時候眼睛看到的只是一個定格的畫面，既沒有前因，也沒有後果，所以很多時候，眼見不一定為實。

　　一老一小兩個僧人到遠方雲遊，到了晚上，他們借助在一個十分富有的人家裡。那家主人見這兩個僧人穿著簡陋，一副風塵僕僕的樣子，所以對他們態度十分冷淡，只招待他們住在了冰冷的地下室中。

　　小僧人感到十分氣憤，這家人明明有很多客房，卻讓他們住在地下室，心裡暗自發誓，一定要給這家人一點顏色看看。而老僧人卻是一副毫不在乎的樣子，樂呵呵把棉絮鋪到地上，準備休息。這時，他忽然看見地下室的牆上有一個洞，於是便起身將洞補上了。小僧人見狀，問道：「師父，他們這樣對待咱們，你為什麼還要替他們補牆上的洞呢？」

　　老僧人笑著回答：「有些事並不像你看到的那樣簡單。」說罷，就躺下身子睡覺了。第二天晚上，他們兩個人寄宿在一個十分貧窮的人家，這家主人十分熱情，將家中僅有的一點食物分給了兩位僧人吃，然後把唯一的一張床讓給他們睡，而自己睡在了冰涼的地板上。第二天一早，兩位僧人聽到院子中傳來了哭泣聲，原來是主人家的奶牛死掉了，他們失去了生活來源。老僧人輕描淡寫安慰了主人幾句，就離開了。

　　路上，小僧人憤怒抓著老僧人的衣袖問：「富人那樣對我們，你還幫他們補牆，而這對夫婦對我們那麼好，他們家的牛死了，你卻袖手旁觀。為什麼？」老僧人回答：「孩子，事情遠沒有你看到的那樣簡單。在富人家中時，我透過牆洞看到裡面有一個祕密的夾層，裡面塞滿了黃金。我把牆補上，就是不想讓他們知道黃金的存在。而昨天晚上，死神本來是來取女主人的性命，我念法用奶牛頂替了她，她才得以活命啊。」

　　小僧人聽罷，恍然大悟，也終於明白了師父並非是無情無義、趨炎附勢之人。

　　就算是我們自己的眼睛，有時候也會欺騙我們。因此，我們不能單純相信眼睛看到的一切，因為一切遠不如我們看到的那樣簡單。

　　一個小和尚跟著師父下山化緣，走在路上時，老和尚從泥土中撿起一塊石頭，小和尚覺得奇怪：「師父，你撿石頭做什麼？」師父回到：「這可不是一塊普通的石頭，這石頭裡面包著美玉呢！」話音剛落，就看見前面有一條清澈的小溪，師父領著小和尚來到溪邊，將石頭放進水中沖洗，不一會而，小和尚就看見石頭上隱約露出溫潤的白色。來到山下後，師父找了一家玉器店，然後讓工匠師傅將美玉刻了出來，並當場雕刻出一尊精美的佛像。

　　小和尚此時對師父很是佩服：「師父，你真有慧眼，石頭上都是泥巴，你就能看出裡面藏有美玉。」師父聽後，笑著說：「慧眼源自慧心，慧心源自學習和修練，倘若不了解璞玉的知識，我也不會發現這塊美玉的。其實，你也是一塊美玉，只是你的慧眼和慧心還未挖掘出來罷了。」

　　星雲大師認為，只有用心去體會，用心去感受，眼睛才能看到更真實的一面，因此，我們要擦亮心中的那面「鏡子」，眼睛才能變得更亮。

不去捆綁別人，自己才能夠自由

　　許多人習慣將自己的命運和他人的命運連繫在一起，例如，女人在出嫁時會對男人說：「我把自己一生的幸福都交給你了。」還有人在看到他人的幸福生活時，總是會說：「為什麼我不能像他那樣幸福呢？」人生是自己的，如果我們總是將自己的人生依附在他人身上，就等於作繭自縛。

第八章　雖活在世俗中，但要有無畏的世俗心

　　一個年輕人在河邊垂頭喪氣徘徊著，此刻他的心情煩躁到了極點，似乎只有跳進河裡才能將煩惱做個了結，但是他似乎又捨不得這個世界。正當他猶豫不決的時候，佛祖出現在他的面前，問他：「年輕人，你似乎有什麼煩心事。」

　　「是啊，孔子云：『三十而立。』可我都三十二歲了，還是一事無成，做生意賺不到錢，考取功名也落榜。因為家中貧困，直到去年才娶上妻子，是個醜得不能再醜的女人。我過夠了這種窩囊的生活。」佛祖聽完他的抱怨後，問：「那你想要什麼樣的生活呢？」年輕人想都不想回答：「我想要有財富、權利，有美女相伴左右的生活。」「這個倒不難，不過你得先和我走一趟。」說完，佛祖轉身向京城方向走去，年輕人緊隨其後。

　　佛祖先帶年輕人來到了京城首富賈老爺的府中，在這座京城最豪華的宅邸中，年輕人看見形容枯槁的賈老爺正躺在床上拚命咳嗽，他旁邊用金子製成的痰盂中，還有他剛剛吐過的帶血的濃痰。佛祖對年輕人說：「賈老爺年輕的時候只知道斂財，可謂機關算盡，而今已經心力交瘁。現在累積了大量的財富，身體卻不允許他享受了。」說完，佛祖帶著年輕人來到另外一個房間中，年輕人看見賈老爺家的三個公子一邊在聲色犬馬中醉生夢死，一邊詛咒著賈老爺趕快歸西，好讓他們繼承大筆的遺產。

　　從賈老爺家出來後，佛祖帶著年輕人來到了京城中最大的官員齊丞相府中，由於朝廷重官，齊丞相的身邊總有侍衛跟隨。吃飯前，要別人先試吃過，他才可以吃；睡覺時，要侍衛站在身邊守著；就連上廁所，侍衛都要站在身邊。雖然貴為朝中丞相，生活卻像是在監獄一般。年輕人一邊看一邊搖頭，說：「我雖然沒什麼權利，但也能樂得自由自在，這樣的生活與犯人有什麼兩樣！」

　　最後，佛祖將年輕人帶到京城中最漂亮的陳千金家中，據說這位千金

小姐生的花容月貌，求親的人踏破了他家的門檻，最終她選擇了一個窮書生，這段感情還被百姓們傳為佳話。當時年輕人也曾想過，怎麼自己沒有這麼好的福氣，娶到陳千金。

見到陳千金本人時，年輕人還以為自己見到了天上的仙女。結果僅僅一分鐘的時間，仙女就變成了女魔。因為僕人奉上的茶有些涼，陳千金就將整碗茶水潑到了僕人臉上，然後取下髮簪，惡狠狠扎在僕人身上，而僕人只能緊咬著嘴唇，一聲也不敢出，否則得到的是更加殘酷的懲罰。這時，另一個僕人進來了，說：「小姐，李公子到了，在西廂房等著您。」「好，我知道了，我這就過去。還有，你順便到天井裡去告訴那個窮小子，給我老老實實跪著，別掃了我和李公子約會的興致。」說完，身姿搖曳向西廂房走去。

年輕人看到這裡已經目瞪口呆，想到了自己家中的醜妻，雖然樣貌醜陋，卻懂得三從四德；雖上不得廳堂，卻能入得廚房。相比較於那個窮書生，自己不知幸運多少倍。走在回去的路上，佛祖問他：「現在你還想要那樣的生活嗎？」年輕人低下頭，不好意思說：「其實……我現在的生活挺好的。」

回到自己家後，妻子正在床邊伺候他生病的老母親，年輕人破天荒對妻子笑了笑，妻子先是詫異，然後也沖他微微一笑，他竟然發現含羞而笑的妻子，看上去多了幾分嫵媚。從此，他再也沒有覺得妻子醜，反而越看越漂亮。兩年過去了，妻子為他生下一兒一女，並且在妻子的協助下，他做起了小生意，閒時就坐在自家門前的籐椅上看看書，或是種植一些花草。

時間一天天過去，他和妻子都老了，臨死前，他再次看到了佛祖，佛祖對他說：「這輩子你沒有過上充裕的生活，下輩子讓你投胎到有錢的人

家吧。」他聽後，連連擺手，說：「這輩子的生活已經很幸福了，如果可以，我還是過這樣的生活吧。」

俗話說：「人外有人，山外有山。」總會有人比我們強，比我們過得好。即便是這樣，我們也沒有必要去羨慕他人的生活，只有活出自己的人生，才能做那個獨一無二的人。

身邊有許多精彩，做人要關注細節

古語云：「世事洞明皆學問，人情練達即文章。」就是告訴世人生活中的許多細節都蘊藏著大智慧，如果我們能夠關注細節，就能夠成就很多精彩。但是細節常被人們認為是細枝末節，得不到人們足夠的重視，從而錯失了可能更加精彩的人生。

泰山不拒細壤，故能成其高；江海不擇細流，故能就其深。細節往往是決定成敗的關鍵，一根馬蹄釘可以使一匹馬摔倒，從而導致馬上的人摔傷，如果馬上之人是個將軍，則會導致一場戰役失敗，如果這是一場生死攸關的戰爭，則會使一個國家就此滅亡。所以，我們還能忽視細節的作用嗎？

一個信教之人到寺院去朝拜，並應住持的邀請參觀了寺院。在寺院的飯堂中，眾僧人正在用餐，此人發現僧人用餐的餐桌很特別，既不是圓桌，也不是方桌，更不是飯堂中最常見的長條桌，而是一個「C」型的飯桌，僧人們吃飯時不是圍繞在 c 字桌旁，而是魚貫進入 c 字桌的入口，一個一個間隔半公尺排著坐。這使得他們在吃飯時，只要不故意側轉過身體，就看不到他人們吃飯的樣子。

信教之人被這一幕吸引了，感到十分新鮮和奇怪，於是問道：「為什

麼用這麼奇怪的餐桌吃飯呢？」住持回答：「塵世間有這樣一句俗語『老看著別人碗裡有肉』，這樣便不能將自己的飯菜品出味道。而在這樣的餐桌上吃飯，只能看到自己碗裡的飯，就不會發生俗語中所講的事情了。而且，也有利於『吃不言』，僧人們能夠借著吃飯咀嚼的時間，對佛法進行回味和思考，有利於他們沉思和開悟。因為在人們吃飯時，大腦處於最興奮的狀態，思維也最活躍。」

此人聽後，不得不佩服住持的聰明才智，竟能在吃飯這樣細微的事情上，想出如此周到的辦法。住持笑著擺擺手，說：「這是一個小沙彌想出來的法子，有時候大人的觀察力，遠遠不及小孩子。」說罷，用手指向那個小沙彌的方向，只見那名小沙彌一邊吃飯，一邊聚精會神思考著什麼問題，說不定又有什麼新的發明在他腦海裡出現了。

小時候，我們總是對周圍的事物充滿著好奇心，大至太陽為什麼東升西落，小至螞蟻如何挖洞搬家，可以說生活中的任何細節都逃不過我們的眼睛。然而，隨著年齡的增長，我們越來越關注那些表面上的，能夠為我們帶來好處的事情，那些表面之下的細節，常常被我們忽略掉了。殊不知，我們忽略了自認為毫不起眼的小細節，卻錯失了可能會開悟一生的大智慧。生活中許多擁有大智慧的人，都是關注細節之人，不管是判斷一件事物，還是識別一個人。

三國時期，荊州歸併東吳後，武陵郡的樊仙無法接受這個事實，於是誘導附近的少數民族叛亂。州都督向孫權表示，願意帶兵萬人前去討伐樊仙。孫權想了想後，問潘俊意下如何，潘俊表示：「我帶 5000 人足以。」差別竟如此之大，孫權不禁問道：「你怎麼這麼輕視他呢？」潘俊回答：「此人善於誇誇其談，實際上並沒有什麼真本領。又一次，他設置酒宴招待州裡來的官員，等到中午也沒有見酒菜上來。這期間，他幾次站起身來

觀望，僅此一個細節，臣就能斷定他是此等人。就好像只看一節骨頭，就能知道一個人是侏儒，還是彪形大漢一樣。」

一席話說得孫權哈哈大笑，立刻派給潘俊 5,000 人馬，命他去討伐樊仙。結果果然如潘俊所說，只用了區區 5,000 兵力，就將樊仙圍剿成功了。

潘俊看樊仙正如張良看項羽一樣，都是透過某個細微的動作乃至一個眼神，來斷定此人的行為習慣。這種細緻入微的觀察力，使得他們不會輕易放過任何一個小細節。這就是智者，能夠從很小的生活細節中看出來未來的大事，也能夠從一個徵兆中，推測出後事演變的結果。

明朝時期，馬良深受皇上的寵信，他的妻子死後，馬良幾天沒有出門，皇上深感疑慮，便向其他大臣打聽馬良的近況。大臣告知皇上，此時馬良正在家中辦喜事，準備再娶。皇上聽後，臉色暗沉，說：「對待結髮妻子尚且如此薄情，我又怎能指望他對我們忠心不二呢？」說完便命人傳來馬良，亂棍打死。

天下大事，必作於細，細節是平凡的、具體的、零散的，有時只是一句話、一個動作、一個會面，只有處處留心，才能皆學問。只有細心觀察生活，並用心思索的人，才能練就這樣一雙目光如炬的眼睛，發現生活中不同尋常的事情。

遇事第一步就是坦然自若

人活一世，會遇到各種各樣的人和各種各樣的事，有些是我們喜歡的，有些則是我們厭惡的。對於自己的喜歡的事情，我們必定能夠做到坦然面對，欣然接受。但如果面對自己不喜歡的事情，就很難做到如此了。

對於學佛者而言，心境十分重要，擁有良好的心境才能夠坦然面對人

生、面對社會、面對生活中出現的種種問題，通常我們看到出家人都是寵辱不驚，無欲無求，不管是在順境中，還是在逆境中，他們皆能坦然面對，不會被世俗的環境干擾清靜的內心。

身為常人，我們生活在世俗中，就不得不去面對生活中種種我們不情願面對的事情，失敗、挫折、逆境等，此時，我們應該用修佛者的心來坦然面對這一切，這是我們必須選擇的，也是唯一能夠選擇的正確面對生活的方式。

據說，在海洋的深處有一種貝類，當小石頭或是沙粒進入它的貝殼中，日夜磨礪著它柔軟的身體時，它就會將石子或是沙粒包裹在身體中，不斷分泌出體液，漸漸地，石子或是沙粒就會變成一顆善良的珍珠。貝類尚且能夠如此，身為大自然中的高等生物，我們更應該有過之而無不及。將那些艱難困苦當作沙粒一樣，包裹在自己的體內，直到這些變作珍珠。

古時候，有一個人叫做子祀，還有一個人叫做子輿，他們是十分要好的朋友。一天，子輿生病了，子祀得知後，連忙去看望他。見到子輿後，子祀正欲說一些寬慰的話語，子輿卻先開口說：「偉大的造物者啊，竟將我變成這等模樣。彎腰駝背不說，背上還生了五個瘡口，面頰要低伏到肚臍，兩肩高過頭頂，脖頸骨朝天突起。」子輿是感染了陰陽不調的邪氣，所以身體才會變成如此，但他不僅不自怨自艾，還能夠如此調侃自己，子祀從心裡佩服起自己的朋友來。然而，不一會兒，子輿又做出令他更加佩服的事情。

只見子輿又走到了井邊，看著井中自己的樣子，說道：「哎喲！造物者為什麼把我變得這麼滑稽？這是對我的厚愛嗎？」子祀聽後，安慰道：「想必你是不願意生這病的。」豈料子輿竟回答：「不，我為什麼不喜歡呢？如果我的左臂變成一隻雞，就用它在夜裡報曉；我的右臂變成彈弓，

就用它打斑鳩來烤了吃；如果我的尾椎骨變成車輛，我的精神就變成了馬，我可以乘著它去遨遊，無需再另備馬車。」這一番話，子祀被子輿能夠如此看淡一切的胸懷佩服五體投地。

面對不如意的事情，子輿的態度才是真正的解脫，安於時機而順應變化，哀樂自然不侵人心。物競天擇，當我們不能改變外物時，能夠改變的只有自己的內心。一個佛法的修行者，不管是面對順境還是逆境，皆能清淨一切外境，不會因此而障礙而停滯和困擾，順境也好，逆境也罷，他們均同樣加以維護和承擔。如果我們具備了這種能力，在面對任何事情時，哪怕是生死攸關之際，也能夠做到坦然自若。

一個男子在森林中被一隻飢餓的老虎追趕，驚慌失措的他在奔跑的過程中，沒有留意腳下的路，不慎掉下了懸崖。幸好他及時抓住了長在懸崖壁上的小樹。老虎追到了山崖邊，看到男子掛在樹上，就站在上面盯著他，等他上來後飽餐一頓。

更糟糕的是，當男子向下望去時，才發現懸崖下還有一隻老虎，正垂涎三尺注視著他。而此時，最令他擔心的是，竟然還有兩隻小老鼠正啃著他抓著的這棵小樹的根部。在這樣絕望的境地中，他突然看見離自己身體的不遠處，有一簇生長正旺的草莓，草莓紅得可愛，鮮得惹人，並可以很容易摘到。於是，他伸過手去，摘了幾顆草莓，放到嘴裡，來體驗這瞬間的美妙，「好甜啊！」他自言自語。

此時，坦然已經成為了一種失意的樂觀，成為了一種生命的瀟灑。人生需要面對的事情還很多，時刻保持坦然自若的心境，才能有一顆無所畏懼的心。

遇事第一步就是坦然自若

欲望無邊無際，終將成為奴隸：

天堂也好，地獄也罷，一切皆由心生，幸福源於自身

作　　者：張聖惟，淨忠

發 行 人：黃振庭

出 版 者：崧燁文化事業有限公司

發 行 者：崧燁文化事業有限公司

E - m a i l：sonbookservice@gmail.com

粉 絲 頁：https://www.facebook.com/
　　　　　sonbookss/

網　　址：https://sonbook.net/

地　　址：台北市中正區重慶南路一段六十一號八
　　　　　樓 815 室

Rm. 815, 8F., No.61, Sec. 1, Chongqing S. Rd.,
Zhongzheng Dist., Taipei City 100, Taiwan

電　　話：(02)2370-3310

傳　　真：(02)2388-1990

印　　刷：京峯彩色印刷有限公司（京峰數位）

律師顧問：廣華律師事務所 張珮琦律師

定　　價：350 元

發行日期：2022 年 11 月第一版

◎本書以 POD 印製

國家圖書館出版品預行編目資料

欲望無邊無際，終將成為奴隸：天
堂也好，地獄也罷，一切皆由心生，
幸福源於自身 / 張聖惟，淨忠著 . --
第一版 . -- 臺北市：崧燁文化事業
有限公司，2022.11
　　面；　公分
POD 版
ISBN 978-626-332-829-7(平裝)
1.CST: 佛教修持 2.CST: 人生哲學
225.87　　111016619

電子書購買

臉書